2025

TERCEIRA EDIÇÃO

ELISSON
PEREIRA DA
COSTA

PRÁTICA EM DIREITO ADMINISTRATIVO

Dados Internacionais de Catalogação na Publicação (CIP) de acordo com ISBD

C837p   Costa, Elisson Pereira da
        Prática em direito administrativo / Elisson Pereira da Costa. - 3. ed. - Indaiatuba, SP : Editora Foco, 2025.
        384 p. ; 16cm x 23cm.

        Inclui bibliografia e índice.
        ISBN: 978-65-6120-291-6

        1. Direito. 2. Direito administrativo. I. Título.

2025-765   CDD 342   CDU 342

Elaborado por Odilio Hilario Moreira Junior - CRB-8/9949

Índices para Catálogo Sistemático:

1. Direito administrativo 342

2. Direito administrativo 342

TERCEIRA EDIÇÃO

ELISSON
PEREIRA **DA**
COSTA

PRÁTICA EM DIREITO ADMINISTRATIVO

2025 © Editora Foco

Autor: Elisson Pereira da Costa
Diretor Acadêmico: Leonardo Pereira
Editor: Roberta Densa
Coordenadora Editorial: Paula Morishita
Revisora Sênior: Georgia Renata Dias
Revisora Júnior: Adriana Souza Lima
Capa Criação: Leonardo Hermano
Diagramação: Ladislau Lima e Aparecida Lima
Impressão miolo e capa: META BRASIL

DIREITOS AUTORAIS: É proibida a reprodução parcial ou total desta publicação, por qualquer forma ou meio, sem a prévia autorização da Editora FOCO, com exceção do teor das questões de concursos públicos que, por serem atos oficiais, não são protegidas como Direitos Autorais, na forma do Artigo 8º, IV, da Lei 9.610/1998. Referida vedação se estende às características gráficas da obra e sua editoração. A punição para a violação dos Direitos Autorais é crime previsto no Artigo 184 do Código Penal e as sanções civis às violações dos Direitos Autorais estão previstas nos Artigos 101 a 110 da Lei 9.610/1998. Os comentários das questões são de responsabilidade dos autores.

NOTAS DA EDITORA:

Atualizações e erratas: A presente obra é vendida como está, atualizada até a data do seu fechamento, informação que consta na página II do livro. Havendo a publicação de legislação de suma relevância, a editora, de forma discricionária, se empenhará em disponibilizar atualização futura.

Erratas: A Editora se compromete a disponibilizar no site www.editorafoco.com.br, na seção Atualizações, eventuais erratas por razões de erros técnicos ou de conteúdo. Solicitamos, outrossim, que o leitor faça a gentileza de colaborar com a perfeição da obra, comunicando eventual erro encontrado por meio de mensagem para contato@editorafoco.com.br. O acesso será disponibilizado durante a vigência da edição da obra.

Impresso no Brasil (3.2025) – Data de Fechamento (3.2025)

2025
Todos os direitos reservados à
Editora Foco Jurídico Ltda.
Rua Antonio Brunetti, 593 – Jd. Morada do Sol
CEP 13348-533 – Indaiatuba – SP

E-mail: contato@editorafoco.com.br
www.editorafoco.com.br

À Deus, porque dele por ele e para ele são todas as coisas.

Aos meus pais pelo constante incentivo, e a Michelle,
querida e doce companheira, amor da minha vida.

Às minhas filhas Raquel e Helena, papai ama vocês infinito:
vocês são fortes, corajosas e vencedoras!

SOBRE O AUTOR

ELISSON PEREIRA DA COSTA

Mestre em Direito pela Universidade Católica de Santos e Especialista em Direito Empresarial pela FGV. Professor de Direito Administrativo em cursos de graduação, pós-graduação, preparatórios para Exame da OAB e concursos públicos. Foi membro da Comissão de Direito da Energia da OAB/SP. Advogado concursado de empresa estatal federal.

NOTA DO AUTOR

O presente livro, embora não seja uma obra de doutrina, faz uma abordagem conceitual dos assuntos e de alguns pontos polêmicos existentes em cada tema.

Como se trata de um livro de prática em Direito Administrativo, voltado principalmente para alunos de graduação, tive especial atenção com os temas atinentes ao edital do Exame da OAB que são abordados de forma concisa e sistematizada, por meio de esquemas, em linguagem clara, direta e atualizada conforme as tendências jurisprudenciais do STF, STJ e TCU.

Lembro que a preparação de peças práticas seja para a graduação ou exame da OAB exige muito treino e perseverança.

Por fim, coloco-me à disposição para ajudá-los(as).,

Sucesso, bons estudos e "tamo junto"!!!

Facebook: elissonpereiradacosta

Instagram: prof_elissoncosta

SUMÁRIO

SOBRE O AUTOR... VII

NOTA DO AUTOR IX

PARTE 1
DIREITO MATERIAL

1. CONCEITO DE DIREITO ADMINISTRATIVO E REGIME JURÍDICO ADMINISTRATIVO.. 3

  1.1 Conceito de Direito Administrativo.. 3

      1.1.1 Função Administrativa e interesse público................................ 4

      1.1.2 Relação do Direito Administrativo com outros ramos do Direito. 4

      1.1.3 Fontes do Direito Administrativo.. 5

      1.1.4 Interpretação do Direito Administrativo.................................. 5

      1.1.5 Evolução histórica.. 5

      1.1.6 Regime Jurídico Administrativo 6

            1.1.6.1 Regime Jurídico da Administração.............................. 6

            1.1.6.2 Regime Jurídico Administrativo 7

2. PRINCÍPIOS DA ADMINISTRAÇÃO PÚBLICA... 9

  2.1 Conceito... 9

      2.1.1 Supraprincípios 9

            2.1.1.1 Supremacia do interesse público................................. 10

            2.1.1.2 Indisponibilidade do interesse público 10

      2.1.2 Princípios constitucionais 10

      2.1.3 Outros princípios.. 15

      2.1.4. LINDB 19

3. ORGANIZAÇÃO DA ADMINISTRAÇÃO PÚBLICA E ÓRGÃOS PÚBLICOS 23

3.1 Introdução 23

    3.1.1 Órgãos Públicos.. 23

        3.1.1.1 Características dos órgãos públicos...................................... 24

        3.1.1.2 Classificação.. 24

    3.1.2 As formas de prestação da atividade administrativa........................ 25

        3.1.2.1 Administração Pública direta ou centralizada................... 26

        3.1.2.2 Administração Pública indireta ou descentralizada........ 26

        3.1.2.3 Entidades paraestatais ou do terceiro setor...................... 32

4. PODERES ADMINISTRATIVOS... 37

4.1 Conceito 37

    4.1.1 Deveres administrativos 38

    4.1.2 Poder normativo ou regulamentar 38

        4.1.2.1 Decretos de execução 39

        4.1.2.2 Decretos autônomos 39

        4.1.2.3 Regulamentos autorizados 40

    4.1.3 Poder hierárquico 40

    4.1.4 Poder disciplinar 41

    4.1.5 Poder de polícia 42

    4.1.6 Poder vinculado e poder discricionário 43

5. ATO ADMINISTRATIVO.. 45

5.1 Conceito... 45

    5.1.1 Atributos do ato administrativo 45

    5.1.2 Elementos do ato administrativo 47

    5.1.3 Teoria dos motivos determinantes 48

    5.1.4 Espécies de atos administrativos 48

    5.1.5 Classificação.. 49

    5.1.6 Vícios do ato administrativo e convalidação..................................... 52

    5.1.7 Extinção dos atos administrativos 53

    5.1.8 O silêncio no Direito Administrativo 54

SUMÁRIO **XIII**

6. BENS PÚBLICOS... 57

6.1 Conceito 57

6.1.1 Classificação 57

6.1.1.1 Quanto à titularidade.. 57

6.1.1.2 Quanto à sua destinação 58

6.1.2 Características 59

6.1.3 Uso dos bens públicos 59

6.1.4 Alienação dos bens públicos.. 60

7. RESPONSABILIDADE DO ESTADO 63

7.1 Conceito... 63

7.1.1 Teorias 64

7.1.1.1 Teoria da Irresponsabilidade 64

7.1.1.2 Teorias Civilistas... 65

7.1.1.3 Teorias Publicistas.. 65

7.1.2 Pessoas Jurídicas Responsáveis 67

7.1.3 O agente público e a ação de regresso 68

7.1.4 O dano 68

7.1.5 Excludentes da Responsabilidade 69

7.1.5.1 Caso fortuito ou força maior 69

7.1.5.2 Culpa exclusiva da vítima.. 69

7.1.5.3 Culpa exclusiva de terceiros.................................... 70

7.1.6 Pontos Polêmicos 70

7.1.6.1 Responsabilização das concessionárias em face dos terceiros não usuários do serviço público 70

7.1.6.2 Responsabilidade de Registradores e Cartórios................ 71

7.1.6.3 Ação direta contra o agente público e ação indenizatória ... 71

7.1.6.4 A responsabilização por dano nuclear 72

7.1.6.5 Discussões doutrinárias e jurisprudenciais sobre a responsabilização do Estado 73

7.1.6.6 A responsabilidade por atos de multidões....................... 75

7.1.6.7 A responsabilização por atos judiciais 75

7.1.6.8 Atos legislativos 76

7.1.6.9 A independência das instâncias: civil, penal e administrativa 76

7.1.7 Prescrição das ações contra o Estado 77

8. LICITAÇÃO 79

8.1 Conceito 79

8.1.1 Princípios 79

8.1.1.1 Legalidade 80

8.1.1.2 Impessoalidade 80

8.1.1.3 Moralidade 80

8.1.1.4 Igualdade 80

8.1.1.5 Publicidade 80

8.1.1.6 Probidade administrativa 80

8.1.1.7 Vinculação ao edital 80

8.1.1.8 Julgamento objetivo 81

8.1.1.9 Promoção nacional do desenvolvimento sustentável 81

8.1.1.10. Planejamento 81

8.1.1.11. Segregação de funções 81

8.1.1.12. LINDB 81

8.1.2 Fases 82

8.1.2.1 Fase preparatória 83

8.1.2.2 Edital 83

8.1.2.3 Apresentação de propostas 84

8.1.2.4 Julgamento das propostas 84

8.1.2.5 Habilitação 84

8.1.2.6 Homologação 85

8.1.3 Modalidades de licitação 85

8.1.4 Critérios de julgamento de julgamento 87

8.1.5 Dispensa e inexigibilidade 87

8.1.5.1 Dispensa de licitação 88

	8.1.5.2 Inexigibilidade	88
8.1.6	Encerramento da licitação	89
8.1.7	Procedimentos auxiliares	89
8.1.8	Sanções administrativas	90
8.1.9	Controle das contratações	90
8.1.10	Portal nacional de Contratações Públicas (PNCP)	90
8.1.11	O regime de licitação das empresas estatais	91
8.1.12	Pontos Polêmicos	92
	8.1.12.1 OAB e Licitação	92
	8.1.12.2 Microempresas e licitação	93
	8.1.12.3 Serviços Advocatícios e licitação	93
	8.1.12.4 A emergência fabricada ou criada	93
	8.1.12.5 Efeito Carona	93
	8.1.12.6 Licitação e Previsão de Recursos Orçamentários	94

9. CONTRATOS ADMINISTRATIVOS 95

9.1	Conceito	95
9.1.1	Características	96
	9.1.1.1 Presença da Administração Pública no ajuste como Poder Público	96
	9.1.1.2 Finalidade Pública	96
	9.1.1.3 Obediência à forma prescrita em lei	96
	9.1.1.4 Mutabilidade	97
9.1.2	Cláusulas necessárias	97
9.1.3	Principais cláusulas exorbitantes	98
	9.1.3.1 Exigência de garantia	98
	9.1.3.2 Alteração Unilateral	98
	9.1.3.3 Extinção Unilateral	99
	9.1.3.4 Fiscalização	99
	9.1.3.5 Aplicação de Penalidades	100
9.1.4	Mutabilidade do contrato	100
	9.1.4.1 Álea Administrativa	100

9.1.4.2 Álea Econômica... 101

9.1.5 Reajuste e repactuação.. 102

9.1.6 Da alocação de riscos.. 102

9.1.7 Duração e categoria dos contratos...................................... 103

9.1.8 Nulidade dos contratos... 103

9.1.9 Pontos Polêmicos... 104

    9.1.9.1 Responsabilidade subsidiária da Administração Pública 104

    9.1.9.2 Elevação de encargos trabalhistas e equilíbrio contratual 105

10. SERVIÇOS PÚBLICOS 107

10.1 Conceito.. 107

10.1.1 Princípios... 107

10.1.2 Classificação... 108

10.1.3 Formas de prestação de serviços.. 108

10.1.4 Meios de prestação.. 109

10.1.5 Convênios... 110

10.1.6 Consórcios... 110

10.1.7 Pontos Polêmicos... 111

    10.1.7.1 O direito de greve e os Serviços Públicos.................. 111

    10.1.7.2 Registradores e Cartórios... 111

    10.1.7.3 Iluminação Pública... 112

    10.1.7.4 Taxa do lixo... 113

    10.1.7.5 Serviços Públicos e o Código de Defesa do Consumidor. 113

11. CONCESSÃO DE SERVIÇO PÚBLICO... 115

11.1 Conceito.. 115

11.1.1 Concessão e Permissão... 116

11.1.2 Características da Concessão.. 116

    11.1.2.1 Obrigatoriedade de licitação....................................... 116

    11.1.2.2 Tarifa... 117

    11.1.2.3 Responsabilidade objetiva do concessionário.......... 118

    11.1.2.4 Prestação de um serviço público adequado............... 118

11.1.3 Encargos do Poder Concedente 119

11.1.4 Encargos da Concessionária 119

11.1.5 Intervenção na concessão 120

11.1.6 Extinção da concessão 120

    11.1.6.1 Advento do termo contratual 121

    11.1.6.2 Reversão 121

    11.1.6.3 Encampação ou resgate 122

    11.1.6.4 Caducidade ou decadência 122

    11.1.6.5 Rescisão 123

    11.1.6.6 Anulação 123

    11.1.6.7 Falência ou extinção da pessoa jurídica 123

11.1.7 Pontos Polêmicos 123

    11.1.7.1 Diferenciação das tarifas 123

    11.1.7.2 Idoso 123

    11.1.7.3 Pedágio e vias alternativas 124

    11.1.7.4 Concessão Florestal 124

    11.1.7.5 Subconcessão e transferência da concessão 124

    11.1.7.6 Arbitragem e concessões 125

    11.1.7.7 Tarifa mínima 125

12. PARCERIAS PÚBLICO-PRIVADAS 127

12.1 Conceito 127

12.1.1 Modalidades 128

    12.1.1.1 Concessão patrocinada 128

    12.1.1.2 Concessão administrativa 128

12.1.2 Características 129

12.1.3 Vedações 129

12.1.4 Contratos 130

12.1.5 Contraprestação e Garantias 130

12.1.6 Sociedade de propósito específico 131

12.1.7 Licitação 131

12.1.8 Normas aplicáveis À União 132

13. AGENTES PÚBLICOS 133

13.1 Conceito 133

13.1.1 Classificação 133

13.1.2 Acumulação de cargos, empregos, funções públicas e teto remu-
neratório 135

13.1.3 Acessibilidade a cargos, funções e empregos públicos 137

13.1.4 Concursos públicos e contratações excepcionais 137

13.1.5 Exercícios de mandato eletivo 138

13.1.6 Posse, exercício e estágio probatório 138

13.1.7 Provimentos de cargos 139

13.1.8 Remoção e redistribuição 140

13.1.9 Vacância e Aposentadoria 141

13.1.10 Direitos, vantagens e Greve dos Servidores 142

13.1.11 Regime disciplinar 143

13.1.12 Pontos Polêmicos 145

13.1.12.1 Direitos subjetivos dos concursandos 145

13.1.12.2 Exames psicotécnicos 145

13.1.12.3 Apreciação de questões do concurso pelo Judiciário 145

13.1.12.4 Agentes Públicos e Nepotismo 146

13.1.12.5 A EC/19 e o Regime Jurídico único 147

14. IMPROBIDADE ADMINISTRATIVA 149

14.1 Conceito 149

14.1.1 Sujeitos da improbidade administrativa 150

14.1.2 Classificação dos atos de improbidade administrativa 151

14.1.3 Sanções 156

14.1.4 Do procedimento administrativo e judicial 157

14.1.5 Pontos Polêmicos 158

14.1.5.1 Improbidade e Prescrição 158

14.1.6 Improbidade e a lei Anticorrupção 159

SUMÁRIO XIX

15. PROCESSO ADMINISTRATIVO NO ÂMBITO DA ADMINISTRAÇÃO FEDERAL (LEI N. 9.784/99) 161

15.1 Objetivo e alcance da Lei n. 9.784/99 161

    15.1.1 Princípios 161

    15.1.2 Do Processo administrativo 161

        15.1.2.1 Da competência 162

        15.1.2.2 Forma, tempo e lugar dos atos do processo 162

        15.1.2.3 Da instrução 163

    15.1.3 Da motivação 164

    15.1.4 Da anulação, revogação e convalidação 164

    15.1.5 Do recurso administrativo e da revisão 164

    15.1.6 Responsabilidades 165

    15.1.7 Pontos Polêmicos 166

        15.1.7.1 Presença de advogado em processo administrativo disciplinar 166

        15.1.7.2 Recurso Administrativo e depósito 166

16. INTERVENÇÃO DO ESTADO NA PROPRIEDADE PRIVADA 169

16.1 Introdução 169

    16.1.1 Desapropriação ou expropriação 170

        16.1.1.1 Conceito 170

        16.1.1.2 A justa indenização 171

        16.1.1.3 Espécies 171

        16.1.1.4 Fases da desapropriação 172

        16.1.1.5 Direito de extensão 174

        16.1.1.6 Desvio de finalidade 174

        16.1.1.7 Retrocessão 174

        16.1.1.8 Desapropriação indireta 175

        16.1.1.9 Desistência da desapropriação 175

        16.1.1.10 Anulação da desapropriação 175

    16.1.2 Servidão administrativa 175

    16.1.3 Requisição administrativa 176

16.1.4 Ocupação temporária ou provisória.. 176

16.1.5 Limitação administrativa... 176

16.1.6 Tombamento.. 177

16.1.7 Estatuto da Cidade.. 178

    16.1.7.1 Introdução... 178

    16.1.7.2 Instrumentos da política urbana... 178

16.1.8 Pontos Polêmicos... 181

    16.1.8.1 Desapropriação e fundo de comércio.................................. 181

    16.1.8.2 Desapropriação e dano moral.. 181

    16.1.8.3 Competência para desapropriar 182

17. CONTROLE DA ADMINISTRAÇÃO PÚBLICA E INTERVENÇÃO NO DOMÍNIO ECONÔMICO.. 183

17.1 Conceito de controle.. 183

17.1.1 Controle administrativo.. 183

17.1.2 Controle legislativo ou parlamentar... 184

    17.1.2.1 Controle Político... 185

    17.1.2.2 Controle Orçamentário: O papel do Tribunal de Contas   185

17.1.3 Controle jurisdicional 187

17.1.4 Intervenção do Estado no Domínio Econômico............................... 189

    17.1.4.1 Conceito 189

    17.1.4.2 Modalidades... 190

    17.1.4.3 Monopólio.. 190

    17.1.4.4 Repressão ao abuso do poder econômico............................. 190

    17.1.4.5 Controle de Abastecimento 192

    17.1.4.6 Tabelamento de preços... 192

    17.1.4.7 Criação de Estatais... 192

17.1.5 Pontos Polêmicos... 192

    17.1.5.1 Concurso Público e Controle Judicial.................................. 192

    17.1.5.2 Tribunal de contas e a Súmula Vinculante 3 193

    17.1.5.3 Tribunal de Contas e Sigilo Bancário.................................. 194

    17.1.5.4 Tribunal de Contas e Controle de Constitucionalidade.... 194

PARTE 2
DIREITO PROCESSUAL

CONSIDERAÇÕES INICIAIS 197

1. CONDIÇÕES E ELEMENTOS DA AÇÃO.. 199

  1.1 Natureza Jurídica 199

      1.1.1   Condições e Elementos da Ação 199

2. COMPETÊNCIA... 201

  2.1 Considerações Iniciais.. 201

3. PETIÇÃO INICIAL E RESPOSTA DO RÉU 203

  3.1 Conceito e Requisitos da Petição Inicial.......................... 203

      3.1.1   Tutela Provisória 204

            3.1.1.1   Como pedir a Tutela Provisória de Urgência Antecipada? 205

      3.1.2   Da Resposta do Réu.. 205

      3.1.3   Contestação.. 206

      3.1.4   Exceções 207

      3.1.5   Reconvenção.. 208

4. TEORIA GERAL DOS RECURSOS 209

  4.1 Conceito... 209

      4.1.1   Atos Sujeitos ao Recurso 209

      4.1.2   A interposição dos Recursos 210

      4.1.3   Pressupostos Extrínsecos 210

      4.1.4   Pressupostos Intrínsecos 211

PARTE 3
RESOLVENDO A PEÇA

DICAS.. 215

  Dicas Importantes 215

1. PARECER	219
1.1 Conteúdo	219
2. MANDADO DE SEGURANÇA	223
2.1 Considerações Iniciais	223
2.1.1 Base legal (Lei n. 12.016/2009)	223
2.1.2 Competência	224
2.1.3 Partes	226
2.1.4 Pedido e Liminar	226
2.1.5 Modelo	227
3. MANDADO DE SEGURANÇA COLETIVO	233
3.1 Considerações Iniciais	233
3.1.1 Base Legal	233
3.1.2 Competência	234
3.1.3 Endereçamento	234
3.1.4 Modelo	235
4. AÇÃO DE INDENIZAÇÃO	241
4.1 Considerações Iniciais	241
4.1.1 Base Legal	241
4.1.2 Competência	242
4.1.3 Partes	242
4.1.4 Pedido e tutela provisória de urgência antecipada	242
4.1.5 Modelo	243
5. AÇÃO POPULAR	249
5.1 Conteúdo	249
5.1.1 Base Legal (Lei n. 4.717/65)	249
5.1.2 Competência	251
5.1.3 Partes	251
5.1.4 Pedido e liminar	252
5.1.5 Modelo	253

SUMÁRIO **XXIII**

6. HABEAS DATA... 259

  6.1 Considerações Iniciais.. 259

      6.1.1   Base Legal... 259

      6.1.2   Competência... 260

      6.1.3   Partes 261

      6.1.4   Pedido... 261

      6.1.5   Modelo.. 262

7. DESAPROPRIAÇÃO 267

  7.1 Considerações Iniciais.. 267

      7.1.1   Base Legal... 267

      7.1.2   Competência... 268

      7.1.3   Partes 268

      7.1.4   Pedido e Liminar.. 268

      7.1.5   Modelo.. 269

8. DESAPROPRIAÇÃO INDIRETA 275

  8.1 Considerações Iniciais.. 275

      8.1.1   Base Legal... 276

      8.1.2   Competência... 276

      8.1.3   Partes 276

      8.1.4   Pedido e Tutela Provisória de Urgência Antecipada 277

      8.1.5   Modelo.. 277

9. AÇÃO ANULATÓRIA 283

  9.1 Considerações Iniciais.. 283

      9.1.1   Base Legal... 283

      9.1.2   Competência... 283

      9.1.3   Partes 284

      9.1.4   Pedido e Tutela Provisória de Urgência Antecipada 284

      9.1.5   Modelo.. 284

10. OBRIGAÇÃO DE FAZER... 291

10.1 Considerações Iniciais... 291

10.1.1 Base Legal.. 291

10.1.2 Competência.. 291

10.1.3 Partes 291

10.1.4 Pedido e Tutela Provisória de Urgência Antecipada..................... 291

10.1.5 Modelo.. 292

11. AÇÃO CIVIL PÚBLICA 299

11.1 Considerações Iniciais... 299

11.1.1 Base Legal.. 300

11.1.2 Competência.. 301

11.1.3 Partes 301

11.1.4 Pedido e Liminar... 301

11.1.5 Modelo 302

12. CONTESTAÇÃO... 309

12.1 Considerações Iniciais... 309

12.1.1 Base Legal.. 309

12.1.2 Competência.. 311

12.1.3 Partes 311

12.1.4 Pedido.. 311

12.1.5 Modelo.. 312

13. APELAÇÃO 317

13.1 Considerações Iniciais... 317

13.1.1 Base Legal.. 317

13.1.2 Competência.. 318

13.1.3 Partes 318

13.1.4 Pedido.. 318

13.1.5 Modelo.. 318

14. AGRAVO DE INSTRUMENTO.. 325

14.1 Considerações Iniciais.. 325

14.1.1 Base Legal... 325

14.1.2 Competência.. 327

14.1.3 Partes 327

14.1.4 Pedido e Tutela Antecipada Recursal... 328

14.1.5 Modelo.. 328

15. RECURSO ORDINÁRIO... 335

15.1 Considerações Iniciais.. 335

15.1.1 Base Legal... 335

15.1.2 Competência.. 336

15.1.3 Partes 336

15.1.4 Pedido... 336

15.1.5 Modelo.. 336

16. RECURSO EXTRAORDINÁRIO 343

16.1 Considerações Iniciais.. 343

16.1.1 Base Legal... 343

16.1.2 Repercussão Geral, Prequestionamento e Pedido......................... 344

16.1.3 Modelo.. 345

17. RECURSO ESPECIAL 351

17.1 Considerações Iniciais.. 351

17.1.1 Base Legal... 351

17.1.2 Competência.. 351

17.1.3 Pedido... 352

17.1.4 Modelo.. 352

REFERÊNCIAS... 359

SUMÁRIO *ON-LINE*

PARTE 4
QUESTÕES

1. COMO RESPONDER QUESTÕES DISCURSIVAS... 3

    1.1 Exemplificando 3

2. QUESTÕES DISCURSIVAS.. 5

3. GABARITO.. 9

4. PEÇAS PROFISSIONAIS... 13

5. GABARITO.. 37

PARTE 1
DIREITO MATERIAL

1
CONCEITO DE DIREITO ADMINISTRATIVO E REGIME JURÍDICO ADMINISTRATIVO

1.1 Conceito de Direito Administrativo

Não existe uma uniformidade quanto aos conceitos adotados pelos autores do Direito Administrativo Brasileiro ao tratarem e definirem o Direito Administrativo.

Celso Antônio Bandeira de Mello, por exemplo, enfatiza a ideia de função administrativa, definindo o Direito Administrativo como um ramo do Direito Público que disciplina a função administrativa, bem como as pessoas e os órgãos que a exercem. Esse é o critério funcional (Bandeira de Mello, 2008, p. 37).

Hely Lopes Meirelles destaca o elemento finalístico, conceituando-o como o conjunto de princípios e normas que regem os órgãos, os agentes e as atividades públicas tendentes a realizar os fins desejados pelo Estado (Meirelles, 2000, p. 34).

Maria Sylvia Zanella Di Pietro leva em consideração o objeto ao defini-lo como um ramo do Direito Público que tem por objeto os órgãos, agentes e as pessoas jurídicas administrativas que integram a Administração Pública (Di Pietro, 2010, p. 52).

Por fim, José dos Santos Carvalho Filho dá o enfoque para a relação jurídica administrativa. Diz que o Direito Administrativo é um conjunto de normas e princípios que, visando sempre ao interesse público, regem as relações jurídicas da Administração Pública (Carvalho Filho, 2008, p. 7).

Adotando o referencial de Celso Antônio Bandeira de Mello, podemos definir o Direito Administrativo como o ramo do Direito Público que dispõe sobre a função administrativa, sendo um conjunto de princípios jurídicos que regem os órgãos, os agentes e as atividades públicas tendentes a realizar concreta, direta e imediatamente os fins desejados pelo Estado.

A Constituição de 1988 determina que a competência para legislar em Direito Administrativo é concorrente, conforme dispõe o art. 24; todavia, existem matérias que são de competência privativa da União, como, por exemplo, desapropriação, normas gerais de licitação, serviço postal, dentre outras.

1.1.1 Função Administrativa e interesse público

A função administrativa, segundo Seabra Fagundes, consiste em aplicar a lei de ofício (Fagundes, 2005, p. 3). Essa ideia está relacionada com o conceito de interesse público, que pode ser primário ou secundário, de acordo com os ensinamentos de Renato Alessi.

O interesse público primário é o interesse da coletividade, da sociedade como um todo. O secundário é o interesse público da pessoa jurídica de direito privado que seja parte em uma relação jurídica, por exemplo, a Caixa Econômica Federal, empresa pública, na captação de clientes.

Função administrativa é a função pública do Estado, realizada debaixo da lei, na qualidade de parte, sujeito de uma relação jurídica, que visa cumprir o estabelecido no ordenamento jurídico e atingir o bem comum. A função típica do Executivo é administrar a coisa pública.

É importante não confundir função administrativa com função de governo. A função de governo é ato político, também exercido pelo Poder Executivo, mas com ampla discricionariedade. Exemplo: declaração de guerra e intervenção federal. Jean Rivero diz que governar é tomar as decisões essenciais que empenham o futuro nacional: uma declaração de guerra ou ainda um plano econômico, por exemplo. A administração é uma tarefa cotidiana que desce até aos atos mais humildes, como o giro do carteiro ou o gesto do guarda que regula o trânsito (Rivero, 1981, p. 17).

Destaca-se, por fim, que, embora os Poderes (Executivo, Legislativo e Judiciário) sejam independentes entre si, cada um deles exerce parcela do outro e a isso chamamos de função atípica. Assim, o Poder Judiciário exerce função atípica ao realizar licitação para a compra de materiais de escritório; no mesmo sentido é atípica a função do Poder Legislativo ao processar e julgar o Presidente da República nos chamados crimes de responsabilidade, e a função atípica do Poder Executivo é legislar e julgar, ou seja, legisla ao expedir medidas provisórias e julga ao decidir um processo administrativo disciplinar.

1.1.2 Relação do Direito Administrativo com outros ramos do Direito

O Direito Administrativo tem relação com os diversos ramos do Direito, e, de acordo com os ensinamentos de Hely Lopes Meirelles (2000, p. 35-38), essas relações são da seguinte ordem:

a) *Constitucional*: o Direito Administrativo ocupa-se da organização interna, dos órgãos da administração do Estado. O Direito Constitucional é voltado à estrutura estatal da política de governo.

b) *Tributário*: as atividades de arrecadação de impostos, realização de receita e efetivação de despesas são atividades administrativas.

c) *Penal*: nos casos de crimes contra a Administração Pública, subordina-se a conceituação dos delitos à conceituação de atos administrativos.

d) *Trabalho*: no tocante às instituições de previdência e assistência ao assalariado que, em sua maioria, são constituídas como autarquias.

e) *Civil*: relaciona-se aos contratos e às obrigações do Poder Público.

1.1.3 Fontes do Direito Administrativo

As principais fontes do Direito Administrativo são: Constituição Federal; princípios; atos administrativos infralegais; precedentes administrativos; lei, doutrina, jurisprudência, tratados internacionais e costume.

1.1.4 Interpretação do Direito Administrativo

A interpretação do Direito Administrativo leva em consideração as regras do Direito privado mais três pressupostos: desigualdade jurídica entre Administração e administrados, presunção de legitimidade dos atos da Administração e necessidade de poderes discricionários para a Administração atender ao interesse público.

1.1.5 Evolução histórica

O impulso decisivo para a formação do Direito Administrativo foi dado pela teoria da separação dos Poderes de Montesquieu. Na França, após a Revolução de 1789 foram criados os chamados *tribunais administrativos*, fazendo surgir a *justiça administrativa*.

O sistema administrativo é o regime adotado pelo Estado para a correção dos atos administrativos ilegais ou ilegítimos praticados pelo Poder Público.

Dois são os sistemas:

a) *Contencioso ou sistema francês*: é aquele em que se veda o conhecimento pelo Poder Judiciário de atos da Administração Pública, ficando estes sujeitos à chamada jurisdição especial do contencioso administrativo, formada por tribunais de índole administrativa.

Nesse sistema há uma dualidade de jurisdição: a jurisdição administrativa (formada pelos tribunais administrativos) e a jurisdição comum (formada pelos órgãos do Poder Judiciário).

b) *Sistema inglês, judiciário ou de jurisdição única*: é aquele em que todos os litígios – administrativos ou de interesses privados – podem ser resolvidos pelos órgãos do Judiciário.

O Brasil adota esse sistema.

1.1.6 Regime Jurídico Administrativo

A expressão "regime" em sentido amplo significa conjunto de direitos e obrigações. No sentido jurídico, pode ser entendida como o conjunto de direitos e obrigações de determinado instituto jurídico. No Direito Administrativo, é importante distinguir regime jurídico da Administração de regime jurídico administrativo. Esquematizando a situação, temos o seguinte cenário:

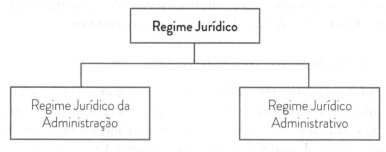

1.1.6.1 Regime Jurídico da Administração

A Administração Pública está sujeita ao regime jurídico de direito público e ao de direito privado. É a Constituição e a lei que definem qual será o regime a ser adotado. No caso das empresas públicas e sociedades de economia mista exploradoras de atividade econômica, por exemplo, o art. 173, § 1º, da Constituição determina que essas entidades estarão sujeitas ao regime jurídico de direito privado quanto a direitos e obrigações civis, comerciais, trabalhistas e tributárias.

Como se vê, dependendo da situação definida na lei ou na Constituição, o regime a ser aplicado poderá ser o privado ou o público. O importante a destacar é que, mesmo quando a Administração utiliza o modelo privado, a submissão nunca será integral.

No exemplo acima citado, as empresas públicas e sociedades de economia mista que exploram atividade econômica estão sujeitas às regras de licitação, controle do tribunal de contas e incidência da lei de improbidade administrativa, o que reforça o entendimento de que mesmo nesses casos a regra de direito privado é derrogada pelas normas de direito público naquilo que a lei e a Constituição dispuserem em contrário.

1.1.6.2 Regime Jurídico Administrativo

A expressão "regime jurídico administrativo", segundo Maria Sylvia Zanella Di Pietro, é o regime de direito público aplicável aos órgãos e às entidades que compõem a Administração Pública e que a colocam em uma posição privilegiada, vertical, na relação jurídico-administrativa. Esse regime resume-se em duas palavras: prerrogativas e sujeições. Trata-se de um conjunto de princípios e regras que balizam o exercício das atividades da Administração Pública, tendo por objetivo a realização do interesse público (Di Pietro, 2010, p. 64).

De acordo com a autora, as prerrogativas fundamentam a necessidade de satisfação dos interesses coletivos, quer para limitar o exercício de direitos individuais em benefício da coletividade (poder de polícia), quer para a prestação de serviços públicos. Como exemplos, pode-se citar a autoexecutoriedade, a instituição de servidão, o poder de expropriar, de rescindir e alterar unilateralmente os contratos administrativos.

Já as sujeições visam à proteção dos direitos individuais em face do Estado; é por isso que a Administração Pública está sujeita ao princípio da legalidade, finalidade pública, moralidade, publicidade, necessidade de realização de licitação, concurso público, dentre outros.

Assim, o regime jurídico administrativo é construído fundamentalmente com base em dois princípios, segundo Celso Antônio Bandeira de Mello: a indisponibilidade do interesse público pela Administração e a supremacia do interesse público sobre o particular (Bandeira de Mello, 2008, p. 69).

Vale destacar que muitas dessas prerrogativas e sujeições são expressas sob a forma de princípios que informam o direito público, em especial o Direito Administrativo, conforme veremos em capítulo próprio.

Por fim, seguem as "TOP DICAS" referentes a esse tema:

TOP DICAS
1) O conceito de Direito Administrativo leva em conta o critério funcional.
2) A função administrativa visa satisfazer o interesse público.
3) As fontes do Direito Administrativo são: Constituição Federal; princípios; atos administrativos infralegais; precedentes administrativos; lei, doutrina, jurisprudência, tratados internacionais e costume.
4) Regime Jurídico da Administração: regime público ou privado aplicável à Administração.
5) Regime Jurídico Administrativo: normas e princípios que regem o Direito Administrativo.

2
PRINCÍPIOS DA ADMINISTRAÇÃO PÚBLICA

2.1 Conceito

Os princípios são normas que orientam a aplicação de outras normas, ou seja, estabelecem as diretrizes e norteiam, no caso específico, o sistema administrativo. Eles possuem uma alta carga axiológica (valor) e um baixo teor normativo. É por isso que Celso Antônio Bandeira de Mello declara que "violar um princípio é muito mais grave do que violar uma norma, é a mais grave forma de ilegalidade ou inconstitucionalidade" (Bandeira de Mello, 2008, p. 53).

No Direito Administrativo, em termos legislativos, os referenciais para o estudo do tema são a Constituição Federal (art. 37, *caput*) e a Lei n. 9.784/99 (regula o processo administrativo no âmbito da Administração Pública Federal).

Variadas são as classificações existentes na doutrina. Nesta obra, dividiremos os princípios da seguinte maneira: supraprincípios, princípios constitucionais e outros princípios. Esquematizando, temos a situação abaixo:

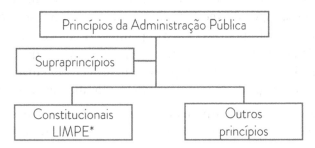

* A expressão LIMPE é idealizada a partir das letras iniciais de cada um dos princípios constitucionais: Legalidade; Impessoalidade; Moralidade; Publicidade e Eficiência.

2.1.1 Supraprincípios

Essa classificação em supraprincípios tem como referência a doutrina de Celso Antônio Bandeira de Mello. Assim, os supraprincípios são considerados essenciais e servem de fundamento para os demais princípios.

Insta salientar que esses princípios jamais serão contraditórios, mas sim contrapostos, isto é, diante de um conflito entre princípios, será usado o critério da proporcionalidade e aquele que for sobrelevado não estará inutilizando a incidência do outro princípio, uma vez que este poderá incidir em outros casos concretos.

2.1.1.1   Supremacia do interesse público

Esse princípio significa que para satisfazer o interesse público será necessário, em determinadas situações, a Administração Pública onerar o interesse privado. Isso não significa dizer que essa supremacia é absoluta, pelo contrário é relativa, pois deve ser exercida com observância dos princípios da Administração Pública. Como exemplo da supremacia do interesse público, podemos citar a desapropriação, as requisições administrativas, o exercício do poder de polícia e a rescisão unilateral do contrato administrativo.

A supremacia do interesse público tem incidência nos chamados atos de império da Administração Pública. É expressão do poder de império ou poder extroverso da Administração Pública. Anota-se que o interesse público secundário não é exercido com supremacia.

2.1.1.2   Indisponibilidade do interesse público

Segundo esse princípio, os agentes públicos não podem abrir mão do interesse público, pois são apenas os gestores desses interesses, por isso não podem dele dispor. Como exemplo, pode-se citar o impedimento colocado à Administração para renúncia de receitas, multas e tributos, renúncia essa que só pode dar-se por meio de lei. É um princípio implícito e dele decorrem diversos princípios expressos, como a legalidade, impessoalidade, moralidade e eficiência.

Duas são as exceções que podem ser consideradas acerca desse princípio. A primeira está na Lei n. 12.153/2009, que trata dos Juizados Especiais da Fazenda Pública ao permitir, no art. 8º, aos representantes da Fazenda Pública transigirem e celebrarem conciliação. A outra seria a possibilidade de uso de arbitragem nas concessões e parcerias público-privadas.

2.1.2   Princípios constitucionais

A. Legalidade

O princípio da legalidade significa que o administrador público, no exercício da função administrativa, deve seguir os ditames da lei. A função administrativa é aquela exercida pelo Estado com base na lei, visando atingir o interesse público.

Para a Administração Pública, a margem de liberdade está limitada pela lei. O administrador público deve aplicar a lei de ofício, fazendo somente aquilo que ela determina ou autoriza. É considerado princípio essencial da Administração Pública.

O princípio da legalidade representa uma garantia para os administrados, pois qualquer ato da Administração Pública somente terá validade se respaldado em lei. Representa um limite para a atuação do Estado, visando à proteção do administrado em relação ao abuso de poder.

A legalidade possui dois sentidos. O primeiro, positivo, estabelecendo que Administração Pública deve aplicar a lei de ofício, e o segundo, negativo, pois o ato administrativo não pode contrariar a lei.

Modernamente a legalidade significa atuação conforme a lei e o direito, a isso se chama princípio da juridicidade (art. 2º da Lei n. 9.784/99). Os fundamentos constitucionais do princípio da legalidade estão nos arts. 37, *caput*, 5º, II, e 84, IV.

Esse princípio apresenta perfis diversos no campo do Direito público e no campo do Direito privado. Neste, tendo em vista o interesse privado, as partes poderão fazer tudo o que a lei não proíbe; no Direito público, diferentemente, existe uma relação de subordinação perante a lei, ou seja, só se pode fazer o que esta expressamente autorizar.

O princípio da legalidade, no Direito Administrativo, apresenta exceções:

– *Medidas provisórias*: são atos com força de lei, mas o administrado só se submeterá ao que nelas estiver previsto se forem editadas dentro dos parâmetros constitucionais, ou seja, se presentes os requisitos da relevância e da urgência; vêm sendo considerados fatos urgentes, para efeito de medida provisória, aqueles assuntos que não podem esperar mais que 90 dias.

– *Estado de sítio e estado de defesa*: são momentos de anormalidade institucional. Representam restrições ao princípio da legalidade porque são instituídos por um decreto presidencial que poderá obrigar a fazer ou deixar de fazer mesmo não sendo lei.

B. Impessoalidade

Esse princípio estabelece que o administrador público não pode beneficiar nem prejudicar pessoas determinadas. É ele que veda a promoção pessoal do administrador público, impondo que a publicidade dos atos, programas, obras, serviços e campanhas dos órgãos públicos deverá ter caráter educativo, informativo ou de orientação social, dela não podendo constar nomes, símbolos ou imagens (art. 37, § 1º, da CF/88). O princípio da impessoalidade é conhecido como princípio da finalidade pública.

Deve ser observado em duas situações distintas:

– *Em relação aos administrados*: significa que a Administração Pública não poderá atuar discriminando pessoas de forma gratuita, a não ser aquelas que venham privilegiar o interesse público, ou seja, a Administração Pública deve permanecer em posição de neutralidade em relação às pessoas privadas. A atividade administrativa deve ser destinada a todos os administrados, sem discriminação nem favoritismo, constituindo assim um desdobramento do princípio geral da igualdade (art. 5º, *caput*, da CF). Por exemplo, na contratação de serviços por meio de licitação devem ser estabelecidas regras iguais para todos que queiram participar do certame.

– *Em relação à própria Administração Pública*: a responsabilidade dos atos administrativos praticados deve ser imputada não ao agente e sim à pessoa jurídica – Administração Pública direta ou indireta. Segundo o art. 37, § 6º, da CF, "as pessoas jurídicas de direito público e as de direito privado prestadoras de serviços públicos responderão pelos danos que seus agentes, nessa qualidade, causarem a terceiros, assegurado o direito de regresso contra o responsável nos casos de dolo ou culpa". Como será visto mais adiante, com base na Teoria do Órgão, a responsabilidade deve ser imputada ao órgão/pessoa jurídica, e não diretamente ao agente público, que poderá responder em ação regressiva proposta pelo Estado.

Importante destacar que o STF decidiu que *o princípio da intranscendência subjetiva das sanções*, inibe a aplicação de severas sanções às administrações por ato de gestão anterior à assunção dos deveres públicos. Trata-se de uma regra que, de certo modo, excepciona o princípio da moralidade, na medida em que o novo gestor não pode ser penalizado por conta do ato do anterior (AC 2614/PE, rel. Min. Luiz Fux).

C. Moralidade

A moralidade pode ser entendida como o conjunto de costumes, deveres e modo de proceder dos homens para com os seus semelhantes, os preceitos e as regras para dirigir as ações humanas segundo a justiça e a equidade natural. A moralidade compreende o conjunto de valores inerentes à existência humana.

A Constituição Federal erigiu a moral administrativa como princípio, o que nos permite afirmar que ela é um requisito de validade do ato administrativo. Logo, um ato contrário a moral não está sujeito à análise de oportunidade e conveniência, mas sim a uma análise de legitimidade. Ato imoral deve ser anulado e não revogado.

O controle de legalidade estende-se não só à conformação do ato com a lei, mas também com a moral administrativa. Dessa forma, o princípio da moralidade impõe que o administrador público, no exercício da função administrativa, atue dentro de padrões éticos.

A Lei n. 8.429/92, no seu art. 9º, apresentou, em caráter exemplificativo, as hipóteses de atos de improbidade administrativa. Esse artigo dispõe que todo aquele que objetivar algum tipo de vantagem patrimonial indevida, em razão de cargo, mandato, emprego ou função que exerce, estará praticando ato de improbidade administrativa. São exemplos:

– usar bens e equipamentos públicos com finalidade particular;

– intermediar liberação de verbas;

– estabelecer contratação direta quando a lei manda licitar;

– vender bem público abaixo do valor de mercado;

– adquirir bens acima do valor de mercado (superfaturamento).

Conforme veremos adiante, são instrumentos para combater os atos de improbidade: ação popular (art. 5º, LXXIII, da CF) e ação civil pública (Lei n. 7.347/85, art. 1º), desde que, nesse caso, o interesse seja difuso.

Por fim, as sanções aplicáveis no caso de improbidade administrativa, de acordo com o art. 37, § 4º, da CF, são: suspensão dos direitos políticos, perda da função pública, indisponibilidade dos bens e ressarcimento ao erário.

D. Publicidade

O princípio da publicidade determina que o administrador público divulgue amplamente os seus atos. A restrição à publicidade de um ato só poderá ocorrer por razões de interesse público e em razão de imperativos da segurança nacional, desde que devidamente justificados. São instrumentos constitucionais utilizados para assegurar o recebimento de informações o *habeas data* (art. 5º, LXXII, da CF) e o mandado de segurança (art. 5º, LXIX e LXX, da CF).

Pode-se dizer que a publicidade tem uma dupla função. A primeira é a exigência de publicação do ato como requisito de sua eficácia. O ato somente produzirá efeitos quando for publicado.

A Lei n. 9.784/99 (art. 2º, parágrafo único, V) impõe a regra da divulgação oficial dos atos. A Lei n. 8.666/93 no art. 61 determina como eficácia dos contratos administrativos a necessidade de publicação resumida de seu instrumento na imprensa oficial.

A segunda exigência é a transparência da atuação administrativa, o que impõe que, em regra, todos têm direito de receber dos órgãos públicos informações de seu interesse ou de interesse coletivo (art. 5º, XXXIII, da CF). A decorrência lógica desse princípio é a necessidade de motivação dos atos administrativos.

Como dito anteriormente, a regra é a publicidade; a exceção é o sigilo. Por isso, a Lei n. 12.527/2011 regula o acesso a informações previsto no inciso XXXIII do art. 5º, no inciso II do § 3º do art. 37 e no § 2º do art. 216 da Constituição Federal.

O art. 5º da Lei n. 12.527/2011 determina o dever do Estado de garantir o direito de acesso à informação, que será franqueada, mediante procedimentos objetivos e ágeis, de forma transparente, clara e em linguagem de fácil compreensão. Segundo o art. 10 da lei, qualquer interessado poderá apresentar pedido de acesso a informações a órgãos e entidades.

A Lei n. 12.527/2011 estabelece no art. 24 que a informação em poder dos órgãos e entidades públicas, observado o seu teor e em razão de sua imprescindibilidade à segurança da sociedade ou do Estado, poderá ser classificada como ultrassecreta, secreta ou reservada.

Os prazos máximos de restrição de acesso à informação, conforme essa classificação, são os seguintes: I – ultrassecreta: 25 (vinte e cinco) anos; II – secreta: 15 (quinze) anos; e III – reservada: 5 (cinco) anos. Após esses prazos a informação torna-se automaticamente de acesso ao público.

Vale a pena lembrar, que a *Lei Geral de Proteção de Dados Pessoais – Lei 13.709/18* dispõe sobre o tratamento de dados pessoais, inclusive nos meios digitais, por pessoa natural ou por pessoa jurídica de direito público ou privado, com o objetivo de proteger os direitos fundamentais de liberdade e de privacidade e o livre desenvolvimento da personalidade da pessoa natural.

Os arts. 23 a 32 da LGPD trazem as regras para o Poder Público ao tratar dos dados pessoais que deverá ser realizado para o atendimento de sua finalidade pública, na persecução do interesse público, com o objetivo de executar as competências legais ou cumprir as atribuições legais do serviço público.

E. Eficiência

O princípio da eficiência dispõe que o administrador público deve sempre buscar o melhor resultado, já que visa à satisfação do interesse público. Esse princípio foi introduzido pela Emenda Constitucional n. 19/98, obrigando a Administração Pública a aperfeiçoar os serviços e as atividades que presta, por meio da otimização dos resultados. Devemos ressaltar, todavia, que já constava em nossa legislação infraconstitucional o mencionado princípio, a exemplo do Decreto-Lei n. 200/67 (arts. 13 e 25, V), da Lei de Concessões e Permissões (Lei n. 8.987/95, arts. 6º e 7º) e do Código de Defesa do Consumidor (Lei n. 8.078/90, arts. 4º, VII, 6º, X, e 22).

A ideia de eficiência está ligada à Administração Pública gerencial. São instrumentos da eficiência os contratos de gestão, avaliação de desempenho do servidor e a duração razoável do processo (procedimento) administrativo. Maria Sylvia Zanella Di Pietro, ao tratar desse princípio, apresenta dois aspectos relevantes. O primeiro refere-se à forma de atuação do agente, pois se espera o melhor desempenho possível de sua atuação para que se obtenham os melhores resultados. O segundo refere-se ao modo de organizar a Administração, que deve ser o modo mais racional possível (Di Pietro, 2010, p. 83).

A eficiência coaduna-se com o princípio da economicidade, previsto no art. 70 da CF, o que implica dizer que o administrador deve sempre buscar a solução que melhor atenda ao interesse público. Uma atuação ineficiente não é questão de oportunidade e conveniência e sim obrigação do administrador público, logo o controle passível é o de legalidade. Não existe margem de escolha para o administrador optar entre o que é mais ou menos eficiente.

2.1.3 Outros princípios

A Lei n. 9.784/99 estabelece em seu art. 2º que a Administração Pública obedecerá, dentre outros, aos princípios da legalidade, finalidade, motivação, razoabilidade, proporcionalidade, moralidade, ampla defesa, contraditório, segurança jurídica, interesse público e eficiência.

A. Razoabilidade

Significa que o administrador público deve atuar de forma compatível com os fins que deseja atingir. É conhecido como princípio da proibição do excesso. Esse princípio está previsto expressamente no art. 111 da Constituição do estado de São Paulo. É comum o controle de razoabilidade nos atos discricionários, sancionatórios e no exercício do poder de polícia.

Na razoabilidade é feita uma análise de adequação e necessidade do ato, tendo em vista a atuação da Administração, ou seja, é necessário que os meios empregados pela Administração sejam adequados para o atingimento dos seus fins e que a utilização desses meios seja realmente necessária. Por exemplo, não é razoável determinar a apreensão de um veículo que trafega com uma lanterna apagada ao meio-dia na via pública. O razoável seria a aplicação de uma multa de trânsito.

Em matéria de concursos públicos, o Supremo Tribunal Federal tem considerado certas restrições como legítimas, como, por exemplo, o critério de idade, altura mínima, desde que haja razoabilidade para a discriminação.

B. Proporcionalidade

A proporcionalidade é uma das vertentes da razoabilidade e impõe ao administrador público a utilização de meios proporcionais para alcançar os fins que deseja atingir. Por exemplo, na fiscalização de uma obra não é proporcional determinar a sua demolição imediata. É preciso verificar se é possível a regularização. Proporcional seria uma advertência, multa ou até mesmo a suspensão, dependendo do caso concreto. Portanto, a proporcionalidade está relacionada aos meios utilizados pelo administrador público.

C. Motivação

O art. 50 da Lei n. 9.784/99 estabelece que os atos administrativos deverão ser motivados, com indicação dos fatos e dos fundamentos jurídicos. Motivar significa mencionar o dispositivo legal aplicável ao caso concreto e relacionar os fatos que concretamente levaram à aplicação daquele dispositivo legal. Todos os atos administrativos devem ser motivados para que o Judiciário possa controlar o mérito quanto à sua legalidade. Para efetuar esse controle, devem-se observar os motivos dos atos administrativos.

Motivar é dar os "porquês" das decisões. Motivação não se confunde com motivo. O motivo é um elemento do ato administrativo, ou seja, o fato que autoriza a realização desse ato. Por exemplo, o estabelecimento que vende alimentos impróprios para o consumo. Vender tais alimentos é a infração, o motivo da multa.

Uma exceção ao princípio da motivação é o caso da exoneração de servidores que ocupam cargo em comissão (exoneração *ad nutum*). Para a atuação administrativa dos Tribunais, a CF, no art. 93, X, determina expressamente que as decisões administrativas serão motivadas. A motivação é necessária tanto para os atos vinculados como para os atos discricionários.

A Lei n. 9.784/99 no art. 2º §1º trata da chamada *motivação "aliunde"* que é aquela feita mediante referência a outro documento com fundamento de anteriores pareceres, informações, decisões ou propostas que, neste caso, serão parte integrante do ato.

D. Autotutela

Esse princípio significa que a Administração Pública exerce controle sobre os seus próprios atos, sendo-lhe facultado anular os ilegais e revogar os inconvenientes e inoportunos.

A Súmula 473 do STF traduz a autotutela: "A Administração Pública pode anular os seus próprios atos, quando eivados de vícios que os tornam ilegais, porque deles não se originam direitos; ou revogá-los, por motivo de conveniência ou oportunidade, respeitados os direitos adquiridos, e ressalvada, em todos os casos, a apreciação judicial".

O art. 53 da Lei n. 9.784/99 estabelece que a administração deve anular seus próprios atos, quando eivados de vício de legalidade, e pode revogá-los por motivo de conveniência ou oportunidade, respeitados os direitos adquiridos.

Assim, a ilegalidade de um ato administrativo gera a sua anulação, com efeitos retroativos à data de sua prática (*ex tunc*), atingindo os atos discricionários e os vinculados. A anulação poderá ser realizada tanto pelo Judiciário quanto pela Administração Pública.

Já a inoportunidade e a inconveniência de um ato administrativo geram a sua revogação, sem efeitos retroativos (*ex nunc*), atingindo apenas os atos discricionários. A revogação somente cabe à Administração Pública.

Por fim, não se pode confundir poder de autotutela com tutela administrativa, que é expressão sinônima de controle finalístico ou supervisão que a Administração exerce sobre as entidades da Administração indireta, conforme veremos adiante.

Esquematizando a autotutela, temos a seguinte situação:

E. Princípio da segurança jurídica

A segurança jurídica tem como fundamento a necessidade de estabilização das relações jurídicas da Administração. Esse princípio pode ser chamado de proteção à confiança.

No Brasil, a possibilidade de anular atos de que decorram efeitos favoráveis ao particular, com prazo decadencial de cinco anos, prevista no art. 54 da Lei n. 9.784/99, é um exemplo da adoção desse princípio pelo nosso ordenamento jurídico.

Na jurisprudência construiu-se a teoria do fato consumado de forma a preservar a segurança jurídica. Segundo o STJ, pela teoria do fato consumado "as situações jurídicas consolidadas pelo decurso do tempo, amparadas por decisão judicial, não devem ser desconstituídas, em razão do princípio da segurança jurídica e da estabilidade das relações sociais (REsp 709.934/RJ).

O STF já se manifestou em diversos julgados em homenagem ao princípio da segurança jurídica. Por exemplo, já convalidou ato de transposição de carreira de servidor, baseado em lei supostamente inconstitucional, ato esse em que já consolidara a situação jurídica do destinatário (RE 466.546, *Informativo* 416, fev. 2006).

Importante anotar que essa teoria não tem sido admitida nas questões relacionadas a concurso público (RE – RG 608.842).

F. Princípio da presunção de legitimidade

A presunção de legitimidade é um atributo do ato administrativo. Como princípio, deve ser entendida no sentido de que os atos expedidos pela Administração Pública se presumem legítimos e verdadeiros até prova em contrário. Consequentemente, esses atos podem ser executados de imediato, sem depender da concordância dos particulares. Na multa de trânsito, por exemplo, a concordância do particular não é condição para sua expedição, na medida em que o agente público de trânsito pode executá-la de imediato, cabendo ao particular provar que não cometeu a infração.

G. Princípio da especialidade

A especialidade é decorrência dos princípios da legalidade e da indisponibilidade do interesse público sobre o privado. Assim, para especializar a prestação de um determinado serviço público, a Administração pode criar autarquias que, além de especializar o serviço, descentralizam-no, como será visto no capítulo em que tratamos de entidades administrativas. Como exemplo, pode-se citar a criação de uma autarquia para prestar serviço de saneamento ambiental.

H. Princípio do controle ou tutela

Conforme dito anteriormente, não se pode confundir tutela com autotutela. A tutela é o princípio pelo qual a Administração Pública direta fiscaliza as atividades dos entes da Administração indireta para garantir as suas finalidades institucionais. É um controle finalístico. O controle não se presume e deve ser exercido nos limites definidos em lei. Por exemplo, ao se criar uma autarquia para gerir saneamento ambiental a Administração direta exerce o controle para verificar se a finalidade da autarquia (saneamento ambiental) está sendo cumprida, por isso o controle chama-se finalístico.

I. Princípio da hierarquia

Na Administração Pública existe hierarquia entre os órgãos e agentes, e isso é decorrência do princípio da hierarquia, que estabelece uma relação de subordinação e coordenação entre uns e outros. Em uma Prefeitura Municipal, por exemplo, podemos ter a seguinte estrutura hierarquizada: Prefeito, Secretários, Diretores, Gerentes, Encarregados, Líderes e Servidores Públicos.

J. Princípio da continuidade do serviço público

A Administração Pública deve prestar os serviços de forma eficiente. Isso significa que a prestação desses serviços não pode parar. É o que determina o princípio da continuidade do serviço público e por consequência impede a sua interrupção, já que o Estado desempenha funções essenciais e necessárias à coletividade. Disso decorrem, por exemplo, as restrições à greve no serviço público (com a garantia de funcionamento de parte do serviço) e a possibilidade da retomada do serviço na concessão em caso de inadimplência da concessionária.

2.1.4. LINDB

Em 25 de abril de 2018, foi publicada a Lei n. 13.655/2018 que inclui no Decreto-Lei n. 4.657/1942 (Lei de introdução as normas do direito brasileiro – LINDB) disposições sobre segurança jurídica, eficiência na criação e aplicação do direito público.

A Lei n. 13.655/2018 torna expressos alguns princípios e regras de interpretação e decisão que, segundo a doutrina atual, devem ser observados pelas autoridades administrativas ao aplicar a lei, fixando parâmetros a serem observados quando autoridades administrativas tomam decisões fundadas em cláusulas gerais ou conceitos jurídicos indeterminados.

Busca-se também conferir aos administrados o direito a normas de transição proporcionais e adequadas, bem como estabelece um regime para que negociações entre autoridades públicas e particulares ocorram de forma transparente e eficiente.

Impõe ademais a consulta pública prévia para manifestação dos interessados, em caso de edição de normas de caráter geral por autoridade administrativa, bem como a edição de súmulas e regulamentos destinados a pacificar dúvidas originárias da aplicação de normas a casos concretos.

O art. 20 introduzido na LINDB veda expressamente decisões judiciais, administrativas e controladoras baseadas em "valores jurídicos abstratos" sem considerar as consequências práticas da decisão e as possíveis alternativas.

Já os arts. 20 e 21, conferem maior concretude ao princípio da motivação, pois determina que as decisões nas esferas administrativas, controladora e judicial sejam tomadas não apenas com fundamentos principiológicos, mas considerando suas consequências práticas e, sobretudo, ponderando as alternativas possíveis. Exige, ainda, a prolação de decisões razoáveis e proporcionais, de forma que os danos delas decorrentes sejam de extensão e intensidade adequadas ao caso concreto.

O art. 22, atentando-se para as muitas dificuldades que os gestores enfrentam na realidade da administração pública, definiu balizas para a interpretação de normas sobre gestão pública, a fim de que a regularidade dos atos de gestão não seja analisada apenas a partir da "letra fria" da lei, mas que sejam considerados todos os percalços e limitadores da atuação dos gestores.

Preza-se pela implementação de um controle prudente e responsável, que averigue as peculiaridades e as circunstâncias fáticas a que estão submetidos os gestores públicos, considerando, assim, a complexidade que envolve o desempenho diário da função administrativa

Os arts. 23 e 24, expressam o respeito ao princípio da segurança jurídica. Este, um dos mais relevantes princípios do Direito, é o garantidor da estabilidade das relações jurídicas, conferindo aos cidadãos a confiança de que, no caso de novas interpretações ou orientações sobre determinada norma que interfiram na validade de atos ou contratos, sejam preservadas situações já devidamente constituídas no tempo e garantida uma transição razoável quando inevitável a exigência do novo dever ou do novo condicionamento de direito.

No tocante aos arts. 26 e 27 seu objetivo, de fato, é o reforço da prática da administração pública consensual ou dialógica, uma concepção moderna de Estado, que preza pela cultura do diálogo entre a sociedade e os órgãos e entes públicos, em contraponto à administração pública monológica, resistente a esse processo comunicacional.

Em caso de razões de relevante interesse geral, confere-se à autoridade administrativa a possibilidade de, após ouvir o órgão jurídico competente e, sendo o caso, realizar consulta pública, celebrar compromisso com os interessados, para eliminar irregularidade, incerteza jurídica ou situação contenciosa na aplicação do direito público.

Permite-se, ainda, que, no curso de processo na esfera administrativa, controladora ou judicial, seja celebrado compromisso processual, para prevenir ou regular eventual compensação por benefícios indevidos ou prejuízos anormais ou injustos resultantes do processo ou da conduta dos envolvidos.

O art. 28, por sua vez, positiva tema bastante relevante, relacionado à responsabilidade de agentes públicos por decisões e opiniões técnicas em caso de dolo ou erro grosseiro. De fato, com a oscilação própria que é do direito, visto que em constante construção e reconstrução, é imperativo salvaguardar profissionais que emitem decisões e opiniões técnicas baseadas em jurisprudência, doutrina, orientação geral ou interpretação razoável, devendo a responsabilização pessoal ocorrer apenas em caso de erro grosseiro ou dolo.

Quanto ao disposto no art. 29, possibilita-se a realização prévia de consulta pública por ocasião da edição de atos normativos por autoridades administrativas. Assim, permite-se a oportunidade de manifestação pelos interessados, prestigiando a participação popular e, por conseguinte, conferindo-lhe maior legitimidade.

Por fim, o art. 30 reforça a necessidade de observância do princípio da segurança jurídica na aplicação de normas pela administração pública, ao estabelecer que os regulamentos, súmulas administrativas e respostas a consultas devem vincular a atuação dos órgãos e entidades públicas, enquanto não sejam objeto de revisão. Trata-se de prestigiar a própria transparência na atuação administrativa, de modo que novas orientações firmadas só sejam exigíveis após objeto da devida publicidade.

TOP DICAS
1) O princípio da segurança das relações jurídicas veda a aplicação retroativa de nova interpretação legal.
2) O princípio da autotutela possibilita à Administração Pública exercer o controle sobre os seus próprios atos, anulando os ilegais e revogando os inconvenientes e inoportunos (Súmula 473 do STF).
3) A EC n. 19 explicitou o princípio da eficiência na Constituição Federal. Atuar com eficiência significa buscar o melhor resultado que atenda ao interesse da coletividade.
4) A publicidade determina a ampla divulgação dos atos do administrador público. A Lei n. 12.527/2011 regula o acesso a informações previsto na Constituição Federal.
5) O princípio da razoabilidade é conhecido como princípio da proibição do excesso.

3
ORGANIZAÇÃO DA ADMINISTRAÇÃO PÚBLICA E ÓRGÃOS PÚBLICOS

3.1 Introdução

A palavra "administração", na linguagem corrente, pode designar tanto uma atividade, no sentido de gerir um negócio, como um órgão incumbido do exercício dessa atividade. Nessas duas acepções, a primeira diz-se material; a segunda, orgânica. Este capítulo estudará a Administração Pública no sentido orgânico. A organização administrativa consiste na estruturação das entidades e órgãos que exercem a função administrativa, por meio de seus agentes.

Importante distinção a ser feita é aquela entre Governo e Administração Pública. Governo é a expressão da política de comando do Estado, ao passo que Administração Pública consiste no conjunto de órgãos e agentes que executam as atividades do Governo.

A base legislativa para o enfrentamento do tema é a Constituição Federal, nos arts. 37 a 41, e o Decreto-Lei n. 200/67, que dispõe sobre a organização da Administração Federal e estabelece diretrizes para a reforma administrativa. Além disso, para as empresas estatais tem-se a Lei n. 13.303/2016.

A organização da Administração Pública Federal está prevista no Decreto-Lei n. 200/67, compreendendo:

– Administração Pública direta;

– Administração Pública indireta, que compreende: autarquias, empresas públicas, sociedades de economia mista e fundações públicas.

Todavia, como será visto neste capítulo, pode-se incluir na Administração indireta as agências reguladoras e associações públicas.

3.1.1 Órgãos Públicos

Os órgãos públicos podem ser definidos como centros especializados de competência, instituídos para o desempenho de funções estatais. São parte da pessoa jurídica e não possuem personalidade jurídica.

Existem algumas teorias no Direito Administrativo que explicam como se dá a relação do Estado com o agente público. Destacamos três dessas teorias: mandato, representação e órgão.

A teoria do mandato determina que o agente público, como pessoa física, é considerado um mandatário da pessoa jurídica pública. Essa teoria não prosperou, pois não conseguiu explicar quem outorgaria esse mandato. A teoria da representação considera o agente público representante do Estado, semelhantemente ao tutor e ao curador de incapazes. Essa teoria não conseguiu explicar como o incapaz, nesse caso o Estado, poderia outorgar validamente sua própria representação.

Já a teoria do órgão, também chamada de teoria da imputação, determina que a pessoa jurídica pública manifesta sua vontade por meio de órgãos, titularizados pelos agentes públicos (pessoas físicas) de acordo com a organização interna.

Assim, a relação estabelecida entre o Estado e o agente público é de imputação, na medida em que a atuação do agente é atribuída ao Estado. Essa teoria, desenvolvida por Otto Gierke, sustenta que o órgão é parte de um corpo, que é a entidade, e assim todas as suas manifestações de vontade são consideradas como da própria entidade. Essa é a teoria mais aceita na doutrina moderna administrativista.

3.1.1.1 Características dos órgãos públicos

A Lei n. 9.784/99, em seu art. 1º, § 2º, considera o órgão como a unidade de atuação integrante da estrutura da Administração direta e da estrutura da Administração indireta. Já a entidade é a unidade de atuação dotada de personalidade jurídica, e, por fim, a autoridade é o servidor ou agente público dotado de poder de decisão.

Ao estudarmos os órgãos públicos, podemos elencar as seguintes características:

a) integram a estrutura de uma pessoa jurídica;

b) não possuem personalidade jurídica;

c) são resultado de desconcentração;

d) não possuem patrimônio próprio.

3.1.1.2 Classificação

Os órgãos públicos são centros de competência aptos à realização das funções estatais, e são classificados de acordo com alguns parâmetros, segundo a doutrina. Adotamos a classificação quanto à estrutura, posição estatal e atuação funcional de Hely Lopes Meirelles (2000, p. 65).

No que se refere à estrutura, os órgãos públicos classificam-se em simples e compostos. Os órgãos simples são aqueles constituídos por um só centro de competência, ao passo que os compostos reúnem em sua estrutura diversos órgãos.

Quanto à atuação funcional, os órgãos públicos classificam-se em singulares ou colegiados. Singulares são aqueles em que as decisões são atribuição de um único agente, por exemplo, a Presidência da República. Nos órgãos colegiados, as decisões constituem manifestação conjunta de seus membros, tais como as corporações legislativas e os tribunais.

No tocante à posição estatal, podem os órgãos públicos ser agrupados em independentes, autônomos, superiores e subalternos. Órgãos independentes são aqueles que não possuem subordinação hierárquica, tais como o Tribunal de Contas. Órgãos autônomos são os que se situam na cúpula da Administração, hierarquicamente abaixo dos órgãos independentes. Possuem autonomia administrativa e financeira, tais como os Ministérios, como a Advocacia-Geral da União e as Secretarias de Estado e de Município. Órgãos superiores são os que possuem atribuições de direção, controle e decisão. Não têm autonomia administrativa e financeira. Como exemplo, podem-se citar os Gabinetes, Procuradorias, Departamentos e Divisões e Coordenadorias. Órgãos subalternos são aqueles que exercem atribuições de mera execução, tais como as seções de expediente.

3.1.2 As formas de prestação da atividade administrativa

A atividade administrativa pode ser prestada pelo Estado de três formas: centralizada ou diretamente, descentralizada ou indiretamente ou desconcentrada. Essas maneiras pelas quais a atividade administrativa é exercida refletem a forma pela qual o serviço público é prestado.

A prestação da atividade administrativa de forma centralizada ou direta ocorre quando a função administrativa é exercida pelo próprio Estado, por meio das pessoas políticas, União, Estado, Distrito Federal e Municípios.

Descentralizado ou indireto é o exercício de atividade administrativa por meio de pessoas jurídicas distintas da pessoa política. Nessa hipótese, há a transferência da titularidade do serviço para uma nova pessoa jurídica ou para empresas particulares.

Esquematizando, temos a seguinte situação:

3.1.2.1 Administração Pública direta ou centralizada

O exercício da atividade administrativa pelos órgãos da própria pessoa política (União, Estados, Distrito Federal e Municípios) é realizado pela Administração Pública centralizada. Assim, quando determinado serviço público, por exemplo, o transporte coletivo, é prestado diretamente pelo Município, diz-se que é um serviço centralizado.

O art. 4º, I, do Decreto-Lei n. 200/67 determina que a Administração federal (União) compreende a Administração direta, que se constitui dos serviços integrados na estrutura administrativa da Presidência da República e dos Ministérios.

A Constituição Federal, no art. 61, § 1º, dispõe que a criação e a extinção de cargos no âmbito da União dependem de lei de iniciativa do Presidente da República.

Quanto à organização e ao funcionamento da Administração direta, o art. 84, VI, da Constituição Federal estabelece a regulamentação por decreto, também de iniciativa do Chefe do Executivo.

3.1.2.2 Administração Pública indireta ou descentralizada

Em sentido comum, "descentralizar" significa afastar-se do centro. Já na acepção jurídica, é atribuir a outrem poderes da Administração (MEIRELLES, 2000, p. 683).

A descentralização consiste no exercício da função administrativa por pessoa distinta da pessoa política. Nesse caso, duas situações podem ser evidenciadas: a outorga e a delegação.

Ocorre outorga quando há a transferência da titularidade do serviço público para uma nova entidade administrativa, por exemplo, para uma autarquia.

A delegação se verifica quando é repassada para determinado particular somente a execução de um serviço específico, sem a transferência da titularidade deste, que permanece nas mãos do Estado. Nessa hipótese, a transferência dá-se por contrato ou ato unilateral. É o caso da concessão e da permissão de serviço público, em que o particular presta o serviço por sua conta e risco.

Descentralização difere de desconcentração. A desconcentração administrativa decorre do poder hierárquico e consiste na distribuição de competências entre os diversos órgãos da Administração Pública. Como exemplo, citamos as Superintendências Regionais da Polícia Federal e as Subprefeituras nos Municípios.

A Administração indireta compreende:

A. Autarquias e agências reguladoras

São pessoas jurídicas de direito público, criadas por lei e que exercem atribuições estatais específicas. Ex.: Instituto Nacional do Seguro Social (INSS), Conselho Administrativo de Defesa Econômica (CADE), Banco Central (BC), Instituto Brasileiro do Meio Ambiente e dos Recursos Naturais Renováveis (IBAMA) e Comissão de Valores Mobiliários (CVM).

A autarquia possui patrimônio próprio e privilégios administrativos: imunidade de impostos, execução fiscal de seus créditos inscritos e impenhorabilidade de seus bens, que são considerados bens públicos de uso especial.

Não existe hierarquia ou subordinação entre as autarquias e a Administração direta. Embora não se fale em hierarquia e subordinação, existe um controle finalístico, ou seja, a Administração direta controlará os atos das autarquias para observar se estão dentro da finalidade e dos limites legais para os quais foram instituídas.

As autarquias respondem pelas dívidas e obrigações por elas contraídas. A Administração direta tem responsabilidade subsidiária quanto às dívidas e obrigações das autarquias, ou seja, a Administração direta somente poderá ser acionada depois de exaurido todo o patrimônio das autarquias.

As autarquias também terão responsabilidade objetiva quanto aos atos praticados por seus funcionários (art. 37, § 6º, da CF/88), respondendo pelos prejuízos que eles causarem a terceiros.

O regime de pessoal é o estatutário, sendo aplicável a Lei n. 8112/90 no âmbito federal.

As agências reguladoras são autarquias sob regime especial. O marco legal das agências reguladoras é a Lei 13.848/2019. As agências reguladoras, caracterizam-se por possuírem mandato fixo de seus dirigentes, autonomia financeira e de gestão e poder normativo (regulamentação das matérias de sua competência).

Outra característica importante das agências reguladoras é a existência de diretorias colegiadas, cujo objetivo é dirigir a entidade, bem como garantir maior objetividade e tecnicismo das decisões.

O poder normativo exercido pelas agências reguladoras relaciona-se com a edição de normas técnicas relativas à área de sua atuação, por meio de atos administrativos regulamentares. Como exemplo de agências reguladoras no âmbito federal, podemos citar: Agência Nacional do Petróleo (ANP), Agência Nacional de Águas (ANA) e Agência Nacional de Telecomunicações (ANATEL).

Questão importante a ser considerada é o que a doutrina chama de *teoria da captura* que tem o objetivo de evitar uma "vinculação promíscua entre a agência, de um lado, e o governo instituidor ou os entes regulados, de outro, com flagrante comprometimento da independência pública (Carvalho Filho, José dos Santos, 2012, p. 485).

Não se pode confundir agência reguladora com agência executiva (Lei n. 9.649/98). A agência executiva é uma qualificação que o Poder Executivo confere a uma autarquia ou fundação pública que acerta, com seu respectivo Ministério supervisor, metas e objetivos. O intuito é a fixação de metas para a melhoria da gestão e redução de custos. Não é um novo ente da Administração indireta.

B. Empresas públicas

São pessoas jurídicas de direito privado, instituídas sob qualquer forma jurídica (S/A, Ltda.) e autorizadas por lei, com capital exclusivamente público, que prestam serviço público ou exploram atividade econômica. Ex.: Caixa Econômica Federal (CEF) e Banco Nacional do Desenvolvimento (BNDES) e Infraero.

As principais características das empresas públicas são:
- personalidade jurídica de direito privado;
- criação mediante autorização legal;
- capital 100% público;
- adoção de qualquer forma jurídica das admitidas pelo direito privado;
- prestação de serviço público ou exploração de atividade econômica;

- impossibilidade de falência, segundo o art. 2º, I, da Lei n. 11.101/2005;
- controle exercido pelo Tribunal de Contas;
- proibição de acumulação de cargos, empregos ou funções públicas;
- concurso público ou processo seletivo para contratação de pessoal que se dá pelo regime celetista;
- regime jurídico híbrido: aplicam-se em regra as normas de direito privado, sendo derrogadas pelas normas de direito público naquilo que a lei e a Constituição dispuserem em contrário;
- os bens das empresas públicas, quando afetados ao serviço público, não podem ser penhorados. O STF, no RE 220.906/DF, reconheceu o privilégio da impenhorabilidade dos bens da ECT.

De acordo com o art. 3º da Lei n. 13.303/2016, empresa pública é a entidade dotada de personalidade jurídica de direito privado, com criação autorizada por lei e com patrimônio próprio, cujo capital social é integralmente detido pela União, pelos Estados, pelo Distrito Federal ou pelos Municípios.

Cabe ressaltar que o montante do capital votante deve ser de propriedade da União, do Estado, do Distrito Federal ou do Município. Todavia, será admitida a participação de outras pessoas jurídicas de direito público interno, bem como de entidades da Administração indireta.

C. Sociedades de economia mista

São pessoas jurídicas de Direito privado, autorizadas por lei, sob a forma exclusiva de Sociedade Anônima, com participação do Poder Público e Privado em seu capital, que prestam serviço público ou exploram atividade econômica. Exemplos: Petrobras e Banco do Brasil.

As principais características das sociedades de economia mista são:

- personalidade jurídica de direito privado;
- autorização legal para criação;
- maioria do capital votante pertencente ao Poder Público;
- adoção da forma de Sociedade Anônima;
- prestação de serviço público ou exploração de atividade econômica;
- controle exercido pelo Tribunal de Contas;
- impossibilidade de falência, segundo o art. 2º, I, da Lei n. 11.101/2005;
- proibição de acumulação de cargos, empregos ou funções públicas;
- concurso público ou processo seletivo para contratação de pessoal que se dá pelo regime celetista.

O art. 4º da Lei n. 13.303/2016 define a sociedade de economia mista como a entidade dotada de personalidade jurídica de direito privado, com criação autorizada por lei, sob a forma de sociedade anônima, cujas ações com direito a voto pertençam em sua maioria à União, aos Estados, ao Distrito Federal, aos Municípios ou a entidade da Administração indireta.

Observação:

O regime jurídico das empresas públicas e sociedades de economia mista é híbrido, pois se aplicam em regra as normas de direito privado, sendo derrogadas pelas normas de direito público naquilo que a Constituição Federal e a lei dispuserem. Assim, tanto as empresas públicas como as sociedades de economia mista são obrigadas a realizar licitação, concurso público, prestação de contas perante o Tribunal de Contas etc.

Outro aspecto relevante é que a Lei 13.303/2016 no art. 17 traz regras específicas para *nomeação* dos respectivos administradores das Estatais (membros do Conselho de Administração, diretores e presidentes).

D. Fundações públicas

Fundação é a pessoa jurídica composta por um patrimônio personalizado, destacado pelo seu instituidor para atingir uma finalidade específica. As fundações poderão ser tanto de direito público quanto de direito privado.

Essa definição serve para qualquer fundação, inclusive aquelas que não integram a Administração indireta. No caso das fundações que a integram, quando forem dotadas de personalidade de direito público, serão regidas integralmente por regras de direito público (alguns autores as consideram autarquias fundacionais). Quando as fundações forem dotadas de personalidade de direito privado, serão regidas por regras de direito público e direito privado.

Tanto uma quanto outra são compostas por patrimônio personalizado. No caso da fundação pública, é destacado pela Administração direta, que é o instituidor para definir a finalidade pública. Como exemplo de fundações, temos: Instituto Brasileiro de Geografia e Estatística (IBGE), Universidade de Brasília (UnB) e Fundação Nacional do Índio (FUNAI).

As fundações têm como características: liberdade financeira, liberdade administrativa, dirigentes próprios, patrimônio próprio – patrimônio personalizado significa que sobre ele recaem normas jurídicas que o tornam sujeito de direitos e obrigações e que está voltado a garantir que seja atingida a finalidade para a qual foram criadas.

As fundações governamentais, sejam de personalidade de direito público, sejam de direito privado, integram a Administração Pública. A lei cria e dá personalidade às fundações governamentais de direito público. As fundações governamentais de direito privado são autorizadas por lei, e sua personalidade jurídica se inicia com o registro de seus estatutos.

No tocante aos privilégios, as fundações são dotadas dos mesmos conferidos à Administração direta, tanto na área tributária (ex.: imunidade, prevista no art. 150 da CF) quanto na área processual (ex.: prazo em dobro, previsto no art. 183 do CPC).

Quanto à responsabilidade, as fundações respondem pelas obrigações contraídas com terceiros. A responsabilidade da Administração é de caráter subsidiário, independentemente de sua personalidade, visto que o seu patrimônio é público.

E. Associações Públicas

O art. 241 da CF/88 preconiza que a União, os Estados, o Distrito Federal e os Municípios disciplinarão por meio de lei os consórcios públicos e os convênios de cooperação entre os entes federados, autorizando a gestão associada de serviços públicos, bem como a transferência total ou parcial de encargos, serviços, pessoal e bens essenciais à continuidade dos serviços transferidos.

A Lei n. 11.107/2005 estabelece essas normas de forma geral para a União, os Estados, o Distrito Federal e os Municípios contratarem consórcios públicos para a realização de objetivos de interesse comum. A União somente participará de consórcios públicos em que também façam parte todos os Estados em cujos territórios estejam situados os Municípios consorciados.

A definição legal do consórcio público encontra-se no inciso I do art. 2º do Decreto n. 6.017/2007, segundo o qual o consórcio público é pessoa jurídica formada exclusivamente por entes da Federação, na forma da Lei n. 11.107/2005, para estabelecer relações de cooperação federativa, inclusive para a realização de objetivos de interesse comum, constituída como associação pública, com personalidade jurídica de direito público e natureza autárquica, ou como pessoa jurídica de direito privado sem fins econômicos.

Os consórcios públicos poderão ser constituídos como *associação pública* ou pessoa jurídica de direito privado. No primeiro caso, a personalidade jurídica será de direito público, assumindo a feição de uma *autarquia*. Como pessoas jurídicas de direito privado, os consórcios devem atender aos requisitos da lei civil com a necessidade de inscrição do ato constitutivo no respectivo registro para início de sua existência legal (art. 45 do CC).

Portanto, quando o consórcio público é constituído como *associação pública*, pode ser considerado um ente da Administração indireta.

3.1.2.3 Entidades paraestatais ou do terceiro setor

A palavra "paraestatal" significa paralela ao Estado. Assim, as entidades paraestatais são aquelas instituídas por particulares com personalidade jurídica de direito privado e que caminham paralelamente ao Estado, colaborando com ele para a realização de atividades, obras ou serviços de interesse coletivo.

Não existe na doutrina uniformidade terminológica em relação a esse assunto, por isso adotaremos a posição daqueles segundo os quais integram as entidades paraestatais, quais sejam: os serviços sociais autônomos, as organizações sociais, as organizações da sociedade civil de interesse público e as entidades de apoio.

Por terem essas características, são chamadas de entidades do terceiro setor (o primeiro setor é o Estado e o segundo é o Mercado), pois não são enquadradas inteiramente como privadas e também não integram a Administração Pública direta ou indireta. São sociedades civis de fins públicos e não lucrativos e não novos entes da Administração Pública. Esquematizando, temos a seguinte situação:

a) *Serviços sociais autônomos*: são pessoas jurídicas de direito privado, sem fins lucrativos, que ministram ensino, assistência a um grupo ou categoria profissional. Ex.: Serviço Social do Comércio (SESC) e Serviço Social da Indústria (SESI).

As principais características dos serviços sociais autônomos são:

- instituição por lei;
- arrecadam e utilizam em sua manutenção contribuições parafiscais;
- regem-se, normalmente, pelas normas de direito privado;
- seus empregados são contratados pela CLT e submetem-se, para ingresso, a processo seletivo;

- não prestam serviço público exclusivo do Estado, mas atividade privada de interesse público;
- para fins penais e de improbidade administrativa seus empregados são equiparados a funcionários públicos (art. 327 do CP);
- obedecem às regras gerais de licitação para as contratações, porém não se submetem à Lei n. 14.133/21 (Lei de Licitações);
- sujeitam-se a controle do Tribunal de Contas, por força do art. 183 do Decreto-Lei n. 200/67.

b) Organizações sociais (Lei n. 9.637/98): são pessoas jurídicas de direito privado, sem fins lucrativos, cujas atividades estatutárias sejam dirigidas a ensino, pesquisa, desenvolvimento tecnológico e proteção ao meio ambiente, e celebram com o Estado, contrato de gestão.

As principais características das organizações sociais são:

- pessoas jurídicas de direito privado;
- não prestam serviço público exclusivo do Estado, mas atividade privada de interesse público;
- celebram com o Estado contrato de gestão;
- podem ser contratadas por dispensa de licitação;
- os empregados são contratados pela CLT, não sendo exigível concurso ou qualquer tipo de processo seletivo público.

c) Organizações da sociedade civil de interesse público (Lei n. 9.790/99): são pessoas jurídicas de direito privado que desempenham atividades não exclusivas do Estado e com ele celebram termo de parceria.

As principais características das OSCIPs são:

- pessoas jurídicas de direito privado;
- não prestam serviço público exclusivo do Estado, mas atividade privada de interesse público;
- celebram com o Estado termo de parceria;
- os empregados são contratados pela CLT, não sendo exigível concurso ou qualquer tipo de processo seletivo público;
- a outorga de sua qualificação é ato vinculado;
- não são passíveis de qualificação como Organizações da Sociedade Civil de Interesse Público as seguintes entidades: sociedades comerciais; os sindicatos, as associações de classe ou de representação de categoria profissional; as instituições religiosas ou voltadas para a disseminação de credos, cultos, práticas e visões devocionais e confessionais; as organizações partidárias

e semelhantes, inclusive suas fundações; as entidades de benefício mútuo destinadas a proporcionar bens ou serviços a um círculo restrito de associados ou sócios; as entidades e empresas que comercializam planos de saúde e semelhantes; as instituições hospitalares privadas não gratuitas e suas mantenedoras; as escolas privadas dedicadas ao ensino formal não gratuito e suas mantenedoras; as organizações sociais; as cooperativas; as fundações públicas; as fundações, sociedades civis ou associações de direito privado criadas por órgão público ou por fundações públicas e as organizações creditícias que tenham qualquer tipo de vinculação com o sistema financeiro nacional a que se refere o art. 192 da Constituição Federal.

Ressaltamos que a Lei n. 9.790/99, que já havia sido alterada pela Lei n. 13.019/2014, sofreu novas alterações trazidas pela Lei n. 13.204/2015.

Com as alterações, a Lei n. 9.790/99, em seu art. 1º, passou ter a seguinte redação: "Podem qualificar-se como Organizações da Sociedade Civil de Interesse Público as pessoas jurídicas de direito privado sem fins lucrativos que tenham sido constituídas e se encontrem em funcionamento regular há, no mínimo, 3 (três) anos, desde que os respectivos objetivos sociais e normas estatutárias atendam aos requisitos instituídos pela lei".

d) Organização da Sociedade Civil (OSC): são entidades privadas sem fins lucrativos que não distribuem dividendos entre seus sócios; cooperativas ou organizações religiosas que se dediquem a atividades ou a projetos de interesse público e de cunho social distintas das destinadas a fins exclusivamente religiosos.

O objeto da Lei n. 13.019/2014 é o regime jurídico das parcerias entre a Administração Pública e as organizações da sociedade civil em regime de mútua cooperação, para a consecução de finalidades de interesse público e recíproco, mediante a execução de atividades ou de projetos previamente estabelecidos em planos de trabalho inseridos em termos de colaboração, em termos de fomento ou em acordos de cooperação; define diretrizes para a política de fomento, de colaboração e de cooperação com organizações da sociedade civil.

A Lei n. 13.019/2014 também indica como instrumento a ser celebrado entre a organização da sociedade civil e a Administração Pública o termo de colaboração ou de fomento.

• Termo de Colaboração: é o instrumento por meio do qual são formalizadas as parcerias estabelecidas pela Administração Pública com as OSC, cujos objetos sejam serviços e atividades condizentes com as políticas públicas já conhecidas, divulgadas nos programas de governo. A principal característica é que a Administração Pública estabelece os objetos, as metas, os prazos e mensura os valores que serão disponibilizados, bem como os resultados a serem alcançados.

- Termo de Fomento: é o instrumento por meio do qual são formalizadas as parcerias estabelecidas pela Administração Pública com as OSC, cujos objetos sejam inovadores e não estejam claramente definidos nos programas de governo, ou ainda que não tenham objetos, metas, prazos e custos predeterminados nas políticas públicas existentes. Vale lembrar que as sugestões para a realização desses projetos poderão ser apresentadas pelos cidadãos, pelos movimentos sociais e pelas próprias organizações, por meio da manifestação de interesse social, prevista na lei.

- Acordo de Cooperação: recentemente criado pela Lei n. 13.019/2014, ocorrerá quando as parcerias não envolverem a transferência de recursos financeiros.

- O art. 2º da Lei n. 13.019/2014 define o que é organização da sociedade civil, incluindo aí as organizações religiosas.

- Ainda na mesma lei, o art. 18 institui o Procedimento de Manifestação de Interesse Social como instrumento por meio do qual as organizações da sociedade civil, movimentos sociais e cidadãos poderão apresentar propostas ao Poder Público para que este avalie a possibilidade de realização de um chamamento público objetivando a celebração de parceria.

- E a partir do art. 63, a necessidade de prestação de contas no âmbito do termo de colaboração ou fomento com a possibilidade de aplicação de sanções para a entidade que não as preste de forma adequada.

e) Entidades de Apoio: são pessoas jurídicas de direito privado, sem fins lucrativos, que executam atividades não exclusivas de Estado, direcionadas à saúde, educação e pesquisa científica, conjuntamente com órgãos ou entidades públicas que atuam nessas áreas. Celebram convênio com o Poder Público e podem ser constituídas sob a forma de fundações privadas, associações e cooperativas. Exemplo: Fundação de apoio à USP (FUSP).

TOP DICAS
1) Os órgãos públicos são centros de competência cujas atuações são imputadas às pessoas jurídicas a que pertencem.
2) As entidades da Administração indireta são: autarquias, agências reguladoras, empresas públicas, sociedades de economia mista, fundações e associações públicas..
3) A desconcentração administrativa ocorre quando um ente político cria, mediante lei, órgãos internos em sua própria estrutura para organizar a gestão administrativa.
4) As fundações, quando constituídas como pessoas jurídicas de direito público, são chamadas de autarquias fundacionais.
5) A qualificação como Organizações da Sociedade Civil de Interesse Público (OSCIPs) é ato vinculado.

4
PODERES ADMINISTRATIVOS

4.1 Conceito

Os poderes administrativos decorrem dos princípios que regem a Administração Pública. São instrumentos irrenunciáveis para atender aos interesses coletivos. A Administração tem de exercê-los, sob pena de ser responsabilizada.

Para o estudo dos poderes administrativos, dois princípios merecem destaque: a supremacia do interesse público e a indisponibilidade do interesse público. A supremacia do interesse público sobre o privado fundamenta as prerrogativas especiais pertencentes à Administração Pública, entre elas os poderes administrativos. Por outro lado, o princípio da indisponibilidade do interesse público sobre o privado serve de base para os chamados deveres administrativos.

São poderes conferidos à Administração pelo ordenamento jurídico para que possa atingir a finalidade única, que é o interesse público. É válido ressaltar que, sempre que tais instrumentos forem utilizados para fim diverso do interesse público, o administrador será responsabilizado, caracterizando-se o abuso de poder.

Os poderes administrativos são, portanto, instrumentos que, utilizados dentro da lei, servem para que a Administração Pública alcance sua única finalidade, qual seja o atendimento do bem comum. Diversamente dos poderes do Estado, que são *estruturais*, os poderes da Administração Pública são *instrumentais*. Esquematizando, temos a seguinte situação:

4.1.1 Deveres administrativos

A doutrina, de modo geral, sustenta a ideia de que a Administração Pública possui poderes-deveres. Dessa maneira, consoante Hely Lopes Meirelles, o poder de agir se converte na verdade no dever de agir, do qual decorrem os deveres de eficiência, probidade e prestação de contas.

O poder-dever de agir impõe a necessidade de o administrador público exercer as competências que lhe são confiadas para a satisfação do interesse da coletividade. Esse poder é irrenunciável. O administrador público, portanto, tem a obrigação de atuar.

O dever de eficiência implica a obrigação de o administrador público agir no sentido de buscar o melhor resultado para a satisfação do bem comum. Esse dever, por força do art. 37, *caput*, da CF/88, é um princípio constitucional, e para seu alcance o Texto Constitucional prevê algumas medidas, tais como: possibilidade de dispensa do servidor em estágio probatório, avaliação de desempenho do servidor estável e celebração de contrato de gestão.

A conduta do administrador dentro de padrões éticos é o que caracteriza o chamado dever de probidade. A ofensa a esse dever acarreta a responsabilização por ato de improbidade administrativa, sujeitando o infrator às sanções previstas no Texto Constitucional, conforme o art. 37, § 4º: suspensão dos direitos políticos, perda da função pública, indisponibilidade dos bens, ressarcimento ao erário.

O dever de prestar contas é corolário lógico daquele que faz a gestão de bens alheios. A CF/88 prevê no art. 70 que a fiscalização contábil, financeira, orçamentária, operacional e patrimonial da União e das entidades da Administração direta e indireta, quanto à legalidade, legitimidade, economicidade, aplicação das subvenções e renúncia de receitas, será exercida pelo Congresso Nacional, mediante controle externo, e pelo sistema de controle interno de cada Poder.

4.1.2 Poder normativo ou regulamentar

O poder normativo ou regulamentar é o exercido pela Administração Pública, mediante a edição de atos veiculadores de normas expedidos pelo Chefe do Poder Executivo (Prefeito, Governador e Presidente). Consubstancia-se por meio dos decretos, regulamentos etc.

São atos que têm como objetivo orientar os órgãos públicos na aplicação correta da lei. Seus destinatários são os agentes públicos.

O poder regulamentar é tradicionalmente conceituado pela doutrina administrativista como o exercido pela Administração Pública, mediante a edição de atos veiculadores de normas expedidos pelo Chefe do Poder Executivo. O fundamento constitucional está no art. 84, IV.

Todavia, é de suma importância ressaltar que o poder regulamentar também é exercido por outras autoridades, órgãos administrativos e entidades da Administração indireta, por exemplo, a possibilidade de o Ministro de Estado expedir as chamadas instruções normativas (art. 87, II, da CF/88).

Esse poder consubstancia-se por meio dos decretos (execução ou autônomos) e regulamentos.

4.1.2.1 Decretos de execução

Os decretos de execução ou regulamentares são normas gerais e abstratas que têm como objetivo explicar o modo e a forma de execução da lei.

No âmbito do Executivo Federal, essa atribuição é do Presidente da República, segundo o art. 84, IV.

Como se depreende da análise do Texto Constitucional, o decreto de execução é um ato normativo secundário que tem como objetivo disciplinar a discricionariedade administrativa, já que é impossível à lei prever de forma minuciosa toda a atuação administrativa.

O decreto de execução, como ato secundário que é, não pode, por óbvio, contrariar ou extrapolar o limite estabelecido na lei, sob pena de ilegalidade.

No tocante ao controle dos decretos de execução, a CF/88 permite ao Congresso Nacional, conforme o art. 49, V, sustar atos normativos do Poder Executivo que exorbitem do poder regulamentar. Vale lembrar que o Poder Judiciário, em caso de ilegalidade, pode anular os decretos expedidos pelo Executivo.

4.1.2.2 Decretos autônomos

A CF/88, no inciso VI do art. 84, autoriza de forma expressa a edição de decretos autônomos pelo Presidente da República para disciplinar a organização e o funcionamento da Administração federal (quando não implicar aumento de despesa nem criação ou extinção de órgãos públicos) ou a extinção de funções ou cargos públicos, quando vagos.

O Texto Constitucional permite ao Presidente da República a delegação dessas matérias a outras autoridades administrativas, conforme previsto no parágrafo único do art. 84.

Esses decretos são considerados atos primários, pois decorrem diretamente do Texto Constitucional e são passíveis de expedição apenas nas hipóteses acima indicadas. Portanto, não é possível ao Presidente da República expedir decretos de forma ampla e genérica.

4.1.2.3   Regulamentos autorizados

Os regulamentos autorizados ou delegados são atos administrativos secundários e infralegais que têm como objetivo fixar normas técnicas complementares à lei.

O regulamento autorizado complementa a lei no que diz respeito às diretrizes técnicas. Por exemplo, a Agência Nacional de Petróleo (ANP) é o órgão regulador das atividades que integram a indústria do petróleo e gás natural e a dos biocombustíveis no Brasil.

Autarquia federal vinculada ao Ministério de Minas e Energia, a ANP é responsável pela execução da política nacional para o setor energético do petróleo, gás natural e biocombustíveis, de acordo com a Lei do Petróleo (Lei n. 9.478/97).

Uma das atribuições da ANP é a fiscalização das atividades reguladas, como o transporte de petróleo por meio de dutos. Para o exercício dessa atribuição, a ANP emitiu a Resolução n. 98/2001, que aprova o regulamento técnico de dutos terrestres para a movimentação de petróleo, derivados e gás natural.

Esse regulamento fixa normas técnicas da gestão da segurança operacional dos dutos terrestres (oleodutos e gasodutos), sendo seus destinatários órgãos administrativos de natureza eminentemente técnica.

Embora parte da doutrina questione a constitucionalidade dos regulamentos autorizados – já que não possuem previsão no Texto Constitucional –, na prática eles têm sido largamente utilizados pela Administração Pública e, em nossa opinião, desde que não extrapolem as diretrizes fixadas na lei, são válidos, já que existem situações (na área petrolífera, por exemplo) em que é inviável a lei estabelecer todos os parâmetros técnicos.

4.1.3   Poder hierárquico

As relações existentes na Administração Pública são de duas ordens: vinculação e subordinação. A primeira consiste na relação entre a Administração direta e as entidades da Administração indireta, como visto no capítulo referente à organização administrativa. Por exemplo, o IBAMA (autarquia federal) é vinculado à União.

Já as relações de subordinação ocorrem no âmbito de uma mesma pessoa jurídica exatamente em razão do escalonamento dos órgãos e agentes da Administração Pública. Assim, no caso da Secretaria da Receita Federal, sua relação com o Ministério da Fazenda é de subordinação.

O poder hierárquico, segundo difundido pela maioria da doutrina, possibilita ao superior distribuir, escalonar, ordenar e rever a atuação de seus órgãos e agentes subordinados.

Maria Sylvia Zanella Di Pietro emprega a nomenclatura "poder decorrente da hierarquia", elencando como faculdades desse poder:

- dar ordens aos subordinados;
- fiscalizar o trabalho dos subordinados;
- delegar atribuições;
- avocar atribuições de subordinados;
- rever atos dos subordinados.

A mesma autora, citando Renato Alessi, assinala que a hierarquia pode ser empregada em três sentidos diferentes. O primeiro seria a hierarquia como critério/princípio de organização administrativa, dando à Administração Pública uma forma piramidal. O segundo, um aspecto jurídico no qual a hierarquia corresponde a um ordenamento escalonado definido por lei e que implica a diversidade de funções atribuídas a cada órgão. O terceiro, também jurídico, informa que a hierarquia corresponde a uma relação pessoal, pública, estabelecida entre os titulares de cada órgão (Di Pietro, 2010, p. 93).

4.1.4 Poder disciplinar

Esse poder pode ser conceituado como a faculdade de que dispõe o administrador público para punir internamente a conduta funcional de seus servidores e demais pessoas sujeitas à disciplina administrativa, tais como licitantes e contratados (pessoas que possuem uma relação específica com a Administração Pública). O poder disciplinar é discricionário, ou seja, dentre as várias sanções, o administrador aplica aquela que considerar cabível (advertência; suspensão; demissão).

O exercício do poder disciplinar, como dito acima, é discricionário, visto que o administrador público, ao aplicar sanções, poderá fazer um juízo de valor (art. 128 da Lei n. 8.112/90 – Estatuto do Servidor Público da União).

Com efeito, essa discricionariedade deve ser vista com certa reserva. A discricionariedade no exercício do poder disciplinar ocorre no sentido de que, dentre as várias penas, o administrador aplica a sanção que considera cabível (advertência; suspensão; demissão). Nesse sentido, sabedora da conduta infracional de um servidor, não existe para a Administração a escolha entre punir ou não punir: o que há é a discricionariedade na graduação da penalidade disciplinar.

Ao aplicar a sanção, o administrador deve levar em conta os seguintes elementos: atenuantes e agravantes do caso concreto; natureza e gravidade da infração; prejuízos causados para o interesse público; antecedentes do agente público.

Sempre que o administrador aplicar uma sanção, deverá motivá-la, de modo que se possa controlar a regularidade de seu ato. Da mesma forma, o administrador que deixar de impor uma penalidade deverá apresentar as razões de fato e de direito que servem de fundamento para sua decisão.

A motivação do ato administrativo tem dupla função: mencionar o dispositivo legal aplicado e relacionar os fatos que concretamente levaram o administrador a alicerçar-se em determinado dispositivo de lei naquele caso concreto.

4.1.5 *Poder de polícia*

A. Conceito

A definição de poder de polícia está no art. 78 do Código Tributário Nacional:

Considera-se poder de polícia atividade da administração pública que, limitando ou disciplinando direito, interesse ou liberdade, regula a prática de ato ou a abstenção de fato, em razão de interesse público concernente à segurança, à higiene, à ordem, aos costumes, à disciplina da produção e do mercado, ao exercício de atividades econômicas dependentes de concessão ou autorização do Poder Público, à tranquilidade pública ou ao respeito à propriedade e aos direitos individuais ou coletivos.

O poder de polícia restringe e condiciona bens e atividades individuais em benefício do bem comum ou do Poder Público.

B. Abrangência

Quanto à abrangência, o poder de polícia se materializa por atos gerais ou atos individuais.

Ato geral é aquele que não tem um destinatário específico. P. ex., um ato que proíbe a venda de bebidas alcoólicas a menores (atinge todos os estabelecimentos comerciais).

Ato individual é aquele que tem um destinatário específico. P. ex., a autuação de um estabelecimento comercial específico por vender substâncias impróprias para o consumo.

C. Atributos do poder de polícia

1. Discricionariedade: a discricionariedade é a margem de liberdade que a lei outorga ao administrador público para que ele, mediante critérios de oportunidade (momento) e conveniência (adequação), possa, dentre as várias alternativas previstas, escolher a mais adequada ao caso concreto. P. ex., quando da prática de uma infração, o órgão da vigilância sanitária poderá aplicar: advertência, multa, suspensão da atividade e fechamento do estabelecimento infrator. Caberá ao administrador verificar o que mais se amolda à hipótese concreta.

2. Autoexecutoriedade: é o poder conferido à Administração Pública de, com os próprios meios, colocar em execução suas decisões sem precisar recorrer previamente ao Judiciário.

Assim, se a lei estipula que o administrador pode lacrar o estabelecimento infrator, não há necessidade de ordem judicial.

Vale dizer que a cobrança de uma multa aplicada pela Administração Pública configura exceção à autoexecutoriedade do poder de polícia, pois só é efetivada mediante processo por inscrição na dívida ativa.

A aplicação de penalidade representa exercício do poder de polícia, mas não autoriza a apreensão de bens para a quitação da dívida, pois as multas só podem ser executadas por via judicial.

Destaca-se que o exercício do poder de polícia não pode ser delegado a particulares. O que pode ser delegado é a execução de determinados atos materiais, como no caso das empresas que fornecem radares eletrônicos colocados em vias públicas ou empresa contratada para executar uma demolição determinada pela Administração Pública. Essas empresas não exercem poder de polícia.

3. Coercibilidade: consiste na possibilidade da utilização de medidas coativas quando, na situação concreta, o particular resiste.

Obs.: o abuso de poder é gênero das espécies excesso e desvio de poder. Caracteriza-se o excesso quando o agente que expede o ato extrapola os limites de sua competência. Já o desvio de poder ocorre quando o ato é por ele expedido com finalidade diversa daquela para a qual deveria ser emitido.

4.1.6 Poder vinculado e poder discricionário

O poder vinculado é aquele exercido pelo agente público, sem margem de liberdade, tendo em vista que a lei disciplina exaustivamente a conduta do administrador. Nesse caso a lei não deixa opções para o agente público, que deverá expedir o ato de acordo com o que ela determina. Como exemplo, pode-se citar a licença para construir. Se o particular preenche todos os requisitos legais para sua obtenção, o administrador não pode negá-la, pois se trata de ato vinculado.

Já o poder discricionário é aquele praticado com margem de liberdade, outorgada pela lei ao administrador público para que este, dentro de critérios de oportunidade e conveniência, possa adotar a solução mais adequada no caso concreto.

Por exemplo, no caso de uma autorização concedida a um estabelecimento comercial para colocação de cadeiras e mesas na via pública (calçada). A Administração, verificando que não é mais oportuno (momento) nem conveniente (adequação), pode revogar a autorização anteriormente concedida.

O mérito do ato discricionário é a conveniência (adequação) e a oportunidade (momento). Ambas não são passíveis de controle do Poder Judiciário, conforme estudado no capítulo referente aos princípios da Administração Pública, mais especificamente a autotutela.

TOP DICAS
1) O poder de polícia deve ser exercido nos termos da lei, sendo possível a cobrança de taxa (art. 145, II, da CF/88).
2) Há o abuso de poder quando o agente desvia da finalidade ou excede da competência legal para a expedição de determinado ato.
3) A coercibilidade possibilita à Administração Pública impor medidas coativas contra o particular quando este resiste.
4) O poder de polícia tem como finalidade restringir e condicionar bens e atividades individuais e é indelegável.
5) O poder hierárquico é inerente à ideia de verticalização administrativa, e revela as possibilidades de controlar atividades, delegar competência, avocar competências delegáveis e invalidar atos, dentre outros.

5
ATO ADMINISTRATIVO

5.1 Conceito

Segundo Maria Sylvia Zanella Di Pietro, "Ato administrativo é a declaração do Estado ou de quem o represente que produz efeitos jurídicos imediatos com observância da lei sob regime jurídico de direito público e sujeito ao controle do Poder Judiciário" (Di Pietro, 2010, p. 189).

Atos administrativos são os atos praticados pela Administração Pública no exercício da função administrativa, sob o regime jurídico de Direito Público.

Na verdade, o ato administrativo está contido na expressão "ato da administração", que engloba: os atos de direito privado praticados pela Administração (doação, compra e venda etc.); atos materiais da Administração (construção de uma ponte); atos de conhecimento, opinião ou juízo de valor (parecer, atestado); atos políticos; contratos; atos normativos (decretos) e os atos administrativos propriamente ditos.

Há que frisar que não se pode confundir o ato administrativo com fato administrativo e fato da Administração. Essas duas hipóteses são espécies de fatos jurídicos que são acontecimentos naturais que independem da ação humana. O *fato administrativo* pode ser definido como aquele que produz efeitos na esfera do Direito Administrativo, como, por exemplo, a morte de um servidor, que gera a vacância no cargo. Já o *fato da Administração* é aquele que não produz efeito no campo do Direito Administrativo.

5.1.1 Atributos do ato administrativo

Como visto acima, o ato administrativo está sujeito ao regime jurídico de direito público, e para que isso aconteça, ele precisa apresentar determinados atributos ou características, que serão vistas adiante.

a) Presunção de legitimidade: esse atributo determina que os atos da Administração são presumivelmente legais. Tal presunção é decorrência lógica do princípio da legalidade para a Administração Pública; a presunção de legitimidade é relativa e serve para conferir execução imediata dos atos da Administração Pública. Essa presunção vem acompanhada da presunção de veracidade dos fatos invocados pela Administração Pública como fundamento de seus atos. Presunção de veracidade é a compatibilidade do ato administrativo com os fatos; é a presunção de veracidade que inverte o ônus da prova.

b) Imperatividade: é o atributo pelo qual os atos administrativos se impõem a terceiros independentemente de sua concordância. Decorre da prerrogativa que tem a Administração de editar atos que interferiram na ordem jurídica dos cidadãos.

c) Autoexecutoriedade: consiste na possibilidade que a Administração Pública tem de, com os próprios meios, pôr em execução suas decisões sem necessidade de recorrer previamente ao Poder Judiciário. A autoexecutoriedade não se presume; tem de estar prevista na lei. Ex.: multa de trânsito.

Celso Antônio Bandeira de Mello não utiliza essa expressão, e sim "executoriedade" e "exigibilidade". Para ele, a executoriedade consiste na possibilidade de a própria Administração praticar o ato ou compelir materialmente o administrado a praticá-lo. Já a exigibilidade seria o direito de a Administração exigir dos terceiros a observância das obrigações por ela impostas.

Como exemplo, podemos imaginar a situação de a Administração intimar um particular a fazer a limpeza de terreno de sua propriedade. O ato é exigível, por isso ele tem a obrigação de cumprir. Do contrário, a Administração pode multá-lo para que ele seja compelido a cumprir a obrigação.

d) Tipicidade: por esse atributo o ato administrativo deve corresponder às figuras previamente definidas pela lei como aptas a produzir efeitos determinados. É uma decorrência do princípio da legalidade.

Esquematizando:

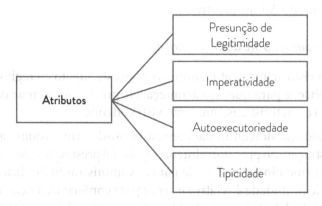

5.1.2 Elementos do ato administrativo

Enquanto os atributos do ato referem-se às suas características, os elementos ou requisitos dizem respeito à sua estrutura. O art. 2º da Lei n. 4.717/65 (Lei da Ação Popular) indica os elementos do ato administrativo.

1. Sujeito ou competência: *sujeito* é aquele a quem a lei atribui a prática do ato. A competência consiste no conjunto de atribuições de determinado sujeito. Assim, a incompetência fica caracterizada quando o ato não se inclui nas atribuições legais do agente que o praticou.

2. Objeto ou conteúdo: o objeto consiste no efeito jurídico imediato que cada ato deve produzir. Ex.: demissão – o efeito imediato é o desligamento do servidor dos quadros da Administração. A ilegalidade do objeto ocorre quando o resultado do ato importa em violação de lei, regulamento ou outro ato normativo.

3. Forma: em sentido amplo, a forma corresponde à exteriorização do ato, ou seja, a maneira pela qual a declaração da Administração Pública se exterioriza. O vício de forma consiste na omissão ou na observância incompleta ou irregular de formalidades indispensáveis à existência ou seriedade do ato. Ex.: forma escrita, forma de decreto; em sentido estrito, são todas as formalidades a que o ato deve obedecer. Ex.: o edital de licitação deve conter preâmbulo, definição do objeto, prazos etc.

4. Finalidade: em sentido amplo, finalidade significa que o ato administrativo sempre deve buscar atingir o interesse público; em sentido restrito, finalidade é o resultado específico que cada ato deve produzir, conforme definido em lei. O desvio de finalidade se verifica quando o agente pratica o ato visando a fim diverso daquele previsto, explícita ou implicitamente, na regra de competência.

5. Motivo: o motivo é a fundamentação fática e jurídica do ato. O ato deve apresentar as razões de fato e de direito que servem de fundamento para sua expedição. O *motivo de fato* corresponde aos fatos que a Administração Pública invoca ou considera como razão de seus atos. O motivo de direito é o dispositivo legal que autoriza a conduta administrativa. A inexistência dos motivos se verifica quando a matéria de fato ou de direito em que se fundamenta o ato é materialmente inexistente ou juridicamente inadequada ao resultado obtido.

Esquematizando:

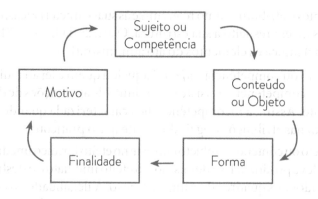

5.1.3 Teoria dos motivos determinantes

A teoria dos motivos determinantes impõe que a validade dos atos administrativos se vincula aos motivos indicados como seu fundamento.

Dessa forma, se a Administração declarar o motivo que determinou a prática de um ato discricionário que, em princípio, não precisaria ser motivado, ficará vinculada à existência do motivo por ela declarado. Nesse caso, se o motivo não for verdadeiro, o ato pode ser invalidado. Ex.: na demissão, se a Administração justificar o ato com fundamento na inassiduidade do servidor, é possível anular o ato, se demonstrar que era assíduo no serviço.

5.1.4 Espécies de atos administrativos

a) Atos normativos: são atos que têm como objetivo a aplicação adequada da lei pelos agentes públicos e se consubstanciam por meio de um comando geral do Poder Executivo. São atos gerais e abstratos. Ex.: decretos, regulamentos, instruções normativas, regimentos, resoluções, deliberações etc.

b) Atos ordinatórios: são atos que disciplinam acerca do funcionamento da Administração e da conduta funcional de seus servidores. Ex.: instruções, circulares, avisos, portarias, ordens de serviço, ofícios e despachos.

c) Atos negociais: são atos que dizem respeito aos negócios jurídicos públicos. Ex.: licença, autorização, permissão, aprovação, admissão, visto, homologação, dispensa, renúncia e protocolo administrativo.

Cumpre aqui anotar de forma singela a diferença entre licença, permissão e autorização. Mais uma vez recorreremos aos ensinamentos de Hely Lopes Meirelles (2000, p. 177-178).

Licença é o ato administrativo vinculado e definitivo pelo qual o Poder Público, verificando que o interessado atendeu a todas as exigências legais, faculta-lhe o desempenho de atividades ou a realização de fatos materiais, antes vedados ao particular, como, p. ex., o exercício de uma profissão ou a construção de um edifício em terreno próprio. A licença resulta de um direito subjetivo do interessado, razão pela qual a Administração não pode negá-la, quando o requerente satisfaz todos os requisitos legais para sua obtenção, e, uma vez expedida, traz a presunção de definitividade. Sua invalidação só pode ocorrer por ilegalidade na expedição do alvará, por descumprimento do titular na execução da atividade ou por interesse público superveniente, caso em que se impõe a correspondente indenização.

Autorização é o ato administrativo discricionário e precário pelo qual o Poder Público torna possível ao pretendente a realização de certa atividade, serviço ou utilização de determinados bens particulares ou públicos, de seu exclusivo ou predominante interesse, que a lei condiciona à aquiescência prévia da Administração, tais como o uso especial de bem público, o porte de arma, o trânsito por determinados locais e etc. Na autorização, embora o pretendente satisfaça as exigências administrativas, o Poder Público decide discricionariamente sobre a conveniência ou não do atendimento da pretensão do interessado ou da cessação do ato autorizado, diversamente do que ocorre com a licença e a admissão, em que, satisfeitas as prescrições legais, fica a Administração obrigada a licenciar ou a admitir.

Permissão é o ato administrativo negocial, discricionário e precário, pelo qual o Poder Público faculta ao particular a execução de serviços de interesse coletivo, ou o uso especial de bens públicos, a título gratuito ou remunerado, nas condições estabelecidas pela Administração. Não se confunde com a concessão, nem com a autorização: a concessão é contrato administrativo bilateral; a autorização é ato administrativo unilateral. Pela concessão, contrata-se um serviço de utilidade pública; pela autorização, consente-se numa atividade ou situação de interesse exclusivo ou predominantemente particular; pela permissão, faculta-se a realização de uma atividade de interesse do permitente, do permissionário e do público.

d) Atos enunciativos: são aqueles que têm como objetivo declarar uma situação existente na Administração Pública. A Administração limita-se a certificar ou atestar um fato, ou a emitir uma opinião sobre determinado assunto, sem se vincular a seu enunciado. Ex.: certidões, atestados, pareceres e apostilas.

e) Atos punitivos: são aqueles que contêm uma sanção, imposta pela Administração no caso de desrespeito a disposições legais. Visam punir e reprimir as infrações administrativas ou a conduta irregular dos servidores ou dos particulares perante a Administração. Ex.: multa, interdição de atividade e destruição de coisas.

5.1.5 Classificação

Nesse aspecto não existe unanimidade na doutrina quanto à classificação dos atos administrativos, pois cada autor adota uma classificação. Dessa forma, apresentamos a seguinte classificação:

A. Quanto ao alcance

I. *Atos internos*: geram efeitos dentro da Administração Pública. Ex.: edição de pareceres.

II. *Atos externos*: geram efeitos fora da Administração Pública, atingindo terceiros. Ex.: permissão de uso ou desapropriação.

B. Quanto à composição interna

I. *Atos simples*: decorrem da manifestação de vontade de um único órgão (singular, impessoal ou colegiado). Ex.: demissão ou nomeação de servidor público.

II. *Atos compostos*: decorrem da manifestação de vontade de dois órgãos: um define o conteúdo e o outro a legitimidade, porém dependente da verificação por parte de outro. Ex.: parecer que depende de visto da autoridade superior.

III. *Atos complexos*: decorrem da manifestação autônoma de órgãos diversos. Ex.: nomeação de ministro do STF. Nesse caso, há uma indicação feita pelo Chefe do Executivo e uma sabatina feita pelo Senado Federal, para que então possa ocorrer a posse e o exercício.

No contexto dos atos complexos vale a pena destacar o chamado *efeito prodrômico* do ato administrativo.

A palavra prodrômico não é exclusiva do universo jurídico. Em grego, pródromo era o precursor, o que corria à frente, como escolta ou mensageiro, além de funções de combate.

Na medicina, efeito prodrômico serve para designar efeitos preliminares dos sintomas principais, que caracterizam a doença ou acontecimento. Por exemplo, antes do parto a gestante passa por um período prodrômico marcado pelas contrações.

Transportando o assunto para o ambiente jurídico administrativo, o tema está relacionado com a eficácia do ato administrativo.

O efeito típico do ato administrativo é o efeito esperado, desejado do ato, como por exemplo, a demissão tem como efeito típico o desligamento do servidor dos quadros da Administração.

Todavia, existem efeitos secundários do ato administrativo que são chamados de atípicos. Esses efeitos atípicos são de duas espécies: reflexos ou preliminares, também chamados de prodrômicos.

O efeito reflexo é aquele que atinge terceiros estranhos a prática do ato. Por exemplo, quando o Estado desapropria o imóvel do Fulano. O efeito típico é aquisição do respectivo imóvel. Porém, se Fulano tem um contrato de locação com Sicrano essa desapropriação também o atinge. Esse é um efeito atípico, pois Sicrano é um terceiro estranho ao ato. É um efeito atípico reflexo.

Já o efeito preliminar ou prodrômico acontece nos atos administrativos que dependem de duas manifestações de vontade. Este efeito se configura com o dever da segunda autoridade se manifestar quando a primeira já o fez. Esse dever vem antes do aperfeiçoamento do ato, que se chama preliminar ou prodrômico.

Como exemplo de efeito prodrômico, pode-se citar a nomeação de dirigente da agência reguladora. Este é um ato complexo que depende de duas manifestações: Senado+Presidente. Quando a primeira autoridade se manifesta surge para a segunda também esse dever. Essa segunda manifestação é o efeito secundário e atípico, preliminar, também chamado de prodrômico. Portanto, o efeito típico é nomear o dirigente e o secundário é a manifestação da segunda autoridade denominado de prodrômico.

C. Quanto aos destinatários

I. *Atos gerais*: são aqueles editados sem um destinatário específico. Ex.: concurso público.

II. *Atos individuais*: são aqueles editados com um destinatário específico. Ex.: permissão para uso de bem público.

D. Quanto às prerrogativas da Administração para praticá-los

I. *Atos de império*: são aqueles praticados sob o regime de prerrogativas públicas, ou seja, predomina a supremacia do interesse público sobre o privado. Ex.: interdição de estabelecimento comercial por irregularidades e embargo de obra.

II. *Atos de expediente*: são os destinados a dar andamento aos processos e papéis que tramitam no interior das repartições.

III. *Atos de gestão*: são os praticados sob regime de direito privado. Ex.: alienação de bens.

E. Quanto à liberdade de ação do administrador

I. *Atos vinculados*: são aqueles em que a lei disciplina exaustivamente a atuação do administrador, ou seja, sem espaço para a realização de um juízo de conveniência e oportunidade. A lei estabelece previamente um único comportamento possível de ser adotado em situações concretas. Ex.: licença para exercer profissão regulamentada em lei.

São elementos vinculados do ato administrativo: competência, finalidade e forma.

II. *Atos discricionários:* são os praticados com liberdade de opção, mediante critérios de oportunidade e conveniência, mas dentro dos limites da lei. Ex.: a concessão de uso de bem público depende das características de cada caso concreto – pedido de moradores exigindo o fechamento de uma rua para festas juninas. A *discricionariedade* é a escolha de alternativas dentro da lei. Já a *arbitrariedade* é a escolha de alternativas fora do campo de opções, levando à invalidade do ato. O Poder Judiciário pode rever o ato discricionário sob o aspecto da legalidade, mas não pode analisar o mérito do ato administrativo, salvo quando inválido.

São elementos discricionários: motivo e objeto.

F. Quanto à eficácia

I. *Atos válidos:* são aqueles emanados de autoridade competente para praticá-los. Possuem os requisitos necessários para sua eficácia.

II. *Atos nulos:* são aqueles que possuem vício insanável.

III. *Atos anuláveis:* são aqueles passíveis de convalidação, de acordo com o art. 55 da Lei n. 9.784/99 ("Em decisão na qual se evidencie não acarretarem lesão ao interesse público nem prejuízo a terceiros, os atos que apresentarem defeitos sanáveis poderão ser convalidados pela própria Administração").

IV. *Atos inexistentes:* são aqueles que, aparentemente, expressam manifestação regular da Administração, porém não se aperfeiçoam como ato administrativo. Ex.: ato praticado por usurpador de função pública.

5.1.6 Vícios do ato administrativo e convalidação

Conforme vimos, os elementos do ato administrativo são: sujeito, objeto, forma, finalidade e motivo. Há situações, contudo, em que o ato administrativo pode ser praticado com vício.

A convalidação é um ato que supre o vício existente em outro ato. Está prevista no art. 55 da Lei n. 9.784/99, acima transcrito.

Os vícios passíveis de convalidação são os relativos ao sujeito e à forma. Nesse sentido, a posição de José dos Santos Carvalho Filho, para quem são convalidáveis os atos que tenham vício de competência e de forma, nesta se incluindo os aspectos formais do procedimento administrativo (Carvalho Filho, 2008, p. 150).

Assim, quanto ao sujeito, somente será possível a convalidação no caso de ato de competência não exclusiva do agente, e, no tocante à forma, quando esta não for essencial para a prática do ato.

Uma situação passível de convalidação é a exercida pelo agente de fato, isto é, aquele que desempenha atividade pública com base na presunção de legitimidade de sua situação funcional. Os atos praticados por agentes de fato podem ser convalidados, a fim de se evitarem prejuízos para a Administração ou a terceiros de boa-fé. Por exemplo, uma pessoa que pratica atos administrativos sem formalmente ter sido nomeada.

Por fim, importante não confundir convalidação com conversão ou sanatória do ato administrativo, que ocorre quando um ato imprestável para determinado negócio jurídico é aproveitado em outro. Seria, p. ex., o caso de uma licença para construir (definitiva) declarada nula, mas que poderá ser aceita como autorização para construção provisória.

5.1.7 Extinção dos atos administrativos

Os atos administrativos extinguem-se nos seguintes casos: cumprimento dos efeitos e desaparecimento do sujeito ou do objeto e retirada.

A retirada comporta as seguintes modalidades:

I. *Anulação*: extinção do ato administrativo por motivos de ilegalidade. No Brasil, a possibilidade de anular atos de que decorram efeitos favoráveis ao particular tem prazo decadencial de cinco anos, previsto no art. 54 da Lei n. 9.784/99.

II. *Revogação*: extinção do ato administrativo em razão de inoportunidade ou inconveniência.

III. *Cassação*: extinção do ato administrativo, que ocorre quando o destinatário do ato descumpre as condições que deveriam ser atendidas a fim de poder continuar desfrutando de determinada situação jurídica. Ex.: construir diferentemente do previsto em licença concedida.

IV. *Caducidade*: extinção do ato administrativo que se dá quando há superveniência de norma jurídica que tornou inadmissível a situação antes permitida pelo direito e outorgada pelo ato precedente. Ex.: Um parque de diversões obtém legalmente autorização do Município para uso de bem público, de maneira a montar suas instalações e exercer suas atividades em determinada praça pública, pelo período de três meses. Um mês após a edição do ato de autorização de uso, sobreveio legislação municipal, alterando o plano diretor da cidade, tornando aquela área residencial e proibindo expressamente sua autorização de uso para fins recreativos, como a instalação de parques de diversão.

V. *Contraposição*: também conhecida como derrubada, ocorre quando um ato deixa de ser válido em razão de outro ato, cujos efeitos lhe são contrapostos. Ex.: ato de exoneração que possui efeitos contrapostos à nomeação.

VI. *Renúncia*: retirada de ato administrativo eficaz, por seu beneficiário, por não mais desejar a continuidade dos seus efeitos. Ex.: alguém que tem permissão de uso de bem público e não a quer mais.

5.1.8   O silêncio no Direito Administrativo

O silêncio no Direito Administrativo ocorre quando a Administração, provocada por um particular ou órgão público, deixa de se manifestar. Para Celso Antônio Bandeira de Mello, o silêncio da Administração não é um ato jurídico, mas, quando produz efeitos jurídicos, pode ser um fato jurídico administrativo.

A pergunta que se faz é: diante do silêncio da Administração Pública, é possível o particular demandar judicialmente?

Três são as situações que podem evidenciar-se quanto ao silêncio: a lei prevê prazo para a Administração se manifestar e a consequência de sua omissão; a lei prevê prazo para manifestação, mas não prevê a consequência e não estabelece prazo para a Administração se manifestar.

Quando a lei determina a consequência da omissão administrativa, não há problemas com o controle judicial; a dificuldade ocorre quando a lei se omite quanto às consequências do silêncio do administrador.

Diante dessa situação, há duas alternativas. A primeira é o juiz suprir a ausência de manifestação e determinar a concessão do que foi postulado no caso de manifestação vinculada, ou seja, nas hipóteses em que a lei determina que a Administração aja de determinada maneira e defira um pedido qualquer.

A segunda situação ocorre quando a Administração possui uma parcela de discrição e, ao exercê-la, não se pronuncia. Nesse caso, o juiz pode assinar prazo para a resposta, sob pena de multa diária.

O silêncio configura omissão passível de impetração de mandado de segurança. O STJ já se manifestou no sentido de que, enquanto a Administração não se pronunciar, encontra-se em mora, ou seja, o silêncio traduz inadimplência (REsp 16.284/PR).

Portanto, se o ato omitido for discricionário, o julgador deve determinar que a Administração se manifeste; se for vinculado, o juiz pode anotar prazo para o administrador praticar o ato ou suprir a omissão.

Por fim, quanto à responsabilização do Estado, havendo dano, nexo causal e omissão, será possível, nos termos do art. 37, § 6º, da CF/88.

TOP DICAS
1) Em âmbito federal, o direito de a Administração Pública anular os atos administrativos eivados de vícios de ilegalidade, dos quais decorram efeitos favoráveis para os destinatários de boa-fé, decai em cinco anos, contados da data em que praticado o ato (art. 54 da Lei n. 9.784/99).
2) No processo administrativo federal não se aplica o princípio que veda a *reformatio in pejus*.
3) Convalidação ou sanatória é o ato administrativo pelo qual é retirado o vício de um ato considerado ilegal.
4) O abuso de poder é o gênero das espécies excesso e desvio. O excesso de poder se verifica quando o agente extrapola sua competência. Já o desvio ocorre quando o agente desvirtua a finalidade do ato.
5) A revogação representa uma das formas de extinção de um ato administrativo e apenas pode se dar em relação aos atos válidos, praticados dentro de uma competência discricionária, produzindo efeitos *ex nunc*.

6
BENS PÚBLICOS

6.1 Conceito

O Código Civil, no art. 98, define bens públicos como bens do domínio nacional pertencentes às pessoas jurídicas de direito público interno. Esclarece que todos os outros são particulares, seja qual for a pessoa a que pertencerem. A disciplina constitucional acerca do tema está nos arts. 20 a 26.

6.1.1 Classificação

Os bens públicos podem ser classificados quanto à titularidade e à destinação. No primeiro caso, são federais, estaduais, distritais e municipais. No segundo, são de uso comum do povo, uso especial e dominiais/dominicais. Esquematizando, temos a seguinte situação:

6.1.1.1 Quanto à titularidade

a) Federais: art. 20 da CF (o rol não é taxativo).
b) Estaduais e distritais: art. 26 da CF (o rol não é taxativo).
c) Municipais: não há disciplina constitucional.

6.1.1.2 Quanto à sua destinação

Essa classificação dos bens públicos é encontrada no art. 99 do Código Civil.

a) Bens de uso comum do povo: podem ser utilizados por todas as pessoas em igualdade de condições. Para seu uso não há necessidade de consentimento individualizado por parte da Administração. Ex.: mares, rios, praças, ruas e estradas.

b) Bens de uso especial: são os pertencentes ao patrimônio administrativo e que possuem destinação pública específica. Estão afetados, ou seja, consagrados, à execução dos serviços públicos. Esses bens são chamados de bens patrimoniais indisponíveis enquanto possuem a finalidade pública. Ex.: edifícios das repartições públicas, veículos, matadouros, mercados, terrenos aplicados ao serviço público, cemitérios, vestiários, hotel municipal.

Importa anotar que o ato contraposto ao da afetação é a desafetação, que consiste em desconsagrar, desincorporar o bem, ou seja, é uma manifestação de vontade do Poder Público mediante a qual um bem é subtraído do domínio público para ser incorporado ao domínio privado do Estado ou do particular.

A desafetação pode ser expressa ou tácita. A expressa é a que decorre de ato administrativo ou de lei. Já a tácita é oriunda da atuação direta da Administração, sem a manifestação explícita de sua vontade, ou, ainda, de fato da natureza. A maior parte da doutrina admite desafetação tácita decorrente de fato, como, por exemplo, de um incêndio que destrói obras de um museu; um rio que seca, pois, conforme enfatiza Di Pietro, seria excessivo formalismo exigir que haja um ato formal de desafetação nesse caso (cf. DI PIETRO, Maria Sylvia Zanella, 2010. p. 677). No mais, em geral, não se admite a desafetação pelo não uso, uma vez que não haveria segurança sobre o momento da cessação do domínio público.

c) Bens dominiais ou dominicais: são aqueles do patrimônio disponível da Administração, ou seja, que não possuem destinação pública específica. Podem ser utilizados para qualquer fim ou até alienados, se convier à Administração. Ex.: terrenos de marinha e terras devolutas.

O art. 99 do Código Civil dispõe que são bens públicos "os dominicais, que constituem o patrimônio das pessoas jurídicas de direito público, como objeto de direito pessoal, ou real, de cada uma dessas entidades". Importante consignar que o parágrafo único do artigo citado determina que, "não dispondo a lei em contrário, consideram-se dominicais os bens pertencentes às pessoas jurídicas de direito público a que se tenha dado estrutura de direito privado".

Observe-se que os bens de empresas públicas e sociedades de economia mista que desenvolvem atividades econômicas que não estejam afetados à prestação de serviços públicos são passíveis de usucapião.

Outro ponto é que os bens dessas entidades são privados, mas, se necessários à prestação de serviços públicos, não podem ser penhorados.

6.1.2 Características

Os bens públicos possuem três atributos especiais:

a) Inalienabilidade: os bens públicos não podem ser vendidos livremente. Para isso eles devem ser desafetados ou desconsagrados, ou seja, é preciso transformá-los em bens dominicais. O art. 100 do Código Civil estabelece que "os bens públicos de uso comum do povo e os de uso especial são inalienáveis enquanto conservarem a sua qualificação, na forma que a lei determinar", e o art. 101 dispõe: "Os bens públicos dominicais podem ser alienados, observadas as exigências da lei".

b) Impenhorabilidade: os bens públicos não podem ser dados em garantia judicial. É importante consignar que na ADPF 46 ficou decidido pelo STF que os bens da Empresa de Correios e Telégrafos (ECT) são impenhoráveis, e no HC 105.542 o STF também se manifestou no sentido de que para os fins do crime de receptação os bens da ECT recebem o mesmo tratamento que os da União e, por isso, cabível a majoração da pena ao crime contra ela praticado.

c) Imprescritibilidade: os bens públicos não estão sujeitos a usucapião (arts. 183, § 3º, 191, parágrafo único, e 102 do CC). Quanto aos bens de empresas públicas e sociedades de economia mista que desenvolvem atividades econômicas que não estejam afetados à prestação de serviços públicos, são passíveis de usucapião. A Súmula 619 do STJ determina que: A ocupação indevida de bem público configura mera detenção, de natureza precária, insuscetível de retenção ou indenização por acessões e benfeitorias

6.1.3 Uso dos bens públicos

Dispõe o art. 103 do Código Civil que "o uso comum dos bens públicos pode ser gratuito ou retribuído, conforme for estabelecido legalmente pela entidade a cuja administração pertencerem".

Assim, os bens públicos podem ser utilizados pelos particulares por meio dos seguintes instrumentos:

a) *Autorização de uso de bem público*: consiste em um ato unilateral, discricionário e precário, podendo ser revogado a qualquer tempo; pode ter caráter gratuito ou oneroso. Objetiva auxiliar interesses particulares em eventos ocasionais ou temporários, ou seja, atividades transitórias e irrelevantes ao Poder Público, p. ex., a ocupação de um terreno e o fechamento de uma rua para comemorações. A autorização não gera privilégios contra a Administração Pública.

b) *Permissão de uso de bem público*: é um ato negocial, discricionário e precário, semelhante à autorização, porém seu consentimento visa ao interesse público. Depende, em regra, de licitação e cria para o permissionário um dever de utilização, sob pena de revogação. Como exemplo, podemos citar a instalação de bancas de jornal, a colocação de mesas e cadeiras em calçadas, a instalação de boxes em mercados municipais, barracas em feiras livres etc.

c) *Concessão de uso de bem público*: é o contrato administrativo celebrado entre a Administração e um particular, tendo por objeto uma utilidade pública de certa permanência. Exige, em regra, autorização legislativa e licitação.

Consigne-se que a cessão de uso consiste na transferência gratuita da posse de um bem de uma entidade ou órgão para outro para que o cessionário o utilize conforme estabelecido no termo de cessão firmado entre as partes. É o caso, p. ex., da transferência da posse de um bem da Administração Direta para um ente da Administração indireta.

6.1.4 Alienação dos bens públicos

Apesar de ser uma das características dos bens públicos, inalienabilidade não significa que eles nunca podem ser vendidos. Na verdade, dizer que um bem é inalienável implica afirmar que ele não pode ser vendido livremente.

A alienação consiste no repasse da propriedade, remunerado ou gratuito, sob a forma de venda, permuta, doação, dação em pagamento, investidura, legitimação de posse ou concessão de domínio.

Toda alienação depende de lei autorizadora, licitação (leilão), interesse público justificado e avaliação prévia do bem a ser alienado, conforme determina os arts. 76 e 77 da Lei 14.133/21.

TOP DICAS
1) Os bens federais são não expropriáveis.
2) Consideram-se públicos, de acordo com a titularidade, os bens do domínio nacional pertencentes às pessoas jurídicas de direito público interno, União, Estados e Municípios.
3) A inalienabilidade implica dizer que os bens públicos não podem ser vendidos livremente.
4) Afetação é a destinação pública específica de determinado bem público.
5) Um bem público não pode ser adquirido pela usucapião.

7
RESPONSABILIDADE DO ESTADO

7.1 Conceito

A responsabilidade extracontratual do Estado pode ser definida como aquela que impõe ao Estado a obrigação de indenizar os danos causados aos particulares pelos agentes públicos, no exercício de suas funções ou a pretexto de exercê-las.

Essa obrigação é meramente patrimonial e não se confunde com a criminal e administrativa, imputada ao agente público.

A teoria do órgão público, também chamada de teria da imputação, determina que a pessoa jurídica pública manifeste sua vontade por meio de órgãos, titularizados pelos agentes públicos (pessoas físicas), de acordo com a organização interna.

Dessa maneira, a atuação ou omissão do agente público é atribuída ao Estado, que responderá pelos danos materiais ou morais causados aos particulares.

Essa responsabilização denomina-se extracontratual ou aquiliana, pois não está fundamentada na violação de cláusulas contratuais, mas na relação jurídica geral estabelecida entre o Estado e o particular.

A base constitucional para o estudo do tema é o art. 37, § 6º, da Constituição Federal, que impõe ao Estado a obrigação de compor os danos causados aos terceiros pelos agentes públicos no exercício de suas funções, nos seguintes termos: "§ 6º As pessoas jurídicas de direito público e as de direito privado prestadoras de serviços públicos responderão pelos danos que seus agentes, nessa qualidade, causarem a terceiros, assegurado o direito de regresso contra o responsável nos casos de dolo ou culpa".

No âmbito da legislação ordinária, seguindo o mandamento constitucional, o art. 43 do Código Civil estabelece que as pessoas jurídicas de direito público interno são civilmente responsáveis por atos dos seus agentes, que nessa qualidade causem danos a terceiros, ressalvado direito regressivo contra os causadores do dano, se houver, por parte destes, culpa ou dolo.

A responsabilidade do Estado incide tanto pela prática de atos ilícitos quanto lícitos. No caso de ato lícito, a responsabilização do Estado está fundamentada no princípio da isonomia, ou seja, na igualdade entre os cidadãos na repartição de encargos impostos em razão do interesse público. Assim, quando for necessário o sacrifício de um direito em prol do interesse da coletividade, tal sacrifício não pode ser suportado por um único sujeito, devendo ser repartido entre toda a coletividade (RE 113.587, rel. Min. Carlos Velloso, Segunda Turma, julgado em 18.02.1992, *DJ* 03.04.1992). Por exemplo, a construção de um viaduto (ato lícito) que provoca poluição sonora, visual, ambiental, desvalorizando o imóvel de um particular.

7.1.1 Teorias

Ao longo do tempo, várias teorias foram elaboradas sobre o tema, passando-se da irresponsabilidade para a responsabilização subjetiva e posteriormente para a teoria objetiva.

Como não existe uniformidade de nomenclatura entre os autores, a nossa proposta é baseada nas seguintes teorias: irresponsabilidade, civilistas e publicistas (Di Pietro, 2010, p. 524). Esquematizando, temos a seguinte situação:

7.1.1.1 Teoria da Irresponsabilidade

Essa teoria, baseada na época dos Estados soberanos, adota o entendimento de que o Estado nunca erra, logo, nunca deve ser responsabilizado. Fundamenta-se na ideia de soberania do Estado e nos princípios do *"the king can do wrong"* e *"le roi ne peut mal fairei"*, ou seja, o rei não pode errar e não pode fazer mal.

Por razões práticas, essa teoria deixou de existir, haja vista a amplitude dos danos causados à Administração, crescente com o desenvolvimento de sua ação e o poder de seus meios, o que tornou a reparação do dano uma necessidade social.

7.1.1.2 Teorias Civilistas

As teorias civilistas representam a transição para a teoria objetiva. Comportam duas situações: a teoria dos atos de império e de gestão e a teoria da culpa civil ou subjetiva. Essas teorias baseiam-se na culpa e nos princípios de direito civil.

A. Teoria dos atos de império e de gestão

Essa teoria diferencia os atos de império e os de gestão. Os atos de império são aqueles praticados pelo Estado com prerrogativas e privilégios, sendo regidos por um direito especial e não sujeitos a autorização judicial. Os atos de gestão são os praticados em patamar de igualdade com os particulares.

Nos casos de atos de império, ou seja, aqueles praticados pelo rei, não há responsabilização, pois se distingue a pessoa deste da do Estado, que somente será responsabilizado nos casos de atos de gestão. Essa teoria não tem aplicação no direito brasileiro.

B. Teoria da culpa civil ou subjetiva

A teoria subjetiva baseia-se na culpa civil, e para sua configuração no Direito Administrativo são necessários os seguintes requisitos: omissão do Estado, dano, nexo causal e culpa ou dolo. Boa parte da doutrina entende que essa é a teoria aplicada em caso de omissão do Estado na prestação de serviços públicos, como, por exemplo, a queda de uma árvore infectada por cupins, causando danos a um veículo de particular.

7.1.1.3 Teorias Publicistas

A. Teoria da culpa administrativa

A teoria da culpa administrativa, também denominada culpa do serviço ou do acidente administrativo, faz a distinção entre a culpa do agente público e a culpa anônima do serviço público.

Para essa teoria, não se identifica o agente e sim o fato de o serviço ter funcionado mal, atrasado ou até mesmo não ter funcionado, incidindo, então, a responsabilidade do Estado.

O caso prático que apoiou essa teoria é o chamado arresto Blanco. Tratou-se de uma indenização movida por um pai que teve sua filha, de nome Agnes Blanco, atropelada por uma vagonete da Companhia Nacional de Fumo, na cidade de Bordeaux, na França. O Tribunal de Conflitos entendeu que o caso deveria se submeter à jurisdição administrativa e que a responsabilidade decorria do funcionamento do serviço público.

Essa teoria exige que o particular, além de demonstrar o dano, comprove uma das seguintes situações: mau funcionamento, retardamento ou omissão do Estado. Essa teoria não é aplicada no Brasil.

B. Teoria objetiva

A teoria objetiva, conhecida também como teoria do risco, exclui o elemento subjetivo (culpa ou dolo) dentre os seus requisitos, sendo que para sua caracterização não há a necessidade de verificar se o serviço funcionou mal, foi retardado ou não funcionou. Essa teoria comporta duas modalidades:

I. Teoria do risco integral

Por essa teoria, o Estado responderá em todas as hipóteses possíveis, inclusive nos casos de força maior, culpa exclusiva da vítima e caso fortuito. Sua aplicação leva a ideia do Estado como segurador universal.

Há quem sustente que essa teoria é aplicável nas hipóteses de dano ambiental e de dano nuclear. No entanto, perfilhamos do entendimento daqueles que consideram que nesses casos a responsabilidade é objetiva na modalidade do risco administrativo, consoante veremos a seguir.

Em regra, essa teoria não é aplicável no Brasil, porém em caráter excepcional pode ser aplicada, como no caso das Leis n. 10.309/2001 e 10.744/2003.

A Lei n. 10.309/2001 dispõe sobre a assunção pela União de responsabilidades civis perante terceiros no caso de atentados terroristas ou atos de guerra contra aeronaves de empresas aéreas brasileiras.

O art. 1º autoriza a União a assumir as responsabilidades civis perante terceiros no caso de danos a bens e pessoas no solo, provocados por atentados terroristas ou atos de guerra contra aeronaves de empresas aéreas brasileiras no Brasil ou no exterior.

No mesmo sentido é a Lei n. 10.744/2003, que dispõe sobre a assunção, pela União, de responsabilidades civis perante terceiros no caso de atentados terroristas, atos de guerra ou eventos correlatos, contra aeronaves de matrícula brasileira operadas por empresas brasileiras de transporte aéreo público, excluídas as empresas de táxi aéreo.

II. Teoria do risco administrativo

A teoria do risco administrativo impõe a responsabilização do Estado quando causar danos a terceiros, independentemente de culpa, exceto nas hipóteses de caso fortuito, força maior e culpa exclusiva da vítima. O Estado responde objetivamente, sendo-lhe assegurada ação de regresso contra o agente público causador do dano.

Essa é a teoria atualmente adotada pelo Texto Constitucional brasileiro. Anota-se que a FGV, em exames de 2ª fase de Direito Administrativo (Exame 2010.2 e IV Exame de Ordem Unificado), tem adotado essa teoria tanto para ação quanto para omissão estatal, embora, como dito anteriormente, grande parte da doutrina e jurisprudência entenda que nas situações de omissão do Estado a teoria a ser aplicada seja a subjetiva.

A teoria objetiva do risco administrativo leva em conta três parâmetros: pessoas jurídicas responsáveis, o agente público e o dano.

7.1.2   Pessoas Jurídicas Responsáveis

O art. 37, § 6º, faz menção às pessoas jurídicas de direito público e às pessoas jurídicas de direito privado, prestadoras de serviço público.

O Código Civil, no art. 41, considera pessoas jurídicas de direito público interno: a União; os Estados, o Distrito Federal e os Territórios; os Municípios; as autarquias, inclusive as associações públicas e as demais entidades de caráter público, criadas por lei.

Para efeito do previsto no Texto Constitucional, quanto às pessoas jurídicas de direito público são responsáveis a União; os Estados, o Distrito Federal e os Territórios; os Municípios; as autarquias, agências reguladoras, associações públicas e as fundações públicas de natureza autárquica (direito público), bem como demais entidades de caráter público, criadas por lei.

No que diz respeito às pessoas jurídicas de direito privado prestadoras de serviço público, devem ser consideradas as empresas públicas e sociedades de economia mista, desde que prestadoras de serviço público, além de concessionários e permissionários de serviço público.

Para as atividades de tabelionato e cartórios de notas e registros, o art. 22 da Lei n. 8.935/94 foi alterado pela Lei n. 13.286/2016 e dispõe que os notários e oficiais de registro são civilmente responsáveis por todos os prejuízos que causarem a terceiros, por culpa ou dolo, pessoalmente, pelos substitutos que designarem ou escreventes que autorizarem, assegurado o direito de regresso. Logo, a responsabilização não é mais objetiva, e sim subjetiva.

No caso de empresas públicas e sociedades de economia mista exploradoras de atividade econômica, não há incidência da regra do art. 37, § 6º, da CF/88. Essas entidades respondem pelos danos causados por seus agentes de forma subjetiva, ou seja, é preciso demonstrar a culpa.

Os serviços sociais autônomos, organizações sociais e organizações da sociedade civil de interesse público respondem de forma subjetiva, não se aplicando a regra do art. 37, § 6º, da CF/88.

7.1.3 *O agente público e a ação de regresso*

A expressão "agente público" para efeitos de responsabilidade deve ser entendida em sentido amplo, o que engloba os agentes políticos, os servidores públicos estatutários, os empregados públicos e temporários, militares e os particulares em colaboração com o Poder Público.

É importante que o agente público, ao lesionar o particular, faça-o no exercício de suas atribuições ou a pretexto de exercê-las. Por exemplo, um policial militar, em gozo de férias, usa a arma de seu pai e desfere tiros em um desafeto, causando-lhe um dano. Nesse caso, o Estado não responderá pelo prejuízo causado.

Agora, no caso do policial de folga que utiliza a arma da corporação, a jurisprudência, embora oscilante, pende para a responsabilização do Estado. É assim que o STF tem se inclinado (RE 160.401/SP, RE 291.035/SP).

Quando caracterizada a culpa do agente, há o direito de regresso pelo Estado em face do agente causador do dano, que na verdade é um poder-dever do Estado (Bandeira de Mello, 2008, p. 72).

Dois são os requisitos para a ação de regresso: a constatação de dolo ou culpa do agente público e o trânsito em julgado da sentença de condenação do Estado.

7.1.4 *O dano*

O dano causado a terceiros pode ser pleiteado pelo particular tanto administrativa como judicialmente. Para que haja responsabilização, ele deve ser certo, especial, anormal, direto e imediato.

Certo é o dano real, efetivo, existente. Para requerer a indenização do Estado é necessário que o dano já tenha sido experimentado. Não se configura a possibilidade de indenização de danos que possam eventualmente ocorrer no futuro.

O dano especial é aquele que pode ser particularizado, ou seja, passível de identificação do particular atingido.

Anormal é o dano que ultrapassa as dificuldades da vida comum, do cotidiano.

Dizer que o dano é direto e imediato significa que o prejuízo deve ser resultado direto e imediato da ação ou omissão do Estado, sem quebra do nexo causal.

Além disso, o dano passível de indenização pode ser material e/ou moral, desde que configurado o nexo de causalidade entre a ação/omissão do Estado e o dano ocorrido.

7.1.5   Excludentes da Responsabilidade

Em determinados casos, apesar da ocorrência do dano, o Estado poderá eximir-se de responder. Essas situações configuram as chamadas excludentes de responsabilidade, que se fundamentam na ausência de nexo causal entre o dano e a ação ou omissão estatal.

São excludentes da responsabilidade estatal o caso fortuito ou a força maior, a culpa exclusiva da vítima e a culpa de terceiro.

7.1.5.1   Caso fortuito ou força maior

Como não existe uniformidade na doutrina administrativista acerca da definição dos termos "caso fortuito" e "força maior", adotaremos a posição que considera a força maior um evento da natureza e o caso fortuito um evento humano. Em ambos os casos, o fator preponderante é a imprevisibilidade da ocorrência do evento.

O Código Civil, ao tratar do assunto no parágrafo único do art. 393, explicita que o caso fortuito ou a força maior verifica-se no fato necessário, cujos efeitos não eram possíveis evitar ou impedir.

Um exemplo seria o raio que cai sobre um automóvel e provoca um incêndio, acarretando perda total. Nesse caso, não há falar em responsabilização do Estado, já que ausente o nexo causal entre o dano e a eventual ação ou omissão estatal. Presentes, portanto, os requisitos da inevitabilidade e imprevisibilidade do evento.

Todavia, no caso de eventos cujos efeitos sejam evitáveis, por exemplo, nas enchentes, é possível a responsabilização do Estado se restar demonstrado que as obras de infraestrutura não realizadas amenizariam ou evitariam o dano (Figueiredo, 2004, p. 289).

7.1.5.2   Culpa exclusiva da vítima

Existem situações em que aquele que sofre o dano é integralmente responsável por sua causa. Nesses casos estamos diante da chamada culpa exclusiva da vítima. Como exemplo, pode-se citar o motorista que, desejando o suicídio, entra na contramão na direção de uma via pública, vindo a colidir com um veículo oficial. Nesse caso não há falar em responsabilidade estatal, caso a família da vítima venha a acionar o Estado.

Situação que merece comentário é a da culpa concorrente. Imaginemos a hipótese, citada pela doutrina, dos motoristas que, em um cruzamento, colidem seus automóveis em virtude do defeito no semáforo. Se esses motoristas trafega-vam com excesso de velocidade (Carvalho Filho, 2008, p. 527), a responsabilização do Estado deve ser mitigada pela ocorrência da chamada culpa concorrente dos motoristas, que trafegavam com excesso de velocidade em um cruzamento cujo semáforo apresentava defeito.

7.1.5.3   Culpa exclusiva de terceiros

Quando a causa dos danos à vítima não for a atuação do Estado e sim a de terceiros, estamos diante da chamada culpa exclusiva de terceiros, que exclui a do Estado. No entanto, há que destacar que, se ficar evidenciada a omissão estatal que, por conta disso, permitiu a atuação de um terceiro causador do dano à vítima, será possível a responsabilização estatal.

7.1.6   Pontos Polêmicos

O tema da responsabilidade extracontratual do Estado apresenta uma série de pontos polêmicos, objetos de divergência na doutrina e na jurisprudência.

7.1.6.1   Responsabilização das concessionárias em face dos terceiros não usuários do serviço público

A concessão de serviço público está definida no art. 2º, III, da Lei n. 8.987/95, como a delegação de sua prestação, feita pelo poder concedente, mediante licitação, na modalidade de concorrência, à pessoa jurídica ou o consórcio de empresas que demonstre capacidade para seu desempenho, por sua conta e risco e por prazo determinado.

O concessionário presta o serviço por sua conta e risco e em caso de dano assume a responsabilização de forma objetiva, nos moldes do art. 37, § 6º, da CF/88. O Estado, nessa situação, responde de forma subsidiária.

Questão que suscita polêmica refere-se à responsabilização da concessioná-ria quanto aos terceiros não usuários do serviço público. Imaginemos o caso do motorista de veículo particular que vem a ser abalroado por ônibus pertencente a uma concessionária. Como se dá essa responsabilização, já que o motorista não era usuário direto do serviço?

Entendem alguns que a responsabilidade das pessoas privadas prestadoras de serviços públicos é objetiva somente na situação em que o dano é perpetrado contra os usuários diretos do serviço.

Outros sustentam que a responsabilidade objetiva das pessoas privadas prestadoras de serviço público atinge tanto os usuários como os terceiros não usuários do serviço público. O fundamento dessa doutrina repousa em dois argumentos. O primeiro é o de que a CF/88 não faz distinção entre as pessoas jurídicas de direito público e as de direito privado prestadoras de serviço público para efeito de responsabilização. O segundo é o de que, como delegatárias do serviço, essas pessoas atuam como se fossem o próprio Estado, que responde objetivamente tanto perante o usuário direto como perante o usuário indireto (Carvalho Filho, 2008, p. 499).

No que diz respeito à posição do STF, dois foram os momentos. Em 2005, o STF, no RE 262.651/SP, reformou decisão do então Tribunal de Alçada de São Paulo, excluindo a responsabilidade objetiva em face de terceiros não usuários do serviço público.

Em 2009, instado novamente o STF, no RE 591.874/MS, manifestou entendimento no sentido de que a responsabilização objetiva de concessionárias de serviço público atinge tanto os usuários diretos quanto os indiretos.

7.1.6.2 Responsabilidade de Registradores e Cartórios

Os serviços notariais e de registro são exercidos em caráter privado, por delegação do Poder Público (art. 236 da CF). Importante destacar que a função notarial e de registro é serviço público, sendo passível de delegação o seu exercício, organização e estrutura (ADIn 1.378/95 e ADI 2.602/2005-MG).

A lei que rege esse serviço é a n. 8.935/94. O ingresso na atividade depende de concurso, realizado pelo Poder Judiciário.

Quanto à responsabilidade, os notários (ou tabeliães) e os oficiais de registro respondem subjetivamente pelos danos que eles e seus prepostos causarem a terceiros, nos termos do art. 22 da Lei n. 8.935/94, alterado pela Lei n. 13.286/2016, passando a ter a seguinte redação: "Os notários e oficiais de registro são civilmente responsáveis por todos os prejuízos que causarem a terceiros, por culpa ou dolo, pessoalmente, pelos substitutos que designarem ou escreventes que autorizarem, assegurado o direito de regresso".

7.1.6.3 Ação direta contra o agente público e ação indenizatória

No que se refere à possibilidade de propositura de ação direta contra o agente público causador do dano, o STF, no RE 327.904/SP, decidiu que o § 6º do art. 37

da Magna Carta autoriza a proposição de que somente as pessoas jurídicas de direito público, ou as pessoas jurídicas de direito privado que prestem serviços públicos, é que poderão responder, objetivamente, pela reparação de danos a terceiros por ato ou omissão dos respectivos agentes, agindo estes na qualidade de agentes públicos, e não como pessoas comuns.

Entendeu a Suprema Corte que esse mesmo dispositivo constitucional consagra, ainda, dupla garantia: uma, em favor do particular, possibilitando-lhe ação indenizatória contra a pessoa jurídica de direito público, ou de direito privado que preste serviço público, dado que bem maior, praticamente certa, a possibilidade de pagamento do dano objetivamente sofrido. A outra garantia, no entanto, em prol do servidor estatal, que somente responde administrativa e civilmente perante a pessoa jurídica a cujo quadro funcional se vincular.

Com esse entendimento firmado pelo STF, a ação deverá ser proposta contra a pessoa jurídica de direito público ou contra a pessoa jurídica de direito privado prestadora de serviço público, não havendo possibilidade de acionar o agente público diretamente ou como litisconsorte na ação indenizatória.

7.1.6.4   A responsabilização por dano nuclear

A responsabilização por dano nuclear também é ponto polêmico no tema responsabilização extracontratual do Estado.

Existe uma corrente doutrinária que sustenta ser a responsabilização por dano nuclear objetiva na modalidade do risco integral (Cavalieri Filho, 2009, p. 146; Fiorillo, 2006, p. 204).

No entanto, a posição majoritária é no sentido de que a responsabilidade por danos nucleares é objetiva na modalidade do risco administrativo, porque a Lei n. 6.453/77, que dispõe sobre a responsabilidade civil por danos nucleares e a responsabilidade criminal por atos relacionados com atividades nucleares, prevê diversas excludentes.

O art. 4º do referido diploma legal determina que será exclusiva do operador da instalação nuclear, independentemente da existência de culpa, a responsabilidade civil pela reparação de dano nuclear causado por acidente nuclear:

- ocorrido na instalação nuclear;
- provocado por material nuclear procedente de instalação nuclear, quando o acidente ocorrer:
  a) antes que o operador da instalação nuclear a que se destina tenha assumido, por contrato escrito, a responsabilidade por acidentes nucleares causados pelo material;

b) na falta de contrato, antes que o operador da outra instalação nuclear haja assumido efetivamente o encargo do material.

- provocado por material nuclear enviado à instalação nuclear, quando o acidente ocorrer:

a) depois que a responsabilidade por acidente provocado pelo material lhe houver sido transferida, por contrato escrito, pelo operador da outra instalação nuclear;

b) na falta de contrato, depois que o operador da instalação nuclear houver assumido efetivamente o encargo do material a ele enviado.

Ocorre que os arts. 6º e 8º da lei tratam de excludentes dessa responsabilidade, conforme a seguir:

> Art. 6º Uma vez provado haver o dano resultado exclusivamente de culpa da vítima, o operador será exonerado, apenas em relação a ela, da obrigação de indenizar.
>
> Art. 8º O operador não responde pela reparação do dano resultante de acidente nuclear causado diretamente por conflito armado, hostilidades, guerra civil, insurreição ou excepcional fato da natureza.

Diante dessas excludentes, fica claro que a responsabilização do Estado por danos nucleares é a objetiva na modalidade do risco administrativo e não a integral, na qual o Estado responderia em todas as situações.

7.1.6.5 Discussões doutrinárias e jurisprudenciais sobre a responsabilização do Estado

Três assuntos que geram discussões na doutrina e na jurisprudência são os relativos: à responsabilização decorrente da relação de custódia do Estado, aos atos provocados por presos foragidos e os casos de danos a detentos por superlotação carcerária. Vejamos cada um deles.

A. A responsabilização do Estado nas relações de custódia

As relações de custódia estabelecidas entre o Estado e o particular são aquelas de caráter especial, caso do detento em uma penitenciária, da criança em uma escola pública e do paciente no hospital público.

Nessas hipóteses, o Estado deve ser responsabilizado na forma objetiva, na modalidade do risco administrativo com incidência das excludentes de caso fortuito, força maior e culpa exclusiva da vítima.

Na situação de detento morto na cadeia, o STF, no RE 215.981/RJ, decidiu, em ação de indenização proposta por familiares do preso, que o consagrado princípio da responsabilidade objetiva do Estado resulta da causalidade do ato comissivo ou omissivo, e não só da culpa do agente.

B. A responsabilização do Estado por atos de presos foragidos

A questão que se coloca nesse tema é se o Estado responde por ato de preso foragido. Sobre esse assunto foi suscitada a repercussão geral no RE 608.880 e não há ainda decisão de mérito do Supremo.

A primeira ideia é a de que o Estado deve responder de forma subjetiva, pois teria deixado o preso fugir, ou seja, não cuidou do preso como deveria e não zelou pela segurança dos cidadãos, por isso descumpriu dois deveres legais; logo, se tomasse todas as cautelas devidas, não responderia.

Porém, é de se pensar na aplicação da teoria objetiva, principalmente em casos de fugitivos contumazes, pois nessa situação o Estado tem uma ação de risco, ou seja, ele assumiu o risco de o preso fugir e causar um dano. Geralmente, para se eximir o Estado utiliza o argumento de que o ato foi praticado por terceiro e não há nexo de causalidade entre a atuação do terceiro e o Estado.

À vista disso, é o caso de se esperar a decisão definitiva do Supremo, para saber qual será seu posicionamento. Se o Estado responde e qual teoria será aplicada.

Não obstante, lembramos que o STF decidiu no RE 409.203/RS que se impõe a responsabilização do Estado quando um condenado submetido a regime prisional aberto pratica, em sete ocasiões, falta grave de evasão, sem que as autoridades responsáveis pela execução da pena lhe apliquem a medida de regressão do regime prisional aplicável à espécie.

Tal omissão do Estado constituiu, na espécie, o fator determinante que propiciou ao infrator a oportunidade para praticar o crime de estupro contra menor de 12 anos de idade, justamente no período em que deveria estar recolhido à prisão.

O Supremo entendeu que está configurado o nexo de causalidade, uma vez que, se a Lei de Execução Penal tivesse sido corretamente aplicada, o condenado dificilmente teria continuado a cumprir a pena nas mesmas condições (regime aberto), e, por conseguinte, não teria tido a oportunidade de evadir-se pela oitava vez e cometer o crime de estupro.

Em um outro julgado, no RE 172.025/RJ o Supremo, reforçando a tese do nexo de causalidade, entendeu que fora dos parâmetros da causalidade não é possível impor ao Poder Público uma responsabilidade ressarcitória sob o argumento de falha no sistema de segurança dos presos.

C. Responsabilidade do Estado em razão de superlotação carcerária

As grandes discussões sobre esse tema referem-se a determinações do Poder Judiciário no sentido de que o Estado realize obras para melhorar o sistema carcerário, com fundamento na dignidade da pessoa humana. Seria possível o

Estado instituir uma obrigação que gera o comprometimento orçamentário do Estado? E se o preso sofre danos em razão da superlotação, é possível pleitear uma indenização do Estado?

Pelo princípio da reserva do possível (muito discutido na ADPF 45), o Estado não pode ser responsabilizado além do que lhe é possível orçamentariamente. Porém, isso deve ser ponderado sem colocar em risco o mínimo existencial. Assim, a reserva do possível não exime o Estado de implementar algo para solucionar o problema.

Na ADPF 347, O Plenário do STF reconheceu a existência de um cenário de violação massiva de direitos fundamentais no sistema prisional brasileiro, em que são negados aos presos, por exemplo, os direitos à integridade física, alimentação, higiene, saúde, estudo e trabalho. Afirmou-se que a atual situação das prisões compromete a capacidade do sistema de cumprir os fins de garantir a segurança pública e ressocializar os presos.

Quanto à indenização, o STF fixou a seguinte tese no RE 580252: "Considerando que é dever do Estado, imposto pelo sistema normativo, manter em seus presídios os padrões mínimos de humanidade previstos no ordenamento jurídico, é de sua responsabilidade, nos termos do art. 37, § 6º, da Constituição, a obrigação de ressarcir os danos, inclusive morais, comprovadamente causados aos detentos em decorrência da falta ou insuficiência das condições legais de encarceramento".

7.1.6.6   A responsabilidade por atos de multidões

Os atos danosos causados por multidões, tais como comemorações de clubes de futebol, festividades musicais, passeatas, em regra, não são indenizáveis, já que são praticados por terceiros. Nesses casos, inexistem os pressupostos para a responsabilização objetiva, em virtude de ausência de nexo causal entre o dano cometido e a ação das multidões com a eventual ação ou omissão do Estado (Carvalho Filho, 2008, p. 507).

Apenas alertamos para o fato de que, no caso de notória omissão do Estado na proteção do patrimônio dos particulares, é possível cogitar a responsabilização estatal. Por exemplo, na situação em que torcidas organizadas de times de futebol agendam confronto pela internet em determinado local e o Estado, sabedor de tal situação, nada faz.

7.1.6.7   A responsabilização por atos judiciais

A CF/88, no art. 5º, LXXV, estabelece que o Estado responderá por erro judiciário, assim como por aquele que ficar preso além do tempo fixado na sentença.

O art. 143 do Código de Processo Civil estabelece a possibilidade de responsabilizar o juiz, por perdas e danos, em duas hipóteses: quando, no exercício de suas funções, agir com dolo ou fraude ou quando se recusar, omitir ou retardar a tomada de alguma providência sem justo motivo.

No caso de juiz agir com dolo ou fraude, é possível a responsabilização do Estado, que terá direito de regresso contra o juiz causador do dano.

O STF, no RE 228.977/SP, entendeu que a ação deve ser ajuizada contra a Fazenda Pública – eventual responsável pelos alegados danos causados pela autoridade judicial, ao exercer suas atribuições –, a qual, posteriormente, terá assegurado direito de regresso contra o magistrado responsável, nas hipóteses de dolo ou culpa.

7.1.6.8   Atos legislativos

A lei, como regra, é uma norma geral e abstrata, não sendo possível a responsabilização do Estado pela edição de atos legislativos. Todavia, duas exceções são apontadas: as leis inconstitucionais e as leis de efeitos concretos.

No caso das leis inconstitucionais, admite-se a possibilidade de responsabilização do Estado. Para que haja essa responsabilização, a doutrina entende que deve existir prévia declaração do vício pelo Supremo Tribunal Federal (Di Pietro, 2010, p. 659).

A outra exceção é a indenização no caso de leis de efeitos concretos, que são aquelas dirigidas a determinado cidadão ou grupo de pessoas. São meros atos administrativos.

7.1.6.9   A independência das instâncias: civil, penal e administrativa

Por um mesmo ato, determinado agente público poderá responder civil, penal e administrativamente. Imaginemos a situação de um motorista da Prefeitura que dirige o veículo oficial embriagado e se envolve em acidente no qual as vítimas vêm a falecer.

Esse sujeito responderá civilmente, pela reparação dos danos; administrativamente, por ter violado normas de seu Estatuto como servidor; e penalmente, pelo homicídio.

No âmbito federal, a Lei n. 8.112/90 determina no art. 121 que o servidor responde civil, penal e administrativamente pelo exercício irregular de suas atribuições.

Essa responsabilidade civil decorre de ato omissivo ou comissivo, doloso ou culposo, praticado pelo agente público que resulte em prejuízo ao erário ou a terceiros. As sanções civis, penais e administrativas poderão cumular-se, sendo independentes entre si.

Em relação à independência das instâncias civis, penais e administrativas, existem algumas situações da sentença penal que merecem ser destacadas.

No exemplo inicialmente citado, em caso de sentença penal condenatória do motorista, a condenação surtirá efeitos nas esferas civil e administrativa, pois a culpabilidade reconhecida na esfera penal não pode ser negada nos juízos cível e administrativo.

Na hipótese de absolvição por negativa de autoria ou inexistência do fato, a sentença absolutória também surtirá efeitos nas outras duas esferas, pois, se a conduta não foi cometida pelo agente público ou se inexistiu o fato no campo penal, também não ocorreu nas searas civil e administrativa.

A absolvição por ausência de culpabilidade e por insuficiência de provas não surte efeitos nas esferas cível e administrativa. O fato de não haver elementos suficientes para uma condenação penal ou a inexistência de culpabilidade penal não são aptos a afastar uma condenação nas esferas cível e administrativa. Pode não ter havido elementos para o crime, mas o fato, sob os pontos de vista cível e administrativo, existiu e pode ser ressarcido.

Portanto, embora as esferas sejam independentes, existem situações em que a sentença penal, seja ela condenatória ou absolutória, surtirá efeitos nas searas cível e administrativa, conforme será visto adiante.

7.1.7   Prescrição das ações contra o Estado

Inicialmente, cabe explicar que o termo Estado em juízo, compreende a União, os Estados, o Distrito Federal e os Municípios, bem como as autarquias, agências reguladoras, associações públicas e fundações públicas de natureza autárquica (direito público), excluindo as empresas públicas e as sociedades de economia mista.

Violado um direito, surge uma pretensão. Ocorre, portanto, a prescrição quando seu titular não o exerce por determinado lapso temporal, ou seja, perde-se o direito de exigir, em razão da perda do prazo previamente estabelecido na lei.

Só incidirá a prescrição quando caracterizada a lesão, ou seja, estará presente apenas em demanda condenatória, excluídas as demandas de natureza constitutiva, mandamental, executiva *lato sensu* e declaratória e as pretensões de reparação civil quando autora a Fazenda Pública e ações regressivas, prevista no art. 37, 6º, da Constituição da República.

A questão tanto na doutrina quanto na jurisprudência ainda não está pacificada, quanto ao prazo prescricional, já que o Código Civil, no art. 206, § 3º, estabelece um prazo de três anos para a ação de reparação civil. Por outro lado, o art. 1º do Decreto 20.910/32 e o art. 1º-C da Lei n. 9.494/97 determinam o prazo de cinco anos.

Visto o aparente conflito entre os prazos e a divergência doutrinária que surge, a questão central que norteia essa discussão versa sobre qual diploma é aplicável a essa matéria: Código Civil ou Decretos.

Embora haja jurisprudência favorável à aplicação do prazo de três anos, amparada no Código Civil (REsp 1.066.063/RS), por outro lado, também com apoio jurisprudencial, entendemos que os decretos prevalecem sobre o Código Civil, observando, assim, o critério da especialidade; logo, é recomendável, para efeitos da prova da OAB, adotar o prazo de cinco anos.

TOP DICAS
1) A ação regressiva da Administração Pública contra o agente público causador do dano, nas hipóteses de dolo ou culpa, em regra deve ser exercida, sob pena de afronta ao princípio da indisponibilidade.
2) As concessionárias respondem objetivamente pelos danos causados tanto aos usuários diretos quanto aos usuários indiretos do serviço público.
3) A teoria adotada no Brasil como regra é a objetiva, na modalidade do risco administrativo.
4) Os notários e oficiais de registro respondem subjetivamente pelos danos que eles e seus prepostos causarem a terceiros.
5) As sanções civis, penais e administrativas aplicadas ao agente público poderão cumular-se, sendo independentes entre si.

8
LICITAÇÃO

8.1 Conceito

É o procedimento administrativo formal – que tem como pressuposto jurídico o interesse público – em que a Administração Pública convoca, mediante condições estabelecidas em ato próprio, pessoas físicas ou jurídicas interessadas na apresentação de propostas para o oferecimento de bens e serviços.

A licitação tem por objetivo garantir a melhor contratação possível, assegurar igual oportunidade a todos os interessados e possibilitar o comparecimento ao certame do maior número possível de concorrentes.

No âmbito constitucional, o assunto é disciplinado nos arts. 22, XXVII, 37, XXI, 173, § 1º, III, e 175. Já na legislação ordinária destacamos: Lei n. 14.133/21 (norma geral que regulamenta o art. 37, XXI, da CF) e Lei 13.303/2016 (dispõe sobre o estatuto jurídico da empresa pública, da sociedade de economia mista e de suas subsidiárias, no âmbito da União, dos Estados, do Distrito Federal e dos Municípios).

A União é quem tem competência privativa para legislar sobre normas gerais de licitação e contratação, em todas as modalidades, para as Administrações Públicas diretas, autárquicas e fundacionais da União, Estados, Distrito Federal e Municípios, obedecido o disposto no art. 37, XXI, e para as empresas públicas e sociedades de economia mista, nos termos do art. 173, § 1º, III.

8.1.1 Princípios

O pressuposto jurídico do procedimento licitatório é alcançar o interesse público. Para tanto, o procedimento é norteado por princípios que estão previstos no art. 5º da Lei n. 14.133/21, que assim dispõe:

> Art. 5º Na aplicação desta Lei, serão observados os princípios da legalidade, da impessoalidade, da moralidade, da publicidade, da eficiência, do interesse público, da probidade administrativa, da igualdade, do planejamento, da transparência, da eficácia, da segregação de funções, da motivação, da vinculação ao edital, do julgamento objetivo, da segurança jurídica, da razoabilidade, da competitividade, da proporcionalidade, da celeridade, da economicidade e do desenvolvimento nacional sustentável, assim como as disposições do Decreto-Lei n. 4.657, de 4 de setembro de 1942 (Lei de Introdução às Normas do Direito Brasileiro).

A menção de que haverá aplicação dos princípios correlatos significa que no procedimento licitatório incidirão princípios como: contraditório, ampla defesa, devido processo legal, razoabilidade, entre outros. A seguir abordaremos alguns dos princípios elencados no art. 5º da Lei n. 14133/21.

8.1.1.1 Legalidade

No âmbito da licitação, legalidade significa a vinculação dos licitantes e da Administração às regras estabelecidas nas normas e nos princípios em vigor.

8.1.1.2 Impessoalidade

Esse princípio significa que no procedimento licitatório a Administração não pode beneficiar nem prejudicar pessoas determinadas. É vedado, p. ex., inserir item no edital que favoreça um licitante em detrimento de outro.

8.1.1.3 Moralidade

Na licitação, moralidade traduz-se na atuação de acordo com a lealdade e a boa-fé.

8.1.1.4 Igualdade

A isonomia faz parte do próprio instituto de licitação, e significa dar tratamento igual a todos os interessados. Para alguns, é considerado o princípio mais importante da licitação.

8.1.1.5 Publicidade

Esse princípio impõe a divulgação pela Administração de todos os atos praticados nas fases da licitação, de modo que qualquer interessado possa ter acesso ao procedimento.

8.1.1.6 Probidade administrativa

A probidade administrativa impõe ao administrador público atuar dentro de padrões éticos na condução do procedimento licitatório.

8.1.1.7 Vinculação ao edital

Esse princípio obriga tanto a Administração quanto o licitante a observarem as normas e condições estabelecidas no ato convocatório. (edital ou carta-convite).". O não atendimento às normas do edital gera a ilegalidade do ato praticado.

8.1.1.8   Julgamento objetivo

O julgamento objetivo implica dizer que a licitação deve ser baseada em critérios prefixados, afastando com isso critérios subjetivos para o julgamento das propostas. Esses critérios estão previstos no art. 33 da Lei n. 14.133/21.

8.1.1.9   Promoção nacional do desenvolvimento sustentável

Esse princípio foi introduzido pela Lei n. 12.349/2010 e, em linhas gerais, expressa a diretriz constitucional prevista no art. 225 da CF/88, no sentido de que a exploração dos recursos naturais seja realizada de forma a preservar um meio ambiente sadio para as gerações presentes e futuras.

A Administração Pública, ao licitar, deve buscar propostas que privilegiem a preservação ambiental, como, por exemplo, a aquisição de madeiras certificadas e a construção de equipamentos públicos com a possibilidade de reuso da água e uso de energia solar.

8.1.1.10.   Planejamento

Esse princípio refere-se a fase interna da licitação no sentido de que o administrador deve elaborar o certame com vistas ao atendimento do interesse público, evitando-se licitações "aventureiras".

O planejamento visa garantir economicidade, eficiência, efetividade e transparência das contratações públicas.

8.1.1.11.   Segregação de funções

O princípio da segregação de funções indica que as licitações não são conduzidas de forma centralizada, por apenas uma autoridade que identifica a necessidade de licitação, elabora o edital e julga as propostas apresentadas selecionando a mais vantajosa. A segregação de funções garante, por exemplo, que um mesmo servidor não será o responsável pela fiscalização de um ato por ele mesmo produzido, o que revelaria nítido conflito de interesses.

8.1.1.12.   LINDB

A determinação de aplicação das disposições constantes na LINDB ao contexto das licitações e das contratações públicas pode contribuir para uma atuação mais arrojada dos órgãos licitantes.

A LINDB é um instrumento fundamental para a transparência, eficiência e segurança jurídica nas licitações públicas. Sua aplicação garante a observância dos princípios da Administração Pública e protege os direitos dos licitantes e da sociedade.

O art. 22 indica que, na interpretação de normas sobre gestão pública, serão considerados os obstáculos e as dificuldades reais do gestor e as exigências das políticas públicas a seu cargo, sem prejuízo dos direitos dos administrados.

Por outro lado, o art. 28 determina que o agente público responderá pessoalmente por suas decisões ou opiniões técnicas em caso de dolo ou erro grosseiro.

8.1.2 Fases

A licitação é um conjunto de atos administrativos lógica e cronologicamente ordenados. O procedimento da licitação será iniciado com a abertura do processo administrativo, devidamente autuado, protocolado e numerado, contendo a autorização respectiva, indicação sucinta de seu objeto e do recurso próprio para a despesa, e ao qual serão juntados oportunamente todos os atos da Administração e dos licitantes.

O procedimento licitatório, de acordo com o art. 17 da Lei n. 14.133/21, possui as seguintes fases, em sequência: preparatória; divulgação do edital de licitação; apresentação de propostas e lances, quando for o caso; de julgamento; de habilitação; recursal e homologação. Esquematizando:

8.1.2.1 Fase preparatória

A fase preparatória do processo licitatório é caracterizada pelo planejamento e deve compatibilizar-se com o plano de contratações anual de contratação, bem como abordar todas as considerações técnicas, mercadológicas e de gestão que podem interferir na contratação., conforme parâmetros indicados no art. 18 da Lei n. 14.133/21.

De acordo com o art. 21 da Lei n. 14.133/21, a Administração poderá convocar, com antecedência mínima de 8 (oito) dias úteis, audiência pública, presencial ou a distância, na forma eletrônica, sobre licitação que pretenda realizar, com disponibilização prévia de informações pertinentes, inclusive de estudo técnico preliminar e elementos do edital de licitação, e com possibilidade de manifestação de todos os interessados.

8.1.2.2 Edital

É o ato pelo qual a Administração Pública divulga a abertura do certame, fixa os requisitos para participação, define o objeto e as condições básicas do contrato e convida todos para a apresentação das propostas. Segundo Hely Lopes Meirelles, o edital é a lei interna da licitação (Meirelles, 2000, p. 257).

Estabelece o art. 25 da Lei n. 14.133/21 /93 que "o edital deverá conter o objeto da licitação e as regras relativas à convocação, ao julgamento, à habilitação, aos recursos e às penalidades da licitação, à fiscalização e à gestão do contrato, à entrega do objeto e às condições de pagamento".

Qualquer pessoa é parte legítima para impugnar o edital, conforme dispõe a norma contida no art. 164, da Lei n. 14.133/21. Isso pode ocorrer sempre que o edital seja discriminatório, omisso, ilegal ou irregular em algum ponto relevante. O pedido de impugnação deve ser protocolado em até 3 (três) dias úteis antes da data de abertura do certame.

Além da impugnação administrativa ao edital, o art. 170, § 4º, da Lei n. 14.133/21 prevê que "qualquer licitante, contratado ou pessoa física ou jurídica poderá representar aos órgãos de controle interno ou ao tribunal de contas competente contra irregularidades na aplicação desta Lei".

Por fim, em caso de ilegalidade prevista no edital, é possível a discussão judicial por meio da ação de mandado de segurança ou ação anulatória (no caso de perda do prazo da ação constitucional).

8.1.2.3 Apresentação de propostas

A apresentação de propostas está disciplinada nos arts. 55 a 58 da Lei n. 14.133/21. O art. 55 trata dos prazos mínimos para a apresentação de propostas. O art. 56 indica que o modo de disputa poderá ser, isolada ou conjuntamente: aberto, hipótese em que os licitantes apresentarão suas propostas por meio de lances públicos e sucessivos, crescentes ou decrescentes; fechado, hipótese em que as propostas permanecerão em sigilo até a data e hora designadas para sua divulgação. O art. 58 trata das garantias da proposta, cuja escolha caberá ao contrato dentre aquelas previstas no § 1º do art. 96 da Lei n. 14.133/21.

8.1.2.4 Julgamento das propostas

Encerrada a fase de apresentação das propostas passa-se ao julgamento, segundo os critérios previstos no art. 33 da Lei n. 14.133/21, quais sejam: menor preço; maior desconto; melhor técnica ou conteúdo artístico; técnica e preço; maior lance ou oferta (no caso do leilão) e maior retorno econômico. O processamento e o julgamento do certame estão previstos no art. 59 a 61 da Lei n. 14.133/21.

Definido o resultado do julgamento, o art. 61 da Lei n. 14.133/21 indica que a Administração poderá negociar condições mais vantajosas com o primeiro colocado. A negociação poderá ser feita com os demais licitantes, segundo a ordem de classificação inicialmente estabelecida, quando o primeiro colocado, mesmo após a negociação, for desclassificado em razão de sua proposta permanecer acima do preço máximo definido pela Administração.

8.1.2.5 Habilitação

A habilitação é a fase da licitação em que se verifica o conjunto de informações e documentos necessários e suficientes para demonstrar a capacidade do licitante de realizar o objeto da licitação. A habilitação está prevista nos arts. 62 a 70 da Lei n. 14.133/21 dividindo-se em: jurídica; técnica, fiscal, social, trabalhista e econômico-financeira. Os documentos relativos a cada um desses requisitos estão indicados nos arts. 66, 67, 68 e 69 respectivamente.

O art. 64 da Lei n. 14.133/21 estabelece que, após a entrega dos documentos para habilitação, não será permitida a substituição ou a apresentação de novos documentos, salvo em sede de diligência, para: complementação de informações acerca dos documentos já apresentados pelos licitantes e desde que necessária para apurar fatos existentes à época da abertura do certame; atualização de documentos cuja validade tenha expirado após a data de recebimento das propostas.

8.1.2.6 Homologação

O art. 71 da Lei n. 14.133/21 determina que encerradas as fases de julgamento e habilitação, e exauridos os recursos administrativos, o processo licitatório será encaminhado à autoridade superior, que poderá: determinar o retorno dos autos para saneamento de irregularidades; revogar a licitação por motivo de conveniência e oportunidade; proceder à anulação da licitação, de ofício ou mediante provocação de terceiros, sempre que presente ilegalidade insanável; adjudicar o objeto e homologar a licitação.

A homologação da licitação é o ato formal que ratifica e valida todo o processo licitatório, conferindo-lhe os efeitos jurídicos necessários para a sua consumação. A adjudicação é o ato de entrega do objeto da licitação ao vencedor.

Após a homologação do processo licitatório, serão disponibilizados no Portal Nacional de Contratações Públicas (PNCP) os documentos elaborados na fase preparatória que porventura não tenham integrado o edital e seus anexos.

8.1.3 Modalidades de licitação

As modalidades de licitação estão relacionadas com o procedimento a ser realizado pela Administração Pública. A Lei n. 14.133/21 em seu art. 28 elenca e define as modalidades de licitação. Além disso, o § 2º do art. 28 veda a combinação das modalidades a seguir definidas.

A. Concorrência

É a modalidade de licitação para contratação de bens e serviços especiais e de obras e serviços comuns e especiais de engenharia, cujo critério de julgamento poderá ser: menor preço; melhor técnica ou conteúdo artístico; técnica e preço; maior retorno econômico e maior desconto.

B. Pregão

É modalidade de licitação obrigatória para aquisição de bens e serviços comuns, cujo critério de julgamento poderá ser o de menor preço ou o de maior desconto. Bens e serviços comuns, são aqueles cujos padrões de desempenho e qualidade possam ser objetivamente definidos pelo edital, por meio de especificações usuais no mercado.

O pregão também poderá ser utilizado para a contratação de serviço comum de engenharia que é aquele que tem por objeto ações, objetivamente padronizáveis em termos de desempenho e qualidade, de manutenção, de adequação e de adaptação de bens móveis e imóveis, com preservação das características originais dos bens. Exemplo: Reforma de uma sala.

C. Concurso

É a modalidade de licitação para escolha de trabalho técnico, científico ou artístico, cujo critério de julgamento será o de melhor técnica ou conteúdo artístico, e para concessão de prêmio ou remuneração ao vencedor.

Segundo o art. 30, da Lei n. 14.133/21, o concurso observará as regras e condições previstas em edital, que indicará: a qualificação exigida dos participantes; as diretrizes e formas de apresentação do trabalho e as condições de realização e o prêmio ou remuneração a ser concedida ao vencedor.

D. Leilão

Modalidade de licitação para alienação de bens imóveis ou de bens móveis inservíveis ou legalmente apreendidos a quem oferecer o maior lance. O art. 31 da Lei n. 14.133/21 indica que o leilão poderá ser conduzido por leiloeiro oficial ou servidor designado pela autoridade competente da Administração, e regulamento deverá dispor sobre seus procedimentos operacionais.

E. Diálogo Competitivo

É a modalidade de licitação para contratação de obras, serviços e compras em que a Administração Pública realiza diálogos com licitantes previamente selecionados mediante critérios objetivos, com o intuito de desenvolver uma ou mais alternativas capazes de atender às suas necessidades, devendo os licitantes apresentar proposta final após o encerramento dos diálogos.

O diálogo competitivo é inspirado nas diretivas de Contratações Públicas da União Europeia que desde 2004 preveem a figura do diálogo concorrencial. Diferente de outras modalidades de licitação, como o pregão eletrônico, por exemplo, em que o poder público não sabe quem são os licitantes que estão participando do certame, no diálogo competitivo, a administração não só sabe quem são como conversa com os licitantes.

Daí o nome "diálogo competitivo", pois trata-se de uma modalidade em que a administração pública realiza diálogos com os licitantes previamente selecionados para, por meio de critérios objetivos, escolher a melhor solução. Nesse caso, a regra de que o vencedor é aquele que oferecer o melhor preço não é aplicada, uma vez que visa a contratação de serviços ou a compra de produtos técnicos.

Quando o poder público precisa de uma solução tecnológica, por exemplo, realizar o diálogo competitivo é uma forma de escolher o licitante que tem a melhor qualificação baseada em outros fatores além do preço. A administração, nesses casos, prioriza fornecedores que melhor resolvam os problemas que ela quer solucionar.

O diálogo competitivo serve para contratar bens e serviços que são mais técnicos e específicos, que são feitos por poucos fornecedores e com variedade de opções. Exemplos: softwares de gestão, computadores para propósitos específicos, sistema de segurança de dados e etc.

8.1.4 Critérios de julgamento de julgamento

O art. 32 da Lei n. 14.133/21 indica que o julgamento das propostas será realizado de acordo com os seguintes critérios:

I – menor preço;

II – maior desconto;

III – melhor técnica ou conteúdo artístico;

IV – técnica e preço;

V – maior lance, no caso de leilão;

VI – maior retorno econômico.

O julgamento por menor preço ou maior desconto e, quando couber, por técnica e preço considerará o menor dispêndio para a Administração, atendidos os parâmetros mínimos de qualidade definidos no edital de licitação.

O julgamento por melhor técnica ou conteúdo artístico considerará exclusivamente as propostas técnicas ou artísticas apresentadas pelos licitantes, e o edital deverá definir o prêmio ou a remuneração que será atribuída aos vencedores.

O julgamento por técnica e preço considerará a maior pontuação obtida a partir da ponderação, segundo fatores objetivos previstos no edital, das notas atribuídas aos aspectos de técnica e de preço da proposta.

O julgamento por maior retorno econômico, utilizado exclusivamente para a celebração de contrato de eficiência, considerará a maior economia para a Administração, e a remuneração deverá ser fixada em percentual que incidirá de forma proporcional à economia efetivamente obtida na execução do contrato.

8.1.5 Dispensa e inexigibilidade

A regra geral para a contratação de qualquer serviço é a instauração do procedimento licitatório. No entanto, existe a possibilidade legal prevista para a chamada contratação direta, que comporta duas modalidades: a dispensa e a inexigibilidade de licitação.

A contratação direta é um instituto que veio para viabilizar a contratação naqueles casos em que a competição entre licitantes não é necessária ou não é possível. Trata-se, portanto, de medida excepcional, que não deve ser tida como regra e só se deve aplicar nas hipóteses legais cabíveis.

8.1.5.1   Dispensa de licitação

Na dispensa de licitação a lei dá margem de liberdade para o Administrador Público realizar ou não a contratação direta, ou seja, ele pode contratar diretamente quando lhe convier.

É por isso que a dispensa, prevista no art. 75 da Lei n. 14.133/21, contempla hipóteses taxativas em que a licitação seria possível juridicamente, porém o legislador permite a não realização do procedimento. Nesse caso, fala-se em licitação dispensável, ficando a critério do administrador público (discricionariedade) a sua efetivação.

No caso de alienação de imóveis as regras estão elencadas no art. 76, sendo dispensada a licitação em algumas situações como por exemplo, na venda do bem a outro órgão ou entidade da Administração Pública de qualquer esfera de governo.

8.1.5.2   Inexigibilidade

Diferentemente da dispensa de licitação, a inexigibilidade contempla hipóteses em que a competição é inviável jurídica ou faticamente. As hipóteses estão previstas no art. 74 da Lei n. 14.133/21 cujo rol é exemplificativo.

Um exemplo de inexigibilidade de licitação previsto na legislação é a contratação de profissional do setor artístico, diretamente ou por meio de empresário exclusivo, desde que consagrado pela crítica especializada ou pela opinião pública.

Os processos de dispensa ou de inexigibilidade, segundo o art. 72 da Lei N. 14.133/21, deverão ser instruídos com os seguintes elementos: documento de formalização de demanda e, se for o caso, estudo técnico preliminar, análise de riscos, termo de referência, projeto básico ou projeto executivo; estimativa de despesa; parecer jurídico e pareceres técnicos, se for o caso, que demonstrem o atendimento dos requisitos exigidos; demonstração da compatibilidade da previsão de recursos orçamentários com o compromisso a ser assumido; comprovação de que o contratado preenche os requisitos de habilitação e qualificação mínima necessária; razão da escolha do contratado; justificativa de preço; autorização da autoridade competente.

8.1.6 Encerramento da licitação

O art. 71 da lei n. 14.133/21 indica que encerradas as fases de julgamento e habilitação, e exauridos os recursos administrativos, o processo licitatório será encaminhado à autoridade superior, que poderá: I – determinar o retorno dos autos para saneamento de irregularidades; II – revogar a licitação por motivo de conveniência e oportunidade; III – proceder à anulação da licitação, de ofício ou mediante provocação de terceiros, sempre que presente ilegalidade insanável; IV – adjudicar o objeto e homologar a licitação.

Ao pronunciar a nulidade, a autoridade indicará expressamente os atos com vícios insanáveis, tornando sem efeito todos os subsequentes que deles dependam, e dará ensejo à apuração de responsabilidade de quem lhes tenha dado causa. Quanto a revogação do procedimento licitatório o motivo deverá ser resultante de fato superveniente devidamente comprovado. Tanto na anulação quanto na revogação, a Lei indica a necessidade de ser assegurada prévia manifestação dos interessados.

8.1.7 Procedimentos auxiliares

O art. 78 da Lei n. 14.133/21 indica os procedimentos auxiliares das licitações e contratações. Esquematizando:

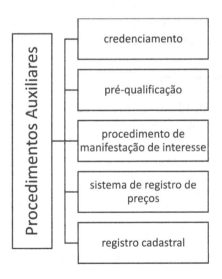

Esses procedimentos visam *complementar e aperfeiçoar* o processo licitatório, otimizando a seleção da melhor proposta para a Administração Pública, com vistas a aprimorar a eficiência, a transparência e a economicidade das licitações e contratos. Os prazos e as regras para cada procedimento estão previstos nos artigos 79 a 85 da Lei 14.133/2021.

O *Credenciamento* consiste na formação de um banco de potenciais licitantes aptos a participar de futuras licitações e contratos. A *pré-qualificação* é um procedimento seletivo prévio à licitação, convocado por meio de edital, destinado à análise das condições de habilitação, total ou parcial, dos interessados ou do objeto. O *Procedimento de Manifestação de Interesse (PMI)* é uma espécie de consulta ao mercado e permite à Administração Pública coletar informações sobre o interesse de empresas em determinado objeto licitatório.

O *sistema de registro de preços* é um contrato normativo, constituído como um cadastro de produtos e fornecedores, selecionados mediante licitação, para contratações sucessivas de bens e serviços. Por esse sistema, sempre que a Administração precisa de um produto deve recorrer ao cadastro de fornecedores. Na licitação comum seleciona-se um fornecedor e uma proposta para contratação específica. No registro seleciona-se para contratações não específicas; os preços dos produtos e serviços ficam registrados, e quando a Administração necessita adquirir recorre ao cadastro.

O Registro Cadastral permite à Administração Pública *manter um cadastro atualizado* de empresas interessadas em fornecer bens, serviços ou obras.

8.1.8 Sanções administrativas

O art. 156 da Lei n. 14.133/21 elenca as sanções cabíveis em face do responsável pelas infrações administrativas previstas na lei: advertência; multa; impedimento de licitar e contratar; declaração de inidoneidade para licitar ou contratar.

8.1.9 Controle das contratações

O art. 169 da Lei n. 14.133/21 indica que as contratações públicas deverão submeter-se a práticas contínuas e permanentes de gestão de riscos e de controle preventivo, inclusive mediante adoção de recursos de tecnologia da informação, e, além de estar subordinadas ao controle social, sujeitar-se-ão às seguintes linhas de defesa:

I – primeira linha de defesa, integrada por servidores e empregados públicos, agentes de licitação e autoridades que atuam na estrutura de governança do órgão ou entidade;

II – segunda linha de defesa, integrada pelas unidades de assessoramento jurídico e de controle interno do próprio órgão ou entidade;

III – terceira linha de defesa, integrada pelo órgão central de controle interno da Administração e pelo tribunal de contas.

8.1.10 Portal nacional de Contratações Públicas (PNCP)

O Portal Nacional de Contratações Públicas (PNCP), é um sítio eletrônico oficial destinado à divulgação centralizada e obrigatória dos atos exigidos pela

Lei e realização facultativa das contratações pelos órgãos e entidades dos Poderes Executivo, Legislativo e Judiciário de todos os entes federativos.

8.1.11 O regime de licitação das empresas estatais

A Constituição Federal de 1988, na norma contida em seu art. 173, estabelece que a exploração direta de atividade econômica pelo Estado só será permitida quando necessária aos imperativos da segurança nacional ou a relevante interesse coletivo, conforme definidos em lei.

O texto constitucional, no § 1º desse mesmo artigo, determina que a lei estabelecerá o estatuto jurídico da empresa pública, da sociedade de economia mista e de suas subsidiárias que explorem atividade econômica de produção ou comercialização de bens ou de prestação de serviços, dispondo sobre:

I – sua função social e formas de fiscalização pelo Estado e pela sociedade;

II – a sujeição ao regime jurídico próprio das empresas privadas, inclusive quanto aos direitos e obrigações civis, comerciais, trabalhistas e tributários;

III – licitação e contratação de obras, serviços, compras e alienações, observados os princípios da administração pública;

IV – a constituição e o funcionamento dos conselhos de administração e fiscal, com a participação de acionistas minoritários;

V – os mandatos, a avaliação de desempenho e a responsabilidade dos administradores.

Nesse sentido, em 30 de junho de 2016 foi publicada a Lei n. 13.303, que dispõe sobre o estatuto jurídico da empresa pública, da sociedade de economia mista e de suas subsidiárias, no âmbito da União, dos Estados, do Distrito Federal e dos Municípios.

A abrangência da referida lei é toda e qualquer empresa pública e sociedade de economia mista da União, dos Estados, do Distrito Federal e dos Municípios que explore atividade econômica de produção ou comercialização de bens ou de prestação de serviços, ainda que a atividade econômica esteja sujeita ao regime de monopólio da União, ou seja, de prestação de serviços públicos.

A Lei n. 13.303/2016, em seu art. 68, observando a diretriz constitucional, determinou que os contratos celebrados pelas Estatais sejam regidos pelo regime de direito privado. Por outro lado, os contratos, em regra, devem ser submetidos a prévia licitação, que tem por objetivo "assegurar a seleção da proposta mais vantajosa, inclusive no que se refere ao ciclo de vida do objeto, e a evitar operações em que se caracterize sobrepreço ou superfaturamento" (art. 31).

Salienta-se que a Lei n. 13.303/2016 institui um regime licitatório específico para as empresas estatais, eliminando as modalidades convite, concorrência, tomada de preços em favor de um procedimento com apresentação de propostas pelos modos de disputa aberto (na qual são apresentados lances sucessivos) e fechado (na qual as propostas são entregues de forma definitiva na seção de abertura).

As licitações são públicas, sendo a participação assegurada a qualquer empresa interessada, desde que ofereça proposta adequada e esteja em condições de habilitação.

As hipóteses de dispensa e inexigibilidade de licitação (arts. 28 e 29) são semelhantes às previstas na Lei n. 14.133/21. No caso da dispensa por valor, a Lei estabelece R$ 100.000,00 (cem mil reais) para as obras e serviços de engenharia, e R$ 50.000,00 (cinquenta mil reais) para as demais contratações, valores esses que podem ser alterados pelo Conselho de Administração, para refletir a variação de custos.

O art. 51 da Lei n. 13.303/2016 estabelece as seguintes fases para as licitações de obras e serviços de engenharia e aquisição de bens:

I – preparação;

II – divulgação;

III – apresentação de lances ou propostas, conforme o modo de disputa adotado;

IV – julgamento;

V – verificação de efetividade dos lances ou propostas;

VI – negociação;

VII – habilitação;

VIII – interposição de recursos;

IX – adjudicação do objeto;

X – homologação do resultado ou revogação do procedimento.

Para a aquisição de bens e serviços comuns pelas Estatais a lei indica a preferência pelo uso do pregão.

8.1.12 Pontos Polêmicos

8.1.12.1 OAB e Licitação

O STF já decidiu que a OAB é entidade *sui generis* (STF – ADIN 3.026-4/ DF). Trata-se de um serviço público independente, de categoria ímpar. Não é uma pessoa jurídica de direito público no que diz respeito às restrições impostas à Administração indireta (concurso, licitação...). Mas, no que diz respeito às vantagens, é considerada uma pessoa jurídica de direito público (imunidade tributária, prazos em dobro, privilégios da Fazenda Pública). Dessa forma, as determinações atinentes à licitação não alcançam a OAB.

8.1.12.2 Microempresas e licitação

A Lei Complementar n. 123/2006 consagrou o tratamento preferencial para microempresas, empresas de pequeno porte e cooperativas. O TCU já se manifestou que esse tratamento não ofende a isonomia, pois a CF também garante tratamento diferenciado para as empresas de pequeno porte nos arts. 170, IX, e 179 (Acórdão 1.231/2008).

A Lei Complementar n. 123/2006 assegura dois benefícios genéricos: regularização fiscal tardia, ou seja, podem participar da licitação sem dispor dos documentos comprobatórios de sua regularidade fiscal e, caso vençam, podem apresentar documentação por ocasião da celebração do contrato. Outro benefício é a preferência em caso de empate.

8.1.12.3 Serviços Advocatícios e licitação

O TCU entende que a regra para a contratação desses serviços é a licitação, exceto se ficarem comprovadas a notória especialização e a singularidade do objeto; não basta o renome do profissional e sim que o trabalho seja essencial. Serviços gerais de advocacia podem ser exercidos por qualquer profissional (Acórdão 213/1999).

O STJ manifestou posição no sentido de que o que caracteriza o serviço advocatício como de natureza singular são: complexidade da questão, especialidade da matéria, relevância econômica, notoriedade e confiança dos advogados (STJ, REsp 436.869/SP).

Em caso de não demonstração da singularidade, há a obrigatoriedade de licitação (REsp 80.061/2004).

8.1.12.4 A emergência fabricada ou criada

São comuns situações em que o administrador deixa de tomar as providências devidas para a realização de uma licitação previsível. Por exemplo, encerra-se um contrato sem que outro tenha se iniciado e a Administração, para não ficar desguarnecida do serviço, contrata diretamente com base na emergência. Nesse caso, a desídia do administrador dá causa à emergência, que por isso é chamada de emergência criada ou fabricada.

8.1.12.5 Efeito Carona

O efeito carona consiste na contratação baseada num sistema de registro de preços em vigor, mas envolvendo uma entidade estatal dele não participante originalmente, com a peculiaridade de que os quantitativos contratados não serão computados para o exaurimento do limite máximo. Por exemplo, o Tribunal de Contas da União pode adquirir computadores utilizando o sistema de registro de preços do Tribunal de Justiça de Minas Gerais. A previsão está no art. 86, § 2º da Lei n. 14.133/21.

No âmbito da Lei n. 13.303/2016, o art. 66, §1º, possibilita que empresas estatais de qualquer esfera federativa possam aderir aos Sistemas de Registros de Preços umas das outras.

8.1.12.6 Licitação e Previsão de Recursos Orçamentários

O art. 150 da Lei n. 14.133/21 determina que nenhuma contratação será feita sem a caracterização adequada de seu objeto e sem a indicação dos créditos orçamentários para pagamento das parcelas contratuais vincendas no exercício em que for realizada a contratação, sob pena de nulidade do ato e de responsabilização de quem lhe tiver dado causa.

A análise desse dispositivo leva a concluir que há necessidade de o administrador indicar os recursos apropriados, mas isso não significa que estes estejam disponíveis financeiramente antes do início da licitação. Portanto, não há a imposição pela lei da necessidade de prévia liberação dos recursos para dar início à licitação. Basta existir a previsão de recursos orçamentários.

O STJ no Informativo n. 502, expressou o entendimento de que a Lei de Licitações exige previsão de recursos orçamentários que assegurem o pagamento das obrigações decorrentes de obras ou serviços a serem executados no exercício financeiro em curso, de acordo com o respectivo cronograma. Ou seja, a lei não exige a disponibilidade financeira (fato de a Administração dispor do recurso antes do início da licitação), mas tão somente que haja previsão desses recursos na lei orçamentária (REsp 1.141.021-SP).

TOP DICAS
1) A revogação da licitação pressupõe razões de interesse público decorrentes de fato superveniente, devidamente comprovado, pertinente e suficiente para justificar tal conduta.
2) A dispensa contempla hipóteses taxativas; a inexigibilidade, exemplificativas.
3) A adjudicação é o ato de entrega do objeto da licitação ao vencedor.
4) A Lei n. 14.133/21 elencou cinco instrumentos auxiliares para as icitações e contratações.
5) Sistema de Registro de Preços é um contrato normativo, constituído como um cadastro de produtos e fornecedores, selecionados mediante licitação, para contratações sucessivas de bens e serviços.

9
CONTRATOS ADMINISTRATIVOS

9.1 Conceito

Os contratos administrativos podem ser definidos como aqueles que a Administração Pública, figurando como parte, celebra com o particular, ou outro ente público, sob o regime jurídico de direito público, para a consecução de interesse coletivo.

Os contratos administrativos regulam-se por suas cláusulas e pelos preceitos de direito público, sendo aplicados, supletivamente, os princípios da teoria geral dos contratos e as disposições de direito privado (Direito Civil).

A legislação aplicável ao assunto encontra-se nos arts. 22, XXVII, e 37, XXI, da CF/88; nos arts. 89 a 150 da Lei n. 14.133/21; na Lei n. 8.987/95 (trata dos contratos de concessão e permissão de serviços públicos); e na Lei n. 11.079/2004 (trata das parcerias público-privadas).

Há contratos nos quais a Administração Pública é parte, mas que são celebrados sob normas do direito privado, p. ex., o contrato de locação. Por isso, esquematizando, temos a seguinte situação:

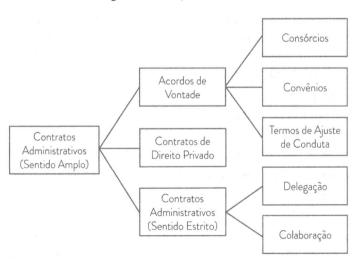

9.1.1 Características

Consoante mencionado anteriormente, a Lei n. 14.133/21 trata do contrato administrativo nos arts. 89 a 150. Da análise desses artigos podemos extrair as principais características do contrato administrativo, quais sejam:

9.1.1.1 Presença da Administração Pública no ajuste como Poder Público

De acordo com o esquema apresentado, no contrato administrativo, em sentido estrito, a Administração Pública figura como Poder Público, ou seja, de acordo com as prerrogativas que o regime de direito público lhe confere. É por isso que a Administração Pública, por exemplo, pode alterar o contrato unilateralmente.

9.1.1.2 Finalidade Pública

Por meio do contrato administrativo, a Administração Pública tem como objetivo satisfazer o interesse público, sob pena de incorrer em desvio de finalidade.

9.1.1.3 Obediência à forma prescrita em lei

O contrato administrativo é formal, e a Lei n. 14.133/21 determina, nos arts. 89 a 95, como se dará sua formalização. Assim, todo contrato deve mencionar os nomes das partes e os de seus representantes, a finalidade, o ato que autorizou sua lavratura, o número do processo da licitação, da dispensa ou da inexigibilidade, a sujeição dos contratantes às normas da lei e às cláusulas contratuais (art. 89).

Em regra, o contrato administrativo é escrito, sendo considerado nulo e de nenhum efeito o contrato verbal com a Administração, salvo o de pequenas compras de pronto pagamento, assim entendidas aquelas de valor não superior a R$ 10.000,00 (dez mil reais) (art. 95, § 2º).

Segundo o art. 95, o instrumento de contrato é obrigatório, salvo nas hipóteses de dispensa de licitação em razão dor valor ou compras com entrega imediata e integral dos bens adquiridos e dos quais não resultem obrigações futuras, inclusive quanto a assistência técnica, independentemente de seu valor.

Nestes casos a Administração poderá substituir o instrumento de contrato por outro instrumento hábil, como carta-contrato, nota de empenho de despesa, autorização de compra ou ordem de execução de serviço.

O contrato administrativo é decorrência lógica da licitação. Sendo assim, a Administração convocará regularmente o licitante vencedor para assinar o termo de contrato ou para aceitar ou retirar o instrumento equivalente, dentro do prazo e nas condições estabelecidas no edital de licitação, sob pena de decair o direito à contratação. Será facultado à Administração, quando o convocado não assinar o termo de contrato ou não aceitar ou não retirar o instrumento equivalente no prazo e nas condições estabelecidas, convocar os licitantes remanescentes, na ordem de classificação, para a celebração do contrato nas condições propostas pelo licitante vencedor (art. 90).

Como será visto adiante, o contrato administrativo possui cláusulas exorbitantes que conferem prerrogativas à Administração Pública, por exemplo, a aplicação de penalidades e a possibilidade de rescisão unilateral.

9.1.1.4 Mutabilidade

A mutabilidade implica dizer que o contrato poderá mudar no curso de sua execução, e isso acontece nas seguintes situações: alteração unilateral, fato do príncipe, fato da Administração, interferências imprevistas e aplicação da teoria da imprevisão, que serão analisadas em tópico específico.

9.1.2 Cláusulas necessárias

O art. 92 da Lei n. 14.133/21 elenca as cláusulas necessárias a todo contrato administrativo, quais sejam: o objeto e seus elementos característicos; a vinculação ao edital de licitação e à proposta do licitante vencedor ou ao ato que tiver autorizado a contratação direta e à respectiva proposta; a legislação aplicável à execução do contrato, inclusive quanto aos casos omissos; o regime de execução ou a forma de fornecimento; o preço e as condições de pagamento, os critérios, a data-base e a periodicidade do reajustamento de preços e os critérios de atualização monetária entre a data do adimplemento das obrigações e a do efetivo pagamento; os critérios e a periodicidade da medição, quando for o caso, e o prazo para liquidação e para pagamento; os prazos de início das etapas de execução, conclusão, entrega, observação e recebimento definitivo, quando for o caso; o crédito pelo qual correrá a despesa, com a indicação da classificação funcional programática e da categoria econômica; a matriz de risco, quando for o caso; o prazo para resposta ao pedido de repactuação de preços, quando for o caso; o prazo para resposta ao pedido de restabelecimento do equilíbrio econômico-financeiro, quando for o caso; as garantias oferecidas para assegurar sua plena execução, quando exigidas, inclusive as que forem oferecidas pelo contratado no caso de antecipação de valores a título de pagamento; o prazo de garantia mínima do objeto, observados os prazos mínimos estabelecidos nesta Lei e nas normas técnicas aplicáveis, e as condições de manutenção e assistência técnica, quando for o caso; os direitos e as responsabilidades das partes, as penalidades cabíveis e os valores das multas e suas bases de cálculo; as condições de importação e a data e a taxa de câmbio para conversão, quando for o caso; a obrigação do contratado de manter, durante toda a execução do contrato, em compatibilidade com as obrigações por ele assumidas, todas as condições exigidas para a habilitação na licitação, ou para a qualificação, na contratação direta; a obrigação de o contratado cumprir as exigências de reserva de cargos prevista em lei, bem como em outras normas específicas, para pessoa com deficiência, para reabilitado da Previdência Social e para aprendiz; o modelo de gestão do contrato, observados os requisitos definidos em regulamento; os casos de extinção.

9.1.3 Principais cláusulas exorbitantes

As cláusulas exorbitantes são aquelas que conferem prerrogativas para a Administração Pública no ajuste, razão pela qual há um desequilíbrio em favor do Poder Público, tendo em vista o interesse público tutelado.

Dentre as várias cláusulas exorbitantes previstas na Lei n. 14.133/21, destacam-se as seguintes: exigência de garantia, alteração unilateral do contrato, extinção unilateral, fiscalização e aplicação de penalidades.

9.1.3.1 Exigência de garantia

A exigência de garantia está prevista no art. 96 da lei e tem como objetivo garantir a Administração em caso de inadimplemento do contrato por parte do contratado. Assim, a Administração tem como ser ressarcida.

A lei elenca as modalidades de garantia, sendo facultada ao particular a escolha daquela que melhor lhe convier. As modalidades de garantia previstas na lei são:

I – caução em dinheiro ou em títulos da dívida pública emitidos sob a forma escritural, mediante registro em sistema centralizado de liquidação e de custódia autorizado pelo Banco Central do Brasil, e avaliados por seus valores econômicos, conforme definido pelo Ministério da Economia;

II – seguro-garantia;

III – fiança bancária;

IV – título de capitalização custeado por pagamento único, com resgate pelo valor total.

9.1.3.2 Alteração Unilateral

A alteração unilateral do contrato tem previsão no art. 124, I da Lei n. 14.133/21 e significa que a Administração pode mudar o contrato no curso de sua execução, desde que haja interesse público e se observe o equilíbrio econômico-financeiro do contrato. Essa alteração refere-se às cláusulas regulamentares e de serviço que disciplinam o modo e a execução do contrato. Essa é uma das razões que nos permite afirmar que o contrato administrativo é instável.

Duas são as hipóteses de alteração unilateral previstas na lei:

I – quando houver modificação do projeto ou das especificações, para melhor adequação técnica aos objetivos do contrato;

II – quando necessária a modificação do valor contratual em decorrência de acréscimo ou diminuição quantitativa do objeto do contrato, nos limites permitidos pela lei.

Quanto aos limites permitidos, o contratado fica obrigado a aceitar, nas mesmas condições contratuais, os acréscimos ou as supressões que se fizerem nas obras, serviços ou compras, até 25% (vinte e cinco por cento) do valor inicial atualizado do contrato, e, no caso particular de reforma de edifício ou de equipamento, até o limite de 50% (cinquenta por cento) para os seus acréscimos (art. 125, § 1º).

Anota-se que as cláusulas econômico-financeiras e monetárias dos contratos administrativos não poderão ser alteradas sem prévia concordância do contratado.

Um exemplo da possibilidade de alteração unilateral seria o caso de no curso de uma obra pública de ampliação da malha rodoviária, adequadamente licitada pela Administração Pública, verificar-se situação superveniente e excepcional, na qual se constata a necessidade de realização de desvio de percurso, que representa aumento quantitativo da obra.

9.1.3.3   *Extinção Unilateral*

O art. 138, I, da Lei n. 14.133/21 possibilita a extinção unilateral do contrato que poderá acarretar, as seguintes consequências: I – assunção imediata do objeto do contrato, no estado e local em que se encontrar, por ato próprio da Administração; II – ocupação e utilização do local, das instalações, dos equipamentos, do material e do pessoal empregados na execução do contrato e necessários à sua continuidade; III – execução da garantia contratual para: a) ressarcimento da Administração Pública por prejuízos decorrentes da não execução; b) pagamento de verbas trabalhistas, fundiárias e previdenciárias, quando cabível; c) pagamento das multas devidas à Administração Pública; d) exigência da assunção da execução e da conclusão do objeto do contrato pela seguradora, quando cabível; IV – retenção dos créditos decorrentes do contrato até o limite dos prejuízos causados à Administração Pública e das multas aplicadas.

9.1.3.4   *Fiscalização*

A fiscalização é um poder-dever da Administração e tem como objetivo verificar o bom andamento do contrato, servindo de base para aplicar sanções ao contratado. A previsão legal está determinada nos arts. 104, III e 117 da Lei n. 14.133/21.

Assim, a execução do contrato será acompanhada e fiscalizada por um representante da Administração, chamado de fiscal, que anotará em registro próprio todas as ocorrências relacionadas com a execução do contrato, determinando o que for necessário à regularização das faltas ou defeitos observados.

9.1.3.5 Aplicação de Penalidades

Desdobramento da fiscalização é a possibilidade de aplicação de penalidades prevista no art. 156 da Lei n. 14.133/21. O art. 155 elenca as infrações administrativas, tais como inexecução parcial ou total do contrato.

A Administração poderá, garantida a prévia defesa, aplicar ao contratado as seguintes sanções:

I – advertência;

II – multa;

III – impedimento de licitar e contratar.

Além disso, o contratado é obrigado a reparar, corrigir, remover, reconstruir ou substituir, às suas expensas, no total ou em parte, o objeto do contrato em que se verificarem vícios, defeitos ou incorreções resultantes da execução ou de materiais empregados (art. 119).

9.1.4 Mutabilidade do contrato

O contrato administrativo pode ser mudado no curso de sua execução em razão da ocorrência de determinados eventos. A mutabilidade deve ser analisada com observância do equilíbrio econômico-financeiro do contrato, pois nenhuma das partes pode enriquecer ilicitamente à custa da outra.

Segundo Maria Sylvia Zanella Di Pietro, as circunstâncias que imprimem mutabilidade aos contratos administrativos podem ser abrangidas sob a denominação genérica de álea extraordinária (Di Pietro, 2010, p. 264). A álea extraordinária considera os riscos especiais que podem incidir no contrato.

A álea extraordinária compreende a administrativa e a econômica. A administrativa abarca a alteração unilateral do contrato, o fato do príncipe e o fato da Administração; por sua vez, a álea econômica baseia-se na teoria da imprevisão (caso fortuito, força maior e interferências imprevistas).

9.1.4.1 Álea Administrativa

a) Alteração unilateral

A alteração unilateral do contrato está prevista nos arts. 104, I, e 124, I, da Lei n. 14.133/21. O art. 104 estabelece que o regime jurídico dos contratos administrativos confere à Administração a prerrogativa de modificá-los, unilateralmente, para melhor adequação às finalidades de interesse público, respeitados os direitos do contratado.

Nos termos do art. 124, a alteração unilateral ocorre quando há modificação do projeto ou das especificações, para melhor adequação técnica a seus objetivos ou quando necessária, a modificação do valor contratual em decorrência de acréscimo ou diminuição quantitativa de seu objeto, nos limites permitidos pela lei.

Vale lembrar que a alteração está sujeita aos limites quantitativos (25% ou 50%) e qualitativos previstos na norma contida no art. 125, sendo vedada também a alteração no objeto contratual.

b) Fato do príncipe

O fato do príncipe, previsto no art. 124, II, *d*, da Lei n. 14.133/21 e assim compreendido como álea econômica, consiste em determinações estatais de ordem geral e imprevisíveis, não relacionadas diretamente ao contrato, mas que incidem sobre ele, causando desequilíbrio econômico-financeiro, p. ex., o aumento imprevisto de um tributo que incida sobre determinados bens que a parte contratada deva fornecer.

c) Fato da Administração

O fato da Administração, diferentemente do fato do príncipe, configura-se quando a própria Administração contratante adota medidas que repercutem de forma direta sobre o contrato, desequilibrando a relação inicialmente pactuada (p. ex., o atraso na entrega do local da obra).

9.1.4.2 Álea Econômica

Os riscos econômicos decorrem de situações excepcionais e extraordinárias que ensejam a aplicação da teoria da imprevisão, possibilitando que, na hipótese da ocorrência desses eventos, o contrato seja revisto a fim de ser executado sem ruína para as partes. A imprevisão tem aplicação nas hipóteses de força maior, caso fortuito e nas interferências imprevistas ou previstas de consequências imprevistas.

a) Força maior

A força maior pode ser considerada como o evento humano que, por sua imprevisibilidade, cria para a parte contratada uma impossibilidade intransponível, p. ex., uma greve.

b) Caso fortuito

O caso fortuito consiste no evento da natureza, p. ex., uma inundação imprevisível que cubra o local da obra.

c) Interferências imprevistas

As interferências imprevistas são ocorrências materiais que surgem surpreendentemente quando da execução do contrato, onerando seu cumprimento, como no exemplo dado por Hely Lopes Meirelles do encontro de um terreno rochoso, e não arenoso, como indicado pela Administração, na execução de uma obra pública (Meirelles, 2000, p. 228).

9.1.5 Reajuste e repactuação

A Lei n. 14.133/21 define no art. 6º o reajustamento em sentido estrito e a repactuação nos incisos LVIII e LIX.

O reajustamento em sentido estrito é forma de manutenção do equilíbrio econômico-financeiro de contrato consistente na aplicação do índice de correção monetária previsto no contrato, que deve retratar a variação efetiva do custo de produção, admitida a adoção de índices específicos ou setoriais.

A repactuação é forma de manutenção do equilíbrio econômico-financeiro de contrato utilizada para serviços contínuos com regime de dedicação exclusiva de mão de obra ou predominância de mão de obra, por meio da análise da variação dos custos contratuais, devendo estar prevista no edital com data vinculada à apresentação das propostas, para os custos decorrentes do mercado, e com data vinculada ao acordo, à convenção coletiva ou ao dissídio coletivo ao qual o orçamento esteja vinculado, para os custos decorrentes da mão de obra.

9.1.6 Da alocação de riscos

O art. 103 da Lei n. 14.133/21 dispõe que o contrato poderá identificar os riscos contratuais previstos e presumíveis e prever matriz de alocação de riscos, alocando-os entre contratante e contratado, mediante indicação daqueles a serem assumidos pelo setor público ou pelo setor privado ou daqueles a serem compartilhados.

Por sua vez, o art. 6º, inciso XXVII define a matriz de riscos como a cláusula contratual definidora de riscos e de responsabilidades entre as partes e caracterizadora do equilíbrio econômico-financeiro inicial do contrato, em termos de ônus financeiro decorrente de eventos supervenientes à contratação, contendo, no mínimo, as seguintes informações:

a) listagem de possíveis eventos supervenientes à assinatura do contrato que possam causar impacto em seu equilíbrio econômico-financeiro e previsão de eventual necessidade de prolação de termo aditivo por ocasião de sua ocorrência;

b) no caso de obrigações de resultado, estabelecimento das frações do objeto com relação às quais haverá liberdade para os contratados inovarem em soluções metodológicas ou tecnológicas, em termos de modificação das soluções previamente delineadas no anteprojeto ou no projeto básico;

c) no caso de obrigações de meio, estabelecimento preciso das frações do objeto com relação às quais não haverá liberdade para os contratados inovarem em soluções metodológicas ou tecnológicas, devendo haver obrigação de aderência entre a execução e a solução predefinida no anteprojeto ou no projeto básico, consideradas as características do regime de execução no caso de obras e serviços de engenharia.

A alocação de riscos considerará, em compatibilidade com as obrigações e os encargos atribuídos às partes no contrato, a natureza do risco, o beneficiário das prestações a que se vincula e a capacidade de cada setor para melhor gerenciá-lo.

A matriz de alocação de riscos definirá o equilíbrio econômico-financeiro inicial do contrato em relação a eventos supervenientes e deverá ser observada na solução de eventuais pleitos das partes. Importante consignar que os riscos que tenham cobertura oferecida por seguradoras serão preferencialmente transferidos ao contratado.

9.1.7 Duração e categoria dos contratos

Os artigos 105 a 114 da Lei n. 14.133/21 traz as regras sobre a duração dos contratos. O prazo de duração dos contratos será a previsto em edital, e deverão ser observadas, no momento da contratação e a cada exercício financeiro, a disponibilidade de créditos orçamentários, bem como a previsão no plano plurianual, quando ultrapassar 1 (um) exercício financeiro.

A duração dos contratos regidos pela Lei n. 14.133/21 varia de 5 (cinco) a 35 (trinta e cinco anos) a depender do objeto contratual. Importante anotar que a Administração poderá estabelecer a vigência por prazo indeterminado nos contratos em que seja usuária de serviço público oferecido em regime de monopólio, desde que comprovada, a cada exercício financeiro, a existência de créditos orçamentários vinculados à contratação.

Quanto as categorias de contratos, a Lei n. 14.133/21 indica 4 tipos de contratos: fornecimento de bem; locações; prestação de serviços e realização de obras.

9.1.8 Nulidade dos contratos

O art. 147 determina que constatada irregularidade no procedimento licitatório ou na execução contratual, caso não seja possível o saneamento, a decisão sobre a suspensão da execução ou sobre a declaração de nulidade do contrato somente será adotada na hipótese em que se revelar medida de interesse público.

Para tanto, serão avaliados aspectos relativos, por exemplo, aos impactos econômicos e financeiros decorrentes do atraso na fruição dos benefícios do objeto do contrato; riscos sociais, ambientais e à segurança da população local decorrentes do atraso na fruição dos benefícios do objeto do contrato; fechamento de postos de trabalho diretos e indiretos em razão da paralisação; custo para realização de nova licitação ou celebração de novo contrato e custo de oportunidade do capital durante o período de paralisação.

A declaração de nulidade do contrato administrativo requererá análise prévia do interesse público envolvido e operará retroativamente, impedindo os efeitos jurídicos que o contrato deveria produzir ordinariamente e desconstituindo os já produzidos. Caso não seja possível o retorno à situação fática anterior, a nulidade será resolvida pela indenização por perdas e danos, sem prejuízo da apuração de responsabilidade e aplicação das penalidades cabíveis.

Ao declarar a nulidade do contrato, a autoridade, com vistas à continuidade da atividade administrativa, poderá decidir que ela só tenha eficácia em momento futuro, suficiente para efetuar nova contratação, por prazo de até 6 (seis) meses, prorrogável uma única vez.

Por fim, a nulidade não exonerará a Administração do dever de indenizar o contratado pelo que houver executado até a data em que for declarada ou tornada eficaz, bem como por outros prejuízos regularmente comprovados, desde que não lhe seja imputável, e será promovida a responsabilização de quem lhe tenha dado causa. (art. 149).

9.1.9   Pontos Polêmicos

9.1.9.1   Responsabilidade subsidiária da Administração Pública

O art. 121 da Lei n. 14.133/21 indica que somente o contratado será responsável pelos encargos trabalhistas, previdenciários, fiscais e comerciais resultantes da execução do contrato. A inadimplência do contratado em relação aos encargos trabalhistas, fiscais e comerciais não transferirá à Administração a responsabilidade pelo seu pagamento e não poderá onerar o objeto do contrato nem restringir a regularização e o uso das obras e das edificações, inclusive perante o registro de imóveis.

Anota-se que, exclusivamente nas contratações de serviços contínuos com regime de dedicação exclusiva de mão de obra, a Administração responderá solidariamente pelos encargos previdenciários e subsidiariamente pelos encargos trabalhistas se comprovada falha na fiscalização do cumprimento das obrigações do contratado.

Assim, como regra geral, o STF, em agravo regimental, julgou que "a jurisprudência desta Suprema Corte não veda o reconhecimento de responsabilidade subsidiária em casos como o presente, nos quais fica constatada a culpa in vigilando do Poder Público, que deixou de fiscalizar com regularidade o contrato administrativo de terceirização laboral".

No caso, o tribunal apontou que "os elementos de convicção que fundamentam o julgado reclamado expressam a negligência do ente público em face do dever de fiscalizar o contrato administrativo. Identifica-se, assim, fiel observância à tese de julgamento da ADC 16 e do RE 760.931, processo piloto do Tema 246 da Repercussão Geral, pelo juízo reclamado". (STF, Agravo Regimental no Agravo Regimental na Reclamação n. 55.228, Rel. Min. Edson Fachin, j. em 12.09.2023.)

No RE 1298647, com repercussão geral (Tema 1118), o Supremo Tribunal Federal (STF) decidiu que, para fins de responsabilização do poder público, a obrigação de provar se houve falha na fiscalização das obrigações trabalhistas de prestadora de serviços contratada é da parte autora da ação (empregado, sindicato ou Ministério Público). Também cabe a quem entra na Justiça provar que a administração pública tinha conhecimento da situação irregular e não adotou providência para saná-la.

A tese de repercussão geral firmada foi a seguinte:

Não há responsabilidade subsidiária da Administração Pública por encargos trabalhistas gerados pelo inadimplemento de empresa prestadora de serviços contratada, se amparada exclusivamente na premissa da inversão do ônus da prova, remanescendo imprescindível a comprovação, pela parte autora, da efetiva existência de comportamento negligente ou nexo de causalidade entre o dano por ele invocado e a conduta comissiva ou omissiva do poder público.

Haverá comportamento negligente quando a Administração Pública permanecer inerte após o recebimento de notificação formal de que a empresa contratada está descumprindo suas obrigações trabalhistas enviada pelo trabalhador, sindicato, Ministério do Trabalho, Ministério Público, Defensoria Pública ou outro meio idôneo.

Constitui responsabilidade da Administração Pública garantir as condições de segurança, higiene e salubridade dos trabalhadores quando o trabalho for realizado em suas dependências ou local previamente convencionado em contrato, nos termos do artigo 5º-A, § 3º, da Lei 6.019/1974.

Nos contratos de terceirização, a Administração Pública deverá: (i) exigir da contratada a comprovação de capital social integralizado compatível com o número de empregados, na forma do art. 4º-B da Lei nº 6.019/1974; e (ii) adotar medidas para assegurar o cumprimento das obrigações trabalhistas pela contratada, na forma do art. 121, § 3º, da Lei nº 14.133/2021, tais como condicionar o pagamento à comprovação de quitação das obrigações trabalhistas do mês anterior.

9.1.9.2 Elevação de encargos trabalhistas e equilíbrio contratual

No decorrer do contrato existe a possibilidade de elevação dos encargos trabalhistas por conta de convenções e dissídios. O questionamento que se faz é se esses encargos são motivo para o rompimento da equação econômico-financeira.

O Tribunal de Contas da União já se manifestou no sentido de que dissídios e convenções são eventos previsíveis, pois ocorrem anualmente. Assim, caberia ao contratado incluir no valor de sua proposta os efeitos da futura convenção ou dissídio (Acórdão n. 1.563/2004).

Nessa mesma linha, o STJ decidiu que o aumento salarial decorrente de dissídio coletivo não é motivo apto a ensejar a aplicação da teoria da imprevisão. A Corte entende que não pode ser aplicada a teoria da imprevisão para a recomposição do equilíbrio econômico-financeiro do contrato administrativo na hipótese de aumento salarial dos empregados da contratada em virtude de dissídio coletivo, pois constitui evento certo que deveria ser levado em conta quando da efetivação da proposta (REsp 411.101/PR e REsp 134.797/DF).

TOP DICAS
1) O contrato administrativo é instável.
2) O percentual de alteração do contrato para reforma de edifícios é de 50%.
3) É possível contrato verbal na Administração Pública desde que seja para pequenas compras de pronto pagamento. 4) As cláusulas exorbitantes conferem prerrogativas para a Administração Pública.
5) A anulação do contrato gera efeitos *ex tunc*.

10
SERVIÇOS PÚBLICOS

10.1 Conceito

Os serviços públicos podem ser definidos como aqueles prestados pela Administração ou por seus delegados, em razão de necessidades essenciais da coletividade ou simples conveniência do Estado.

A titularidade da prestação de um serviço público sempre será da Administração Pública, somente podendo ser transferida a um particular a sua execução. As regras serão sempre fixadas unilateralmente pela Administração, independentemente de quem esteja executando o serviço público.

10.1.1 Princípios

Em relação ao tema serviços públicos, podemos elencar os seguintes princípios:

a) *princípio da adaptabilidade*: impõe a atualização e modernização na prestação do serviço público;

b) *princípio da universalidade*: significa que os serviços devem ser estendidos a todos os administrados;

c) *princípio da impessoalidade*: determina a vedação de discriminações entre os usuários;

d) *princípio da continuidade*: impossibilidade de interrupção;

e) *princípio da modicidade das tarifas*: impõe tarifas módicas aos usuários;

f) *princípio da cortesia*: prevê que os usuários devem ser tratados com urbanidade;

g) *princípio da eficiência*: estabelece que o serviço público deve ser prestado de maneira satisfatória ao usuário;

h) *princípio da segurança*: o serviço não pode ser prestado de forma que coloque em risco a vida dos usuários.

O serviço público deve ser prestado de forma adequada de acordo com o estabelecido no art. 6º da Lei n. 8.987/95. Serviço adequado é o que satisfaz as condições de regularidade, continuidade, eficiência, segurança, atualidade, generalidade, cortesia na sua prestação e modicidade das tarifas.

Nesse mesmo artigo a lei faz referência à atualidade do serviço, que compreende a modernidade das técnicas, do equipamento e das instalações e a sua conservação, bem como a melhoria e expansão do serviço.

Quando o serviço é interrompido, fala-se em descontinuidade, que não se caracteriza em situação de emergência ou aviso prévio, quando:

I – motivada por razões de ordem técnica ou de segurança das instalações; e,

II – por inadimplemento do usuário, considerado o interesse da coletividade.

10.1.2 Classificação

Não existe uma uniformidade entre os autores quanto à classificação dos serviços públicos. Sendo assim, utilizaremos a proposta de Hely Lopes Meirelles (2000, p. 307).

I. Serviços públicos propriamente ditos: são aqueles prestados diretamente pela Administração para a comunidade, por reconhecer a sua essencialidade e necessidade de grupo social. São privativos do Poder Público. Ex.: defesa nacional e polícia.

II. Serviços de utilidade pública: são os que a Administração, reconhecendo a sua conveniência para a coletividade, presta diretamente ou aquiesce que sejam prestados por terceiros. Ex.: transporte coletivo, energia elétrica, gás e telefone.

III. Serviços gerais ou *uti universi*: são aqueles que a Administração presta sem ter usuários determinados para atender à coletividade no seu todo. Ex.: polícia e iluminação pública. São indivisíveis, isto é, não mensuráveis. Daí a razão de serem mantidos por tributo, e não por taxa ou tarifa.

IV. Serviços individuais ou *uti singuli*: são os que possuem usuários determinados e utilização particular e mensurável para cada destinatário. São remunerados por taxa ou tarifa. Ex.: energia elétrica.

V. Serviços próprios do Estado: são aqueles que se relacionam com as atribuições do Poder Público. Exemplo: polícia, segurança pública e preservação da saúde pública.

VI. Serviços impróprios do Estado: são aqueles que não se relacionam diretamente com as atribuições do Poder Público e que não afetam substancialmente as necessidades da coletividade e por isso podem ser prestados por particulares. Exemplos: transporte coletivo, telefonia etc.

VII. Serviços administrativos: são aqueles que a Administração Pública presta para atender às suas necessidades internas. Exemplo: serviço da Imprensa Oficial.

VIII. Serviços industriais: são aqueles impróprios do Estado e que se consubstanciam no exercício de atividade econômica. O exercício de atividade econômica pelo Estado será nos casos de relevante interesse público ou imperativos da segurança nacional (art. 173 da CF).

10.1.3 Formas de prestação de serviços

I. Serviços centralizados: são aqueles que o Poder Público presta por seus próprios órgãos, em seu nome e sob sua exclusiva responsabilidade. É o serviço prestado pela Administração Pública direta.

II. Serviços descentralizados: são aqueles a que o Poder Público transfere a sua titularidade ou, simplesmente, sua execução, por outorga ou delegação, as autarquias, fundações, empresas estatais, empresas privadas.

- Outorga: o Estado cria uma entidade, e a ela transfere, por lei, determinado serviço (definitividade).
- Delegação: o Estado transfere por contrato (concessão) ou ato unilateral (permissão ou autorização) a execução do serviço, para que o delegado o preste ao público em seu nome e por sua conta e risco (transitoriedade).

III. Serviços desconcentrados: para esses serviços, é melhor utilizar a expressão "desconcentração administrativa", consistente na distribuição de competência (plexos de competência) entre os vários órgãos da Administração Pública, para facilitar a prestação do serviço ao usuário. É fruto do poder hierárquico. Exemplo: subprefeituras, ministérios, superintendências etc.

10.1.4 Meios de prestação

1) Serviços concedidos: aqueles que o particular executa em seu nome, por sua conta e risco, remunerados por tarifa. A concessão dá-se por meio de contrato. No próximo capítulo desta obra analisaremos em detalhes a concessão de serviço público.

2) Serviços permitidos: a Administração estabelece os requisitos para sua prestação ao público e, por ato unilateral (termo de permissão), concede sua execução aos particulares que demonstrarem capacidade para seu desempenho. A permissão é unilateral, precária e discricionária. Ex.: transporte coletivo e serviços de utilidade pública.

3) Serviços autorizados: o Poder Público, por ato unilateral, precário e discricionário, consente em sua execução pelo particular para atender a interesses coletivos instáveis ou a emergência transitória. Ex.: táxi.

Esquematizando as formas e os meios de prestação dos serviços públicos, temos a seguinte situação:

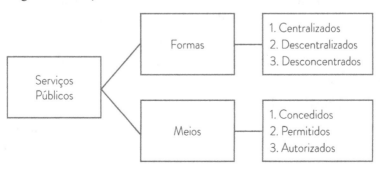

10.1.5 Convênios

São os acordos administrativos firmados por entidades públicas de qualquer espécie, ou entre estas e organizações particulares, para a realização de objetivos de interesse comum dos partícipes. Por exemplo, convênio celebrado entre uma ONG para defesa do meio ambiente e determinado Município localizado em área de proteção aos mananciais.

O art. 184 da Lei n. 14.133/21 dispõe que as normas da mencionada lei são aplicadas aos convênios "no que couber". O art. 241 da Constituição Federal estabelece que: "a União, os Estados, o Distrito Federal e os Municípios disciplinarão por meio de lei os consórcios públicos e os convênios de cooperação entre os entes federados, autorizando a gestão associada de serviços públicos, bem como a transferência total ou parcial de encargos, serviços, pessoal e bens essenciais à continuidade dos serviços transferidos".

10.1.6 Consórcios

São acordos firmados entre entidades estatais, autárquicas, fundacionais ou paraestatais, sempre da mesma espécie, para a realização de objetivos de interesse comum dos partícipes. Ex.: autarquia com autarquia; consórcio de Municípios.

Diferentemente da doutrina, a Lei n. 11.107/2005, que dispõe sobre normas gerais de contratação de consórcios públicos, estabelece que os consórcios podem ser constituídos como associação pública ou pessoa jurídica de direito privado (art. 1º) e são celebrados entre entes da mesma espécie ou não.

No caso de serem constituídos como pessoas jurídicas de direito público, integram a Administração indireta; como pessoas de direito privado, assumem a forma de associação civil (art. 6º).

Os consórcios possuem natureza contratual e dependem previamente de um protocolo de intenções (art. 3º). Os consórcios não podem ter prazo indeterminado, pois o art. 4º, inciso I, da Lei n. 11.107/2005 prevê que o prazo de duração do consórcio é cláusula essencial do protocolo de intenções.

A União somente participará de consórcios públicos em que também façam parte todos os Estados em cujos territórios estejam situados os Municípios consorciados (art. 1º, § 2º).

Estão sujeitos à fiscalização do Tribunal de Contas (art. 9º, parágrafo único).

Para cumprimento de seus objetivos, os consórcios poderão firmar convênios, contratos, promover desapropriações e ser contratados pela Administração direta ou indireta com dispensa de licitação (art. 2º).

Os entes consorciados celebrarão contrato de rateio (art. 8º) e contrato de programa (art. 13). Contrato de rateio é aquele por meio do qual os entes consorciados se comprometem a fornecer os recursos financeiros para a realização das despesas do consórcio; contrato de programa é o que estabelece as obrigações que um ente consorciado assume em relação ao outro ou com o consórcio no âmbito da prestação do serviço.

O art. 11 da Lei n. 11.107/2005 permite a qualquer dos entes consorciados se retirar do consórcio. Nesse caso, os bens destinados ao consórcio público pelo consorciado que se retira somente serão revertidos ou retrocedidos no caso de expressa previsão no contrato de consórcio público ou no instrumento de transferência ou de alienação.

10.1.7 Pontos Polêmicos

10.1.7.1 O direito de greve e os Serviços Públicos

Duas questões nesse assunto são importantes: a primeira relativa aos servidores e a segunda relativa à continuidade dos serviços públicos.

Quanto aos servidores e ao direito de greve, o STF, nos Mandados de Injunção n. 670, 708 e 712, já se manifestou no sentido de que o servidor pode fazer greve na forma da lei do trabalhador comum – Lei n. 7.783/89 –, isso porque até hoje o Congresso Nacional não elaborou a lei de greve dos servidores.

Embora essa questão apresente controvérsia doutrinária, recentemente o STF manteve sua linha decisória (RE 848.912/ES e RE 945.475/GO).

Em relação à continuidade do serviço público, impende destacar primeiro que cada greve tem seu contexto fático e não existe regra absoluta, devendo as peculiaridades do caso serem levadas em consideração.

Os movimentos serão considerados legais desde que não afrontem a supremacia do interesse público e o princípio da continuidade. É fato que a totalidade do serviço não pode ser interrompida.

10.1.7.2 Registradores e Cartórios

Os serviços notariais e de registro são exercidos em caráter privado, por delegação do Poder Público (art. 236 da CF). Importante destacar que a função notarial e de registro é serviço público, sendo passível de delegação o seu exercício, organização e estrutura (ADIn 1.378/95 e ADI 2.602/2005/MG).

A lei que rege esse serviço é a n. 8.935/94. O ingresso na atividade depende de concurso, realizado pelo Poder Judiciário.

Quanto à responsabilidade, como já dito, os notários (ou tabelião) e oficiais de registro respondem subjetivamente por todos os prejuízos que causarem a terceiros, por culpa ou dolo, pessoalmente, pelos substitutos que designarem ou escreventes que autorizarem, assegurado o direito de regresso (art. 22 da lei).

A responsabilidade civil de que trata o art. 22 da lei independe da responsabilidade criminal (art. 23).

O cartório é tão somente um arquivo público gerenciado por particular escolhido por meio de concurso público, por isso não é titular de direitos ou deveres na ordem jurídica, privada ou pública. A responsabilidade civil decorrente da má prestação dos serviços cartoriais é subjetivamente imputada ao tabelião, titular do cartório, e, objetivamente, ao Estado.

Os emolumentos têm natureza jurídica de taxa de serviço público; o percentual repassado ao Tribunal fiscalizador, a de taxa de polícia.

Em 2005, o STF firmou entendimento no sentido de que os titulares de cartórios e notários não estão sujeitos à aposentadoria compulsória aos 70 anos de idade (ADIn 2.902/2005).

A contratação dos empregados para trabalhar em cartórios se sujeita às regras da CLT e independe de concurso público.

10.1.7.3 Iluminação Pública

Ponto que durante muito tempo foi alvo de intensas discussões nos tribunais é a taxa de iluminação pública.

A Resolução n. 456 da ANEEL traz o conceito de iluminação pública: "serviço que tem por objetivo prover de luz, ou claridade artificial, os logradouros públicos no período noturno ou nos escurecimentos diurnos ocasionais, inclusive aqueles que necessitam de iluminação permanente no período diurno".

A maioria da doutrina administrativista sempre considerou o serviço de iluminação pública um serviço indivisível, não mensurável, de uso comum, *uti universi*. Por essa razão a remuneração deveria ser feita por imposto e não por taxa. A discussão foi levada ao STF, que se manifestou no sentido da inconstitucionalidade da taxa de iluminação pública (RE 233.332-6/RJ).

Houve inclusive a emissão de súmula sobre o assunto, que é a de n. 670: "O serviço de iluminação pública não pode ser remunerado mediante taxa".

Ocorre que a EC n. 39 acrescentou o art. 149-A ao Texto Constitucional, instituindo a Contribuição para o Custeio da Iluminação Pública (COSIP). No RE 573.675/2009, o Supremo julgou válida a contribuição para tal custeio. Essa contribuição tem natureza de contribuição especial: "tributo de caráter *sui generis*, que não se confunde com um imposto, porque sua receita se destina a finalidade específica, nem com uma taxa, por não exigir a contraprestação individualizada de um serviço ao contribuinte".

10.1.7.4 Taxa do lixo

Por unanimidade, o STF aprovou verbete que confirma a constitucionalidade da cobrança de taxas de coleta, remoção e destinação de lixo tendo por base de cálculo a metragem dos imóveis.

Súmula Vinculante 19: "A taxa cobrada exclusivamente em razão dos serviços públicos de coleta, remoção e tratamento ou destinação de lixo ou resíduos provenientes de imóveis não viola o art. 145, II, da Constituição Federal".

No RE 501.876/2011, o Supremo entendeu como específicos e divisíveis os serviços públicos de coleta, remoção e tratamento ou destinação de lixo ou resíduos provenientes de imóveis, desde que essas atividades sejam completamente dissociadas de outros serviços públicos de limpeza realizados em benefício da população em geral (*uti universi*) e de forma indivisível, tais como os de conservação e limpeza de logradouros e bens públicos.

Decorre daí que as taxas cobradas em razão exclusivamente dos serviços públicos de coleta, remoção e tratamento ou destinação de lixo ou resíduos provenientes de imóveis são constitucionais, ao passo que é inconstitucional a cobrança de valores tidos como taxa em razão de serviços de conservação e limpeza de logradouros e bens públicos (RE 501.876-AgR).

10.1.7.5 Serviços Públicos e o Código de Defesa do Consumidor

A Lei n. 8.987/95, no art. 7º, estabelece diversos direitos dos usuários do serviço público, sem prejuízo da aplicação do Código de Defesa do Consumidor. Este, por sua vez, no art. 6º, X, determina que a adequada e eficaz prestação de serviços públicos é um direito básico do consumidor, e no art. 22 dispõe que os órgãos públicos, por si ou por suas empresas, concessionárias ou permissionárias, são obrigados a fornecer serviços adequados, eficientes, seguros e, quanto aos essenciais, contínuos.

A Lei n. 13460/2017 trata da sobre normas básicas para participação, proteção e defesa dos direitos do usuário dos serviços públicos da administração pública.

Diante dessa situação, a Professora Odete Medauar levanta a seguinte questão: usuário, cliente ou consumidor? (Medauar, 2010, p. 335).

"Usuário" é a expressão genérica que indica o indivíduo que faz uso de determinado serviço. Se o serviço é prestado no desenvolvimento de atividade econômica, por exemplo, no abastecimento de combustível, ele é protegido pelo CDC. Entretanto, se é um serviço público, há incidência de normas de direito público, e o usuário terá o *status* de cidadão.

Assim, o usuário do serviço público tem mais direitos que um simples cliente ou consumidor, pois pode exercer controle sobre a organização geral dos serviços, exigindo o funcionamento em seu benefício.

O cliente ou consumidor é aquele que potencialmente paga por um serviço ou produto, e, portanto, não se confunde com o usuário.

Assim, embora a Lei de Concessões se utilize de mentalidade privatista, em termos de serviços públicos o mais correto é dizer usuário-cidadão do que cliente ou consumidor de serviços da Administração. Portanto, as normas do CDC podem ser aplicáveis, como no caso acima citado, porém não de forma irrestrita.

TOP DICAS
1) Os serviços propriamente ditos podem ser chamados de pró-comunidade.
2) Os serviços de utilidade pública podem ser chamados de pró-cidadão.
3) A Administração direta presta serviço centralizado.
4) Os cartórios exercem o serviço público por delegação.
5) Serviço individual é aquele que pode ser mensurável, por exemplo, a energia elétrica.

11
CONCESSÃO DE SERVIÇO PÚBLICO

11.1 Conceito

Ao definir as concessões, José dos Santos Carvalho Filho as divide em comuns e especiais. As comuns seriam as reguladas pela Lei n. 8.987/95; as especiais, as definidas pela Lei n. 11.079/2004 (Carvalho Filho, 2008, p. 329).

No âmbito constitucional, a base para o tema é o art. 175 da CF/88; no plano infraconstitucional, são as Leis n. 8.987/95, 9.074/95 e 11.079/2004 (parcerias).

A relação existente na concessão é triangular, ou seja, há situações jurídicas sucessivas que lhe imprimem um caráter triangular. As situações jurídicas exigem a participação dos seguintes sujeitos: concedente, concessionário e usuário.

A Lei n. 8.987/95 dispõe sobre o regime de concessão e permissão da prestação de serviços públicos, previsto no art. 175 da Constituição Federal.

O art. 2º da lei define a concessão de serviço público como a delegação de sua prestação, feita pelo poder concedente, mediante licitação, na modalidade concorrência ou diálogo competitivo, a pessoa jurídica ou consórcio de empresas que demonstre capacidade para seu desempenho, por sua conta e risco e por prazo determinado.

Na concessão, a Administração Pública confere ao particular a execução remunerada de um serviço público para que o explore por sua conta e risco, pelo prazo e nas condições regulamentares e contratuais, sendo remunerado pela tarifa paga pelos usuários.

A concessão de serviço público precedida da execução de obra pública consiste na construção, total ou parcial, conservação, reforma, ampliação ou melhoramento de quaisquer obras de interesse público, delegada pelo Poder concedente, mediante licitação, na modalidade de concorrência, à pessoa jurídica ou ao consórcio de empresas que demonstre capacidade para sua realização, por sua conta e risco, de forma que o investimento da concessionária seja remunerado e amortizado mediante a exploração do serviço ou da obra por prazo determinado.

Esquematizando, temos a seguinte situação:

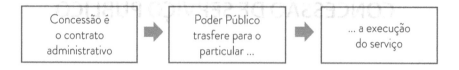

11.1.1 Concessão e Permissão

O STF, na ADIn 1.491/DF (*Informativo* 117), manifestou-se no sentido de que não há diferenças conceituais entre a concessão e a permissão. No entanto, algumas diferenças devem ser apontadas.

A Lei n. 8.987/95 define a permissão de serviço público como a delegação a título precário, mediante licitação, da prestação de serviços públicos feita pelo Poder concedente à pessoa física ou jurídica que demonstre capacidade para seu desempenho, por sua conta e risco. O art. 40 da Lei estabelece que a permissão será formalizada mediante contrato de adesão, apesar de grande parte da doutrina sustentar que a permissão é formalizada por meio de termo.

Assim, podemos estabelecer as seguintes diferenças entre os institutos:

- Quanto à modalidade de licitação, a concessão será na modalidade concorrência ou diálogo competitivo; já a permissão será precedida de licitação, mas a lei não determina uma modalidade específica.
- Quanto ao contrato, a concessão é um contrato administrativo, ao passo que na permissão o contrato é de adesão.
- Quanto à precariedade, a concessão não é precária; pelo contrário, tem caráter de definitividade, que não se confunde com perpetuidade. A permissão é precária.
- Quanto à possibilidade de revogação do contrato, na concessão não é cabível. Na permissão existe a possibilidade de revogação unilateral.

11.1.2 Características da Concessão

11.1.2.1 Obrigatoriedade de licitação

A CF/88, no art. 175, estabelece que a concessão de serviços públicos será sempre realizada por meio de licitação.

O art. 14 da Lei n. 8.987/95 estabelece que toda concessão de serviço público será objeto de prévia licitação e observará os princípios da legalidade, moralidade, publicidade, igualdade, do julgamento por critérios objetivos e da vinculação ao instrumento convocatório.

As modalidades de licitação previstas na Lei n. 8.987/95 são a concorrência ou o diálogo competitivo. Por exceção, a Lei n. 9.074/95, para o setor elétrico (art. 27, I) prevê a modalidade leilão de quotas ou ações nos casos de privatização de pessoas administrativas, sob o controle direto ou indireto da União, com simultânea outorga de nova concessão ou com prorrogação das já existentes (Política Nacional de Desestatização, ocorrida em 1995).

O edital de licitação estabelecerá os direitos e as obrigações do concedente e do concessionário, o objeto e o prazo da concessão, as condições adequadas para a prestação do serviço, os critérios de reajuste das tarifas, entre outros.

O art. 16 da Lei n. 8.987/95 determina que a outorga de concessão ou permissão não terá caráter de exclusividade, salvo no caso de inviabilidade técnica ou econômica justificada.

11.1.2.2 Tarifa

A principal remuneração do concessionário se dá pelo pagamento da tarifa pelo usuário. Toda a política tarifária é definida no momento da licitação, por exemplo, os índices de reajuste da tarifa, o prazo de reajuste e as hipóteses de revisão.

Ocorre que, além da tarifa, em atendimento ao princípio da modicidade, é possível também a complementação desse valor por meio de recursos públicos. Nas concessões comuns a complementação ocorre de forma facultativa, ao passo que na concessão especial o recurso público é obrigatório.

Além disso, é possível a existência de receitas alternativas, conforme determina o art. 11 da Lei n. 8.987/95. Essas receitas têm por objetivo reduzir o valor do serviço, e para tanto, há necessidade de autorização legal e previsão no contrato. Por exemplo, a publicidade nos ônibus coletivos ou em bilhetes de metrô.

De acordo com o art. 9º§§2º a 4º, os contratos poderão prever mecanismos de revisão das tarifas, a fim de manter-se o equilíbrio econômico-financeiro. Ressalvados os impostos sobre a renda, a criação, alteração ou extinção de quaisquer tributos ou encargos legais, após a apresentação da proposta, quando comprovado seu impacto, implicará a revisão da tarifa, para mais ou para menos, conforme o caso. Em havendo alteração unilateral do contrato que afete o seu inicial equilíbrio econômico-financeiro, o poder concedente deverá restabelecê-lo, concomitantemente à alteração.

A concessionária deverá divulgar em seu sítio eletrônico, de forma clara e de fácil compreensão pelos usuários, tabela com o valor das tarifas praticadas e a evolução das revisões ou reajustes realizados nos últimos cinco anos, conforme determina o art. 9º § 5º, da Lei n. 8.987/95.

11.1.2.3 Responsabilidade objetiva do concessionário

O concessionário será responsabilizado nos termos do art. 37, § 6º, da Constituição Federal. A grande discussão que pairou na jurisprudência sobre esse tema foi no sentido de que a responsabilidade da concessionária seria a objetiva na modalidade do risco administrativo somente quanto aos usuários diretos do serviço.

No entanto, o STF (RE 591.874) firmou entendimento de que a concessionária responde objetivamente na modalidade do risco administrativo tanto se o dano for causado a usuário direto como a usuário indireto do serviço. Por exemplo, no caso de atropelamento de ciclista por ônibus de concessionária.

A responsabilidade do Estado pelos prejuízos causados pela concessionária é subsidiária, ou seja, somente na insolvência desta é que aquele responderá.

Com base na teoria da responsabilidade objetiva dos concessionários, o STF, em sua atual jurisprudência, tem mantido essa linha decisória (ARE 812.678/RS, AgRg no REsp 1.065.643/PR 2008/0130592-9 e AI 832.539/RJ).

11.1.2.4 Prestação de um serviço público adequado

O art. 6º da lei pressupõe a prestação de serviço público adequado ao pleno atendimento dos usuários. O serviço adequado é aquele que satisfaz as condições de regularidade, continuidade, eficiência, segurança, atualidade, generalidade, cortesia e modicidade das tarifas.

Os usuários, conforme o art. 7º da Lei, sem prejuízo do disposto na Lei n. 8.078/90 (Código de Defesa do Consumidor), possuem os seguintes direitos e obrigações: receber serviço adequado; receber do Poder concedente e da concessionária, informações para a defesa de interesses individuais ou coletivos; obter e utilizar o serviço com liberdade de escolha entre vários prestadores de serviços, quando for o caso, observadas as normas do Poder concedente; levar ao conhecimento do Poder Público e da concessionária as irregularidades, de que tenham conhecimento, referentes ao serviço prestado; comunicar às autoridades competentes os atos ilícitos praticados pela concessionária na prestação do serviço e contribuir para a permanência das boas condições dos bens públicos por meio dos quais lhes são prestados os serviços.

As concessionárias de serviços públicos, de direito público e privado, nos Estados e no Distrito Federal, são obrigadas a oferecer ao consumidor e ao usuário, dentro do mês de vencimento, o mínimo de seis datas opcionais para escolherem os dias de vencimento de seus débitos.

11.1.3 Encargos do Poder Concedente

Os arts. 29 e 30 da lei estabelecem os encargos do Poder concedente: regulamentar o serviço concedido e fiscalizar permanentemente sua prestação; aplicar as penalidades regulamentares e contratuais; intervir na prestação do serviço, nos casos e condições previstos em lei; extinguir a concessão, nos casos previstos na lei e na forma prevista no contrato; homologar reajustes e proceder à revisão das tarifas na forma da lei, das normas pertinentes e do contrato; cumprir e fazer cumprir as disposições regulamentares do serviço e as cláusulas contratuais da concessão; zelar pela boa qualidade do serviço, receber, apurar e solucionar queixas e reclamações dos usuários, que serão cientificados, em até 30 dias, das providências tomadas; declarar de utilidade pública os bens necessários à execução do serviço ou obra pública, promovendo as desapropriações, diretamente ou mediante outorga de poderes à concessionária, caso em que será desta a responsabilidade pelas indenizações cabíveis; declarar de necessidade ou utilidade pública, para fins de instituição de servidão administrativa, os bens necessários à execução de serviço ou obra pública, promovendo-a diretamente ou mediante outorga de poderes à concessionária, caso em que será desta a responsabilidade pelas indenizações cabíveis; estimular o aumento da qualidade, produtividade, preservação do meio ambiente e conservação; incentivar a competitividade e estimular a formação de associações de usuários para a defesa de interesses relativos ao serviço.

Destaca-se que, no exercício da fiscalização, o Poder concedente terá acesso aos dados relativos à administração, contabilidade, recursos técnicos, econômicos e financeiros da concessionária.

11.1.4 Encargos da Concessionária

Assim como o Poder Público, a concessionária também possui obrigações a serem cumpridas. O art. 31 da lei estabelece que incumbe à concessionária: prestar serviço adequado de acordo com as normas técnicas aplicáveis, bem como as previstas no contrato; manter em dia o inventário e o registro dos bens vinculados à concessão; prestar contas da gestão do serviço ao Poder concedente e aos usuários nos termos definidos no contrato, cumprir e fazer cumprir as normas do serviço e as cláusulas contratuais da concessão; permitir aos encarregados da fiscalização livre acesso, em qualquer época, às obras, aos equipamentos e às instalações integrantes do serviço, bem como a seus registros contábeis; promover as desapropriações e constituir servidões autorizadas pelo poder concedente, conforme previsto no edital e no contrato; zelar pela integridade dos bens vinculados à prestação do serviço, bem como segurá-los adequadamente e captar, aplicar e gerir os recursos financeiros necessários à prestação do serviço.

Importante consignar que as contratações, inclusive de mão de obra, feitas pela concessionária serão regidas pelas disposições de direito privado e pela legislação trabalhista, não se estabelecendo nenhuma relação entre os terceiros contratados pela concessionária e o Estado, que figura nessa relação como Poder concedente.

11.1.5 Intervenção na concessão

Como dito anteriormente, na concessão, o Poder Público transfere ao particular a execução da prestação do serviço, mas permanece como seu titular. Sendo assim, para assegurar a adequação na prestação do serviço, a lei oferece a possibilidade da intervenção do Poder Público na concessão, de acordo com as seguintes normas:

A intervenção far-se-á por decreto do Poder concedente, que conterá a designação do interventor, o prazo da intervenção e os objetivos e limites da medida.

Declarada a intervenção, o Poder concedente deverá, no prazo de 30 dias, instaurar procedimento administrativo para comprovar as causas determinantes da medida e apurar responsabilidades, assegurado o direito de ampla defesa.

Cessada a intervenção, se não for extinta a concessão, a administração do serviço será devolvida à concessionária, precedida de prestação de contas pelo interventor, que responderá pelos atos praticados durante a sua gestão.

11.1.6 Extinção da concessão

O art. 35 da Lei n. 8.987/95 estabelece as hipóteses de extinção da concessão de serviço público: advento do termo contratual; encampação; caducidade; rescisão, anulação; falência ou extinção da empresa concessionária e falecimento ou incapacidade do titular, no caso de empresa individual.

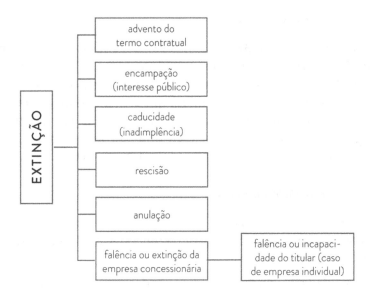

Extinta a concessão, retornam ao poder concedente todos os bens reversíveis, direitos e privilégios transferidos ao concessionário conforme previsto no edital e estabelecido no contrato.

11.1.6.1 *Advento do termo contratual*

No caso de extinção, haverá a imediata assunção do serviço pelo poder concedente, procedendo-se aos levantamentos, às avaliações e liquidações necessários. A assunção do serviço autoriza a ocupação das instalações e a utilização, pelo poder concedente, de todos os bens reversíveis.

11.1.6.2 *Reversão*

O art. 36 prevê que a reversão no advento do termo contratual far-se-á com a indenização das parcelas dos investimentos vinculados a bens reversíveis, ainda não amortizados ou depreciados, que tenham sido realizados com o objetivo de garantir a continuidade e atualidade do serviço concedido.

São reversíveis os bens recebidos pela concessionária a título gratuito e destinados à prestação dos serviços objeto da concessão. Esses bens devem constar do edital da licitação e podem tanto ser públicos como de propriedade da concessionária. Na verdade, o que se reverte é o serviço, os bens são incorporados pelo Poder Público.

Quanto à indenização dos bens reversíveis (ou incorporáveis), o STJ já se manifestou no sentido de que, diferentemente do que ocorre na encampação, a indenização não pode ser considerada como prévia (REsp 1.059.137/SC).

11.1.6.3 Encampação ou resgate

De acordo com o art. 37 da Lei n. 8.987/95, considera-se encampação a retomada do serviço pelo Poder concedente durante o prazo da concessão, por motivo de interesse público, mediante lei autorizativa específica e após o prévio pagamento da indenização. Vale lembrar que essa indenização deve abranger danos emergentes e também os lucros cessantes, mas a lei não determina como será o pagamento dessa indenização, se em dinheiro ou em títulos. Entendemos que deve ser em dinheiro, por analogia com a desapropriação.

11.1.6.4 Caducidade ou decadência

A inexecução total ou parcial do contrato acarretará, a critério do Poder concedente, a declaração de caducidade da concessão ou a aplicação das sanções contratuais (art. 38).

A caducidade da concessão poderá ser declarada pelo Poder concedente quando o serviço estiver sendo prestado de forma inadequada ou deficiente, tendo por base normas, critérios, indicadores e parâmetros definidores da qualidade do serviço; quando a concessionária descumprir cláusulas contratuais ou disposições legais ou regulamentares concernentes à concessão; quando paralisar o serviço ou concorrer para tanto, ressalvadas as hipóteses decorrentes de caso fortuito ou força maior; quando perder as condições econômicas, técnicas ou operacionais para manter a adequada prestação do serviço concedido; quando não cumprir as penalidades impostas por infrações, nos devidos prazos; quando não atender à intimação do Poder concedente no sentido de regularizar a prestação do serviço; quando for condenada em sentença transitada em julgado por sonegação de tributos, inclusive contribuições sociais.

A declaração da caducidade da concessão deverá ser precedida da verificação da inadimplência da concessionária em processo administrativo, assegurado o direito de ampla defesa.

Instaurado o processo administrativo e comprovada a inadimplência, a caducidade será declarada por decreto do Poder concedente, independentemente de indenização prévia, calculada no decurso do processo.

Declarada a caducidade, não resultará, para o Poder concedente, nenhuma espécie de responsabilidade em relação aos encargos, aos ônus, às obrigações ou aos compromissos com terceiros ou com empregados da concessionária.

O art. 27 da Lei n. 8.987/95 determina uma outra hipótese de caducidade quando há a transferência de concessão ou do controle societário da concessionária sem prévia anuência do poder concedente.

11.1.6.5 Rescisão

O contrato de concessão, segundo o art. 39, poderá ser rescindido por iniciativa da concessionária, no caso de descumprimento das normas contratuais pelo poder concedente, mediante ação judicial especialmente intentada para esse fim.

11.1.6.6 Anulação

A anulação da concessão ocorre por motivos de ilegalidade e seus efeitos são retroativos. É evidente que para declaração de anulação há a necessidade de assegurar ao concessionário o direito de ampla defesa.

11.1.6.7 Falência ou extinção da pessoa jurídica

O art. 35 da Lei n. 8.987/95 determina que a concessão se extingue pela falência ou extinção da empresa concessionária e, em se tratando de empresa individual, pelo falecimento ou incapacidade do titular. É uma extinção de pleno direito.

Essa norma é reproduzida pela Lei de Falência, que, em seu art. 195 (Lei n. 11.101/2005), determina que a decretação de falência das concessionárias de serviço público implica a extinção da concessão, na forma da lei.

11.1.7 Pontos Polêmicos

11.1.7.1 Diferenciação das tarifas

A regra geral é a unicidade das tarifas, mas é possível a diferenciação das tarifas quando são distintos os segmentos de usuários dos serviços. Por exemplo, no caso de abastecimento de água é possível cobrança diferenciada por faixas de maior ou menor gasto pelos usuários.

O assunto já está sumulado pelo STJ, por meio das Súmulas 407 e 356.

Súmula 407: "É legítima a cobrança de tarifa de água fixada de acordo com as categorias de usuários e as faixas de consumo".

Súmula 356: "É legítima a cobrança de tarifa básica pelo uso dos serviços de telefonia fixa".

11.1.7.2 Idoso

A CF/88 garantiu aos maiores de 65 anos, no art. 230, § 2º, a gratuidade nos transportes coletivos urbanos, regra reproduzida também no Estatuto do Idoso (art. 39 da Lei n. 10.741/2003). O STF já decidiu que a eficácia do artigo é integral, exigível e imediata (ADI 3.768/DF, *Informativo* 480, set. 2007). É possível que o concessionário pleiteie reequilíbrio econômico financeiro do contrato, desde que demonstre prejuízo.

11.1.7.3   Pedágio e vias alternativas

Controvérsia que já encontra posicionamento consolidado na jurisprudência é a relativa à ilegitimidade de cobrança de pedágio em rodovias quando inexistente via alternativa para os usuários, sob o fundamento de ofensa ao direito de locomoção. A posição majoritária da jurisprudência é a de que se pode cobrar o pedágio, independentemente de oferta de via alternativa, com fundamento no art. 9º, § 1º, da Lei n. 8.987/95 (REsp 927.810/PR, REsp 417.804/PR e REsp 927.810/PR 2007/0030326-4).

11.1.7.4   Concessão Florestal

A Lei n. 11.284/2006, que dispõe sobre a gestão de florestas públicas para a produção sustentável, permite a chamada concessão florestal definindo-a como a delegação onerosa, feita pelo Poder concedente, do direito de praticar manejo florestal sustentável para exploração de produtos e serviços numa unidade de manejo, mediante licitação, à pessoa jurídica, em consórcio ou não, que atenda às exigências do respectivo edital de licitação e demonstre capacidade para seu desempenho, por sua conta e risco e por prazo determinado.

A concessão florestal tem como objetivo o manejo florestal sustentável, ou seja, é um contrato administrativo pelo qual o concessionário tem o direito de explorar produtos e serviços em área demarcada. Por exemplo, a produção de madeira.

A licitação será na modalidade concorrência (art. 13, § 1º). Os critérios de julgamentos são o maior preço ofertado como pagamento ao poder concedente pela outorga da concessão florestal ou a melhor técnica, considerando: o menor impacto ambiental, os maiores benefícios sociais diretos, a maior eficiência ou a maior agregação de valor ao produto ou serviço florestal na região da concessão (art. 26).

São vedados, na concessão florestal: titularidade imobiliária ou preferência em sua aquisição; uso dos recursos hídricos acima do especificado como insignificante e exploração dos recursos minerais; (art. 16, § 1º).

11.1.7.5   Subconcessão e transferência da concessão

A subconcessão, desde que prevista no contrato e expressamente autorizada pelo Poder concedente, é admissível, conforme art. 26 da Lei n. 8.987/95.

Mesmo para as subconcessões há a necessidade de licitação, que será na modalidade concorrência, e o subconcessionário se sub-rogará em todos os direitos e obrigações do subconcedente. É possível também a transferência da concessão ou do controle societário da concessionária, desde que haja prévia anuência do poder concedente, sob pena de caducidade na falta dessa autorização, conforme art. 27 da Lei n. 8.987/95.

11.1.7.6 Arbitragem e concessões

Questão controvertida é a possibilidade de uso de arbitragem nas concessões. Os argumentos contrários residem na indisponibilidade do interesse público, mas existe dispositivo expresso possibilitando o uso do instituto da arbitragem nas concessões (Lei n. 9.307/96, art. 1º). O entendimento que deve prevalecer é o referente às questões comerciais, assuntos em relação aos quais é perfeitamente cabível o uso da arbitragem.

11.1.7.7 Tarifa mínima

O fundamento para a cobrança da tarifa mínima é a política de implementação e a manutenção de estrutura necessária para a continuidade do serviço. Embora haja discordância da doutrina, o STJ já se manifestou no sentido de que é possível a cobrança de tarifa mínima (REsp 20.741/DF e REsp 911.802/RS – assinatura de serviços de telefonia).

12
PARCERIAS PÚBLICO-PRIVADAS

12.1 Conceito

O momento histórico de inserção das parcerias público-privadas deu-se nas privatizações iniciadas a partir de 1995 nos países em desenvolvimento. Em geral, as parcerias são utilizadas para atrair investimentos para infraestrutura, tais como a construção de rodovias, estádios, portos etc.

A Lei n. 11.079/2004 trata das chamadas parcerias público-privadas, que nada mais são, nos dizeres de José dos Santos Carvalho Filho, que uma modalidade especial dos contratos de concessão (Carvalho Filho, 2008, p. 309).

O conceito de parceria público-privada está delineado no art. 2º, que a define como: o contrato administrativo de concessão, na modalidade patrocinada ou administrativa.

A legislação aplicável é a Lei n. 11.079/2004, sendo possível a utilização subsidiária das Leis n. 8.987/95 e 14.133/21. A Lei n. 11.079 é ao mesmo tempo nacional e federal. Nacional porque suas normas gerais sobre licitação e contratação são aplicáveis a todos os entes da Federação; federal porque existem disposições de aplicação específica para a União (arts. 14 a 22).

É bom anotar que não existe vedação para a criação de leis que disciplinem PPPs estaduais, tanto é que os Estados de Minas Gerais, Santa Catarina e São Paulo possuem leis específicas: 14.862/2003 (MG), 12.930/2004 (SC) e 11.688/2004 (SP).

12.1.1 Modalidades

A lei apresenta duas modalidades: concessão patrocinada e administrativa.

12.1.1.1 Concessão patrocinada

A concessão patrocinada é a concessão de serviços públicos ou de obras públicas de que trata a Lei n. 8.987/95, quando houver adicionalmente a tarifa paga pelos usuários, contraprestação pecuniária do parceiro público ao privado. Exemplos: i) Linha 4 Amarela do Metrô de São Paulo, na qual os usuários pagam a tarifa para utilizar o serviço do metrô e o Estado paga uma contraprestação para a empresa vencedora da licitação e também subsidia a operação da linha, repassando recursos à concessionária; ii) Ponte do Paiva (PE) e iii) VLT Carioca (RJ).

12.1.1.2 Concessão administrativa

A concessão administrativa é o contrato de prestação de serviços de que a administração seja a usuária direta ou indireta, ainda que envolva a execução de obra ou financiamento e instalação de bens.

A diferenciação entre ambas é a relativa à contraprestação pecuniária do parceiro público ao privado paga na patrocinada. Na concessão administrativa a remuneração é feita exclusivamente pelo parceiro público.

Exemplo: Determinado Estado delega os serviços de determinado presídio para a concessionária (parceira privada), abarcando as atividades de limpeza e manutenção predial (incluindo reformas), bem como o fornecimento de alimentação e de vestuário para os detentos, sem que haja, portanto, a possibilidade de cobrança de tarifas dos usuários.

12.1.2 Características

São traços comuns tanto à patrocinada quanto à administrativa:

- contraprestação do parceiro público ao privado;
- técnicas para garantir o equilíbrio econômico financeiro, como por exemplo a repartição dos riscos;
- compartilhamento de ganhos;
- presença de três tipos de garantia: parceiro privado ao público, parceiro público ao privado e contragarantia prestada pelo parceiro público à entidade financiadora do projeto;
- constituição de sociedade com propósito específico;
- financiamento por terceiros. Ex.: estádios de futebol;
- nas concessões patrocinadas em que mais de 70% da remuneração do parceiro privado for paga pela Administração, é necessária autorização legislativa.

O art. 4º da Lei n. 11.079/2004 indica a necessidade da observação das seguintes diretrizes nas parcerias público-privadas:

- eficiência no cumprimento das missões de Estado e no emprego dos recursos da sociedade;
- respeito aos interesses e direitos dos destinatários dos serviços e dos entes privados incumbidos da sua execução;
- indelegabilidade das funções de regulação, jurisdicional, do exercício do poder de polícia e de outras atividades exclusivas do Estado;
- responsabilidade fiscal na celebração e execução das parcerias;
- transparência dos procedimentos e das decisões;
- repartição objetiva de riscos entre as partes;
- sustentabilidade financeira e vantagens socioeconômicas dos projetos de parceria.

12.1.3 Vedações

A Lei n. 11.079/2004 estabelece em seu texto algumas vedações, quais sejam:

- impossibilidade de PPP com valor inferior a 10 milhões de reais (valor);
- impossibilidade de PPP com prazo inferior a cinco anos e/ou superior a 35, incluindo eventual prorrogação (prazo);
- impossibilidade de PPP que tenha por objeto único o fornecimento de mão de obra, o fornecimento e a instalação de equipamentos ou a execução de obra pública (matéria).

12.1.4 Contratos

O contrato de PPP apresenta algumas cláusulas essenciais, referentes a:

- fixação do prazo de vigência;
- previsão de penalidades aplicáveis à Administração;
- estabelecimento dos fatos que caracterizem a inadimplência do parceiro público;
- forma de acionamento das garantias;
- repartição dos riscos;
- mecanismos de atualidade da prestação dos serviços;
- garantias;
- compartilhamento dos ganhos econômicos.

12.1.5 Contraprestação e Garantias

A contraprestação será sempre precedida da disponibilização do serviço objeto da parceria e admite as seguintes formas:

- ordem bancária. Ex.: indicação de que o valor está disponibilizado em determinada instituição bancária;
- cessão de créditos não tributários. Ex.: créditos derivados de indenizações devidas por terceiros;
- outorga de direitos em face da Administração Pública. Ex.: outorga onerosa do direito de construir (nesse caso, dispensa-se o parceiro privado do valor a ser pago para construir além do coeficiente permitido);
- outorga de direitos sobre bens dominicais. Ex.: renda obtida em razão de locação;
- outros meios admitidos em lei.

Todos os exemplos são do professor José dos Santos Carvalho Filho.

As garantias são direcionadas tanto ao parceiro privado quanto ao público, podendo ser:

- vinculação de receitas;
- instituição ou utilização de fundos especiais;
- seguro-garantia;
- garantia prestada por organismos internacionais ou instituições financeiras (sem controle do Poder Público);
- garantia prestada por fundo garantidor ou estatal criada para essa finalidade;
- outros mecanismos.

12.1.6 Sociedade de propósito específico

Antes de celebrar o contrato, deverá ser constituída a sociedade com propósito específico para gerir a parceria (art. 9º). Essa sociedade pode ser uma companhia aberta, com valores mobiliários negociáveis no mercado, mas ela precisa obedecer a padrões de governança corporativa e que adote contabilidade e demonstrações financeiras padronizadas.

É vedado que a Administração Pública seja titular da maioria do capital votante dessa sociedade, por isso ela não pode ser uma sociedade de economia mista. A lei quis afastar a ingerência do Poder Público nessas sociedades.

12.1.7 Licitação

A licitação será na modalidade concorrência ou diálogo competitivo com algumas condicionantes antes da abertura do procedimento:

- condicionantes financeiras: a Administração deve realizar um estudo de impacto orçamentário-financeiro provocado pelo empreendimento, observando-se as diretrizes da lei de responsabilidade fiscal, lei de diretrizes orçamentárias, lei orçamentária anual e plano plurianual;
- condicionantes de interlocução popular: o edital e o contrato devem se submeter a consulta pública;
- condicionantes ambientais: para empreendimentos que impactem o ambiente deverá exigir-se a devida licença ambiental, bem como estudos dela antecedentes (EIA/RIMA).

Para a solução dos conflitos é possível a utilização de arbitragem.

O julgamento pode ser precedido de etapa de qualificação das propostas técnicas, sendo possível a inversão das fases, ou seja, classificação antes da habilitação (art. 13, I).

Os critérios de julgamento (tipos de licitação) são os do art. 15, I a V, da Lei n. 8.987/95 e 12, II, da Lei n. 11.079/2004:

- menor valor da tarifa;
- maior oferta pela outorga da concessão (paga ao Poder Público);
- combinação dos critérios anteriores com a melhor oferta de pagamento pela outorga após a qualificação das propostas técnicas;
- melhor proposta técnica;
- melhor proposta com combinação de menor tarifa com melhor técnica;
- menor contraprestação paga pela administração;
- menor contraprestação com melhor técnica.

12.1.8 Normas aplicáveis À União

Como já mencionado, a Lei n. 11.079/2004 é nacional e federal. Dentre os dispositivos aplicáveis à União (arts. 14 a 22) destacam-se o órgão gestor e o fundo garantidor das parcerias.

O órgão gestor é instituído por decreto e tem competência para definir os serviços prioritários para a execução, disciplinar procedimentos para a celebração dos contratos, autorizar a abertura de licitação e aprovar o edital. Será formado por membros do Ministério do Planejamento, Orçamento e Gestão, Ministério da Fazenda e Casa Civil, com os respectivos suplentes.

O Fundo Garantidor das Parcerias (FGP) é um patrimônio que tem por fim garantir o pagamento de obrigações pecuniárias assumidas pelos parceiros. Como diz José dos Santos Carvalho Filho, é uma universalidade jurídica de bens e direitos ou um patrimônio de afetação.

O FGP é criado, administrado e gerido por instituição controlada direta ou indiretamente pela União. Podem dele participar as autarquias e fundações públicas da União. Apesar disso, ele tem natureza privada, sendo sujeito a obrigações e direitos.

TOP DICAS
1) As Parcerias Público-Privadas (PPP) são consideradas concessões especiais.
2) Na PPP é vedado contrato com valor inferior a 10 milhões de reais.
3) As modalidades de licitação aplicáveis à PPP são: concorrência e diálogo competitivo
4) Patrocinada é a parceria em que, além da tarifa paga pelo usuário, o parceiro recebe uma contraprestação do Poder Público.
5) A PPP é formalizada por meio de um contrato administrativo.

13
AGENTES PÚBLICOS

13.1 CONCEITO

São todos os agentes que se vinculam à Administração Pública, direta e indireta, do Estado, sob regime estatutário regular, celetista ou agentes políticos. A legislação aplicável ao tema é a Constituição Federal (arts. 37 a 41) e a Lei n. 8.112/90, que dispõe sobre o regime jurídico dos servidores públicos civil da União, das autarquias e das fundações públicas federais.

13.1.1 Classificação

Os agentes públicos podem ser classificados de acordo com o esquema abaixo:

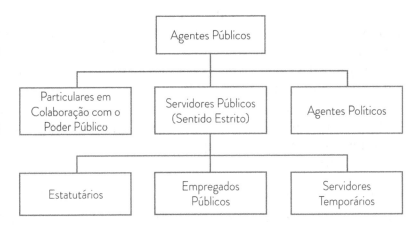

A. *Agentes políticos*

São aqueles que exercem função política de Estado e ingressam na função por meio de eleições para exercício de mandato fixo, como o presidente, prefeito, governador, senador, deputados e vereadores. A doutrina entende que os auxiliares diretos desses agentes também são enquadrados nessa categoria, tais como os Ministros de Estado e Secretários Municipais.

Quanto aos membros da Magistratura e do Ministério Público, o STF (RE 228.977/SP) manifestou entendimento de que são enquadrados como agentes políticos, mas há divergência quanto ao tema

Já os membros dos Tribunais de Contas (Ministros e Conselheiros), segundo o STF (Rcl 6702 MC-AgR/2009) são enquadráveis na categoria de agentes administrativos.

B. Servidores públicos

1) Estatutários: são os titulares de cargo público, com regime jurídico estatutário.

Os servidores estatutários adquirem estabilidade após três anos de efetivo exercício (art. 41 da CF). No caso de membros da Magistratura e do Ministério Público, há a aquisição de vitaliciedade após dois de estágio probatório.

Os servidores efetivos, após o estágio, só perdem o cargo:

- em virtude de sentença judicial transitada em julgado;
- por processo administrativo (ampla defesa);
- em virtude de avaliação negativa de desempenho;
- em caso de diminuição de despesas com pessoal (art. 169, § 3º, da CF).

2) Empregados públicos: são os titulares de empregos públicos, sujeitos ao regime da CLT (são os celetistas). Não adquirem estabilidade. Ex.: empregados das empresas públicas e sociedades de economia mista.

3) Servidores temporários: são contratados por tempo determinado em razão de necessidade temporária de excepcional interesse público (art. 37, IX, da CF). Ingressam mediante seleção pública simplificada. Ex.: contratação para combate de epidemias (Leis n. 8.745/93, 9.849/94 e 10.677/2003).

C. Particulares em colaboração com o Poder Público

São pessoas físicas que prestam serviço ao Estado, sem vínculo empregatício, com ou sem remuneração. Isso ocorre por:

- delegação: empregados das concessionárias, permissionárias, leiloeiros e tradutores;
- requisição, nomeação, designação, exercício de funções relevantes: jurados;
- gestores de negócio.

Cargos em comissão são os que só admitem provimento em caráter provisório. São declarados em lei, de livre nomeação (sem concurso público) e exoneração, destinando-se apenas a atribuições de direção, chefia e assessoramento.

13.1.2 Acumulação de cargos, empregos, funções públicas e teto remuneratório

O art. 37, XVI, da CF/88 estabelece que a acumulação seja vedada, porém são reservadas algumas exceções, aplicáveis quando houver compatibilidade de horários, para os seguintes casos:

- dois cargos de professor;
- um cargo de professor com outro técnico ou científico;
- dois cargos ou empregos privativos de profissionais de saúde, com profissões regulamentadas.

Importante observar que, no caso de médico é possível a acumulação de cargos da atividade militar com a civil, em virtude da nova redação dada pela EC/77 ao art. 142, § 3º, VIII, da CF/88.

O STJ (AgInt no RMS 43.680/GO) já decidiu que, "diante da interpretação sistemática do art. 37, XVI, *c*, c/c os arts. 42, § 1º, e 142, § 3º, II, da Constituição de 1988, é possível acumular dois cargos privativos na área de saúde, no âmbito das esferas civil e militar, desde que o servidor público não desempenhe as funções tipicamente exigidas para a atividade castrense, e sim atribuições inerentes a profissões de civis".

Anota-se que não há qualquer vedação, constitucional ou legal, ao exercício de atividade remunerada (não comercial) junto à iniciativa privada.

No que diz respeito ao *teto remuneratório*, o tema foi objeto de repercussão geral no STF (REs 602.043 e 612.975).

O mérito versou sobre a aplicabilidade do teto remuneratório previsto no inciso XI do art. 37, da CF, com redação dada pela EC n. 41/2003, à soma das remunerações provenientes da cumulação de dois cargos públicos privativos.

O julgamento que negou provimento aos recursos contou com os votos dos ministros Marco Aurélio (relator) e Alexandre de Moraes, cuja análise da questão foi concluída no sentido de considerar o teto constitucional em relação a cada uma das remunerações isoladamente, e não quanto à soma delas, ou seja, ao considerar inconstitucional a interpretação, abrange também situações jurídicas em que a acumulação é legítima, uma vez prevista na própria Constituição Federal. Nas palavras do relator, isso seria o mesmo que: "o Estado dar com uma das mãos e retirar com a outra".

Entre os argumentos levantados, os ministros consideraram que a hipótese apresentaria violação à irredutibilidade de vencimentos, desrespeito ao princípio da estabilidade, desvalorização do valor do trabalho e ferimento ao princípio da igualdade. Esse entendimento foi acompanhado pelos ministros Luís Roberto Barroso, Rosa Weber, Luiz Fux, Dias Toffoli, Ricardo Lewandowski, Gilmar Mendes, Celso de Mello e a presidente do STF, ministra Carmen Lúcia.

Todavia, ressalta-se que o ministro Edson Fachin apresentou voto divergente. Para ele: "a garantia da irredutibilidade só se aplicaria se o padrão remuneratório nominal tiver sido obtido de acordo com o direito e compreendido dentro do limite máximo fixado pela Constituição". Com base no art. 17 do ADCT, o ministro entendeu que os valores que ultrapassam o teto remuneratório devem ser ajustados sem que o servidor possa alegar direito adquirido. Assim, considerou que o teto remuneratório é aplicável ao conjunto das remunerações recebidas de forma cumulativa.

Como visto, o teto remuneratório dos servidores públicos está definido no art. 37, XI da CF/88, sendo o limite máximo os subsídios pagos aos Ministros do STF. Esse limite aplica-se às empresas públicas e sociedades de economia mista e suas subsidiárias que recebem recursos da União, dos Estados, do Distrito Federal ou dos Municípios para pagamento de despesas de pessoal ou custeio geral.

Portanto, os empregados dessas entidades poderão receber acima do teto, caso elas não recebam recursos de nenhum ente federativo para despesas de pessoal ou de custeio em geral.

Vale lembrar que é vedada a remuneração inferior ao salário mínimo, nos termos do art. 39, § 3º c/c 7º, IV, da CF/88. Na verdade, o vencimento básico do servidor até pode ser inferior ao salário mínimo, mas a remuneração total não, conforme determina o art. 41, § 5º, da Lei n. 8.112/90. Portanto, a somatória do vencimento com as vantagens não pode ser inferior ao salário mínimo. Esse é o entendimento da Súmula Vinculante 16:

Súmula Vinculante 16: "Os arts. 7º, IV, e 39, § 3º (redação da EC 19/98), da Constituição, referem-se ao total da remuneração percebida pelo servidor público".

Por fim, CF/88, em seu art. 37, inciso X, estabeleceu que a remuneração dos servidores públicos deve ser fixada ou alterada por lei específica. Fica vedada, portanto, a edição de Decreto para a concessão de aumentos ou reajustes aos servidores públicos. Além disso, a Constituição da República, no inciso XIII do mesmo dispositivo, veda a vinculação ou equiparação de quaisquer espécies remuneratórias para o efeito de remuneração de pessoal do serviço público. Para esse efeito, vale anotar a Súmula Vinculante 37 que dispõe: "Não cabe ao Poder Judiciário, que não tem função legislativa, aumentar vencimentos de servidores públicos sob o fundamento de isonomia."

13.1.3 Acessibilidade a cargos, funções e empregos públicos

O acesso é a todos os brasileiros, natos ou naturalizados, e aos estrangeiros, na forma da lei (art. 207, § 1º, da CF/88 e art. 5º, § 3º, da Lei n. 8.112/90 – universidades e instituições de pesquisa podem admitir estrangeiros como professores, técnicos e cientistas).

O art. 37, I, da CF/88 dispõe que os brasileiros e estrangeiros que preencham os requisitos estabelecidos em lei terão acesso aos cargos, aos empregos e às funções públicas.

A Constituição Federal permitiu, assim, o amplo acesso a cargos, empregos e funções públicas, excepcionada, porém, a relação trazida pelo § 3º do art. 12 da lei Máxima, que define os cargos privativos de brasileiros natos:

- Presidente da República e Vice;
- Presidente da Câmara dos Deputados;
- Presidente do Senado;
- Ministros do Supremo Tribunal Federal;
- Carreira diplomática;
- Oficial das Forças Armadas e Ministro de Estado da Defesa

13.1.4 Concursos públicos e contratações excepcionais

O art. 37, II, da CF estabelece que, para a investidura em cargo ou emprego público, é necessária a aprovação prévia em concurso público de provas ou de provas e títulos, de acordo com a natureza e a complexidade do cargo ou emprego.

A criação e a extinção de cargos dependem de Lei, nos termos do art. 48, X, da CF/88. No caso de cargos vagos, é possível a extinção por decreto (art. 84, inciso VI, "b", da CF/88).

A exigência de concurso é válida apenas para os cargos de provimento efetivo – aqueles preenchidos em caráter permanente.

Os cargos preenchidos em caráter temporário não precisam ser precedidos de concurso, pois a situação excepcional e de temporariedade, que fundamenta sua necessidade, é incompatível com a criação de um concurso público.

Para os cargos em comissão também não se exige concurso público (art. 37, V), desde que as atribuições não sejam de direção, chefia e assessoramento. Estes devem ser preenchidos nas condições e nos percentuais mínimos previstos em lei.

Também para as funções de confiança não se impõe concurso público; no entanto, a mesma norma acima mencionada estabelece que essa função será exercida exclusivamente por servidores ocupantes de cargo efetivo.

O prazo de validade do concurso público é de dois anos, prorrogável uma vez por igual período (art. 37, III, da CF). Durante o prazo do concurso, o aprovado não tem direito adquirido à contratação.

A Lei n. 12.990/2014 reserva aos negros 20% (vinte por cento) das vagas oferecidas nos concursos públicos para provimento de cargos efetivos e empregos públicos no âmbito da administração pública federal, das autarquias, das fundações públicas, das empresas públicas e das sociedades de economia mista controladas pela União. A reserva de vagas será aplicada sempre que o número de vagas oferecidas no concurso público for igual ou superior a 3 (três).

O art. 5º, § 2º da Lei n. 8.112/90 assegura as pessoas portadoras de deficiência o direito de se inscrever em concurso público para provimento de cargo cujas atribuições sejam compatíveis com a deficiência de que são portadoras; para tais pessoas serão reservadas até 20% (vinte por cento) das vagas oferecidas no concurso.

A Súmula 377 do STJ enuncia que: O portador de visão monocular tem direito de concorrer, em concurso público, às vagas reservadas aos deficientes.

13.1.5 Exercícios de mandato eletivo

Não é vedado o exercício de mandato eletivo por servidor público.

As regras estabelecidas no art. 38 da CF/88 são:

- Prefeito: deve afastar-se do cargo e pode optar entre a remuneração de servidor e o subsídio de prefeito.
- Vereador: caso não haja incompatibilidade de horários, pode acumular a remuneração de servidor e o subsídio de vereador.
- Outros cargos: não é possível optar nem acumular.

13.1.6 Posse, exercício e estágio probatório

A disciplina da posse e exercício do cargo pelo servidor público é contemplada nos arts. 13 a 20 da Lei n. 8.112/90.

A posse ocorrerá no prazo de 30 dias contados da publicação do ato de provimento. Já o exercício é o efetivo desempenho das atribuições do cargo público ou da função de confiança. É de 15 dias o prazo para o servidor empossado em cargo público entrar em exercício, contados da data da posse.

O prazo para o servidor adquirir estabilidade é de três anos de efetivo exercício, conforme disciplina o art. 41 da CF. Por isso, o servidor ao entrar em exercício ficará sujeito ao prazo de estágio probatório de 03 (três) anos, por conta da EC/19. Caso o servidor, não seja aprovado no estágio probatório ele será exonerado ou, se estável, reconduzido ao cargo anteriormente ocupado, conforme redação do art. 20, §2º da Lei n. 8.112/90.

13.1.7 Provimentos de cargos

A Lei n. 8.112/90 disciplina o regime jurídico dos servidores públicos da União, e no art. 8º traz as formas de provimento de cargo público. O ingresso aos cargos públicos será por meio de concurso público, que terá validade de até dois anos, podendo ser prorrogado uma única vez, por igual período (art. 37, III, da CF/88 e 12 da Lei n. 8.112/90).

Provimento é o ato pelo qual o servidor público é investido em cargo, emprego ou função. As formas de provimento são:

A. Nomeação

Segundo o art. 9º da Lei n. 8.112/90, a nomeação far-se-á em caráter efetivo, quando se tratar de cargo isolado de provimento efetivo ou de carreira ou em comissão, inclusive na condição de interino, para cargos de confiança vagos.

A nomeação para cargo de carreira ou cargo isolado de provimento efetivo depende de prévia habilitação em concurso público de provas ou de provas e títulos, obedecidos a ordem de classificação e o prazo de sua validade.

B. Promoção

É a forma de provimento pela qual o servidor passa a um cargo de maior grau de responsabilidade dentro da carreira a que pertence. O art. 39, § 2º, da CF/88 exige como requisito a participação em cursos de aperfeiçoamento.

C. Readaptação

É a investidura do servidor em cargo de atribuições e responsabilidades compatíveis com a limitação que tenha sofrido em sua capacidade física ou mental verificada em inspeção médica. Por exemplo, o caso de um servidor ocupante do cargo de motorista que sofre um acidente perdendo um dos braços. Se ele não conseguir mais dirigir, deverá ser adaptado em outra função.

D. Reversão

A reversão está disciplinada nos arts. 25 a 27 da Lei n. 8.112/90, sendo o retorno à atividade de servidor aposentado por invalidez, quando junta médica oficial declarar insubsistentes os motivos da aposentadoria ou no interesse da Administração.

No caso de interesse da Administração são necessários os seguintes requisitos:

1. Que o servidor tenha solicitado a reversão.
2. Que a aposentadoria tenha sido voluntária.
3. Que o servidor fosse estável quando na atividade.
4. Que a aposentadoria tenha ocorrido nos cinco anos anteriores à solicitação.
5. Que haja cargo vago.

E. Reintegração

Nos termos do art. 28 da Lei n. 8.112/90, é a reinvestidura do servidor estável no cargo anteriormente ocupado, ou no cargo resultante de sua transformação, quando invalidada sua demissão por decisão administrativa ou judicial, com ressarcimento de todas as vantagens. Se outra pessoa ocupava o cargo, e também já foi estável, será reconduzida ao cargo de origem, sem direito a indenização, aproveitada em outro cargo ou posta em disponibilidade, com remuneração proporcional ao tempo de serviço.

O § 2º do artigo citado determina que, encontrando-se provido o cargo, seu eventual ocupante será reconduzido ao cargo de origem, sem direito a indenização, ou aproveitado em outro cargo, ou, ainda, posto em disponibilidade.

F. Recondução

Prevista no art. 29, é definida como o retorno do servidor estável ao cargo anteriormente ocupado, e decorre de: inabilitação em estágio probatório relativo a outro cargo e reintegração do anterior ocupante (art. 41, § 1º, da CF).

G. Aproveitamento

Aproveitamento, de acordo com o art. 30 da Lei n. 8.112/90, é o retorno à atividade do servidor que estava em disponibilidade e far-se-á mediante aproveitamento obrigatório em cargo de atribuições e vencimentos compatíveis com o anteriormente ocupado.

13.1.8 Remoção e redistribuição

Os arts. 36 e 37 da lei traçam as diferenças entre a *remoção* e a *redistribuição*. Tanto uma como outra não são forma de provimento de cargo público. Vejamos:

A remoção é o deslocamento do servidor, a pedido ou de ofício, no âmbito do mesmo quadro, com ou sem mudança de sede. Por exemplo, para acompanhar cônjuge ou companheiro, também servidor público civil ou militar, de qualquer dos Poderes da União, dos Estados, do Distrito Federal e dos Municípios, que foi deslocado no interesse da Administração.

A redistribuição é o deslocamento de cargo de provimento efetivo, ocupado ou vago no âmbito do quadro geral de pessoal, para outro órgão ou entidade do mesmo Poder, observados os seguintes preceitos:

I – interesse da administração;

II – equivalência de vencimentos;

III – manutenção da essência das atribuições do cargo;

IV – vinculação entre os graus de responsabilidade e complexidade das atividades;

V – mesmo nível de escolaridade, especialidade ou habilitação profissional;

VI – compatibilidade entre as atribuições do cargo e as finalidades institucionais do órgão ou entidade.

13.1.9 *Vacância e Aposentadoria*

A vacância consiste nas hipóteses em que o servidor desocupa seu cargo, tornando-o passível de ser preenchido por outra pessoa. As hipóteses estão elencadas no art. 33 da Lei n. 8.112/90, quais sejam: exoneração, demissão, promoção, readaptação, aposentadoria, posse em outro cargo não acumulável e falecimento.

No caso de aposentadoria do servidor as regras estão no art. 40 da CF/88. Assim, o servidor poderá ser aposentado:

- Por incapacidade permanente para o trabalho, no cargo em que estiver investido, quando insuscetível de readaptação, hipótese em que será obrigatória a realização de avaliações periódicas para verificação da continuidade das condições que ensejaram a concessão da aposentadoria, na forma de lei do respectivo ente federativo

- Compulsoriamente: com proventos proporcionais ao tempo de contribuição, aos 70 (setenta) anos de idade, ou aos 75 (setenta e cinco) anos de idade, na forma de lei complementar.

- No âmbito da União, aos 62 (sessenta e dois) anos de idade, se mulher, e aos 65 (sessenta e cinco) anos de idade, se homem, e, no âmbito dos Estados, do Distrito Federal e dos Municípios, na idade mínima estabelecida mediante emenda às respectivas Constituições e Leis Orgânicas, observados o tempo de contribuição e os demais requisitos estabelecidos em lei complementar do respectivo ente federativo.

O Art. 37, § 10, da CF/88, veda a percepção simultânea de proventos de aposentadoria decorrentes do art. 40 ou dos artigos 42 e 142 com a remuneração de cargo, emprego ou função pública.

13.1.10 Direitos, Vantagens e Greve dos Servidores

Subsídio é o pagamento em parcela única, servindo para os agentes políticos.

Vencimento é a retribuição pecuniária pelo exercício de cargo público, com valor fixado em lei (art. 40 da Lei n. 8.112/90).

Remuneração é o vencimento do cargo efetivo, acrescido das vantagens pecuniárias estabelecidas em lei (art. 41 da Lei n. 8.112/90).

A disciplina desses institutos está descrita nos arts. 40 a 48 da Lei n. 8.112/90.

O art. 49 da Lei n. 8.112/90 estabelece que, além do vencimento, poderão ser pagas ao servidor as seguintes vantagens:

- indenizações;
- gratificações;
- adicionais.

As *indenizações* não se incorporam ao vencimento ou provento para qualquer efeito. Já as *gratificações* e os *adicionais* incorporam-se ao vencimento ou provento, nos casos e condições indicados em lei.

De acordo com o art. 51 da referida lei, constituem indenizações ao servidor:

- ajuda de custo;
- diárias;
- transporte;
- auxílio-moradia.

Anota-se que, o *direito de greve do servidor* é garantido pela CF/88 e será exercido nos termos e nos limites definidos em lei específica, conforme disciplina o art. 37, VII. O STF, nos Mandados de Injunção 670, 708, 712, já se manifestou no sentido de que o servidor pode fazer greve na forma lei do trabalhador comum – Lei n. 7.783/89, isto porque até hoje o Congresso Nacional não elaborou a lei de greve dos servidores.

Ainda sobre o direito de greve, o STF (*Informativo* 845) manifestou-se no sentido de que a Administração Pública deve proceder ao desconto dos dias de paralisação decorrentes do exercício do direito de greve pelos servidores públicos, em virtude da suspensão do vínculo funcional que dela decorre. É permitida a compensação em caso de acordo. O desconto será, contudo, incabível se ficar demonstrado que a greve foi provocada por conduta ilícita do Poder Público.

13.1.11 Regime disciplinar

A. Deveres do servidor

Estão previstos no art. 116 da Lei n. 8.112/90: exercer com zelo e dedicação as atribuições do cargo; ser leal às instituições a que servir; observar as normas legais e regulamentares; cumprir as ordens superiores, salvo quando manifestamente ilegais; atender com presteza: a) ao público em geral, prestando às informações requeridas, ressalvadas as protegidas por sigilo; b) à expedição de certidões requeridas para defesa de direito ou esclarecimento de situações de interesse pessoal; c) às requisições para a defesa da Fazenda Pública; levar ao conhecimento da autoridade superior as irregularidades de que tiver ciência em razão do cargo; zelar pela economia do material e conservação do patrimônio público; guardar sigilo sobre assunto da repartição; manter conduta compatível com a moralidade administrativa; ser assíduo e pontual ao serviço; tratar com urbanidade as pessoas e representar contra ilegalidade, omissão ou abuso de poder.

B. Proibições do servidor

O art. 117 elenca as seguintes proibições: ausentar-se do serviço durante o expediente, sem prévia autorização do chefe imediato; retirar, sem prévia anuência da autoridade competente, qualquer documento ou objeto da repartição; recusar fé a documentos públicos; opor resistência injustificada ao andamento de documento e processo ou execução de serviço; promover manifestação de apreço ou desapreço no recinto da repartição; cometer a pessoa estranha à repartição, fora dos casos previstos em lei, o desempenho de atribuição que seja de sua responsabilidade ou de seu subordinado; coagir ou aliciar subordinados no sentido de filiarem-se a associação profissional ou sindical, ou a partido político; manter sob a sua chefia imediata, em cargo ou função de confiança, cônjuge, companheiro ou parente até o segundo grau civil; valer-se do cargo para lograr proveito pessoal ou de outrem, em detrimento da dignidade da função pública; participar de gerência ou administração de sociedade privada, personificada ou não personificada, exercer o comércio, exceto na qualidade de acionista, cotista ou comanditário; atuar, como procurador ou intermediário, junto a repartições públicas, salvo quando se tratar de benefícios previdenciários ou assistenciais de parentes até o segundo grau, e de cônjuge ou companheiro; receber propina, comissão, presente ou vantagem de qualquer espécie, em razão de suas atribuições; aceitar comissão, emprego ou pensão de Estado estrangeiro; praticar usura sob qualquer de suas formas; proceder de forma desidiosa; utilizar pessoal ou recursos materiais da repartição em serviços ou atividades particulares; cometer a outro servidor atribuições estranhas ao cargo que ocupa, exceto em situações de emergência e transitórias; exercer quaisquer atividades que sejam incompatíveis com o exercício do cargo ou função e com o horário de trabalho; e recusar-se a atualizar seus dados cadastrais quando solicitado.

C. Responsabilidades

As responsabilidades do servidor estão tratadas nos arts. 121 a 126 da Lei n. 8.112/90.

O servidor responde administrativa, civil e penalmente pelo exercício irregular de suas atribuições. A responsabilidade civil decorre de ato omissivo ou comissivo, doloso ou culposo, que resulte em prejuízo ao erário ou a terceiros. Tratando-se de dano causado a terceiros, responderá o servidor perante a Fazenda Pública, em ação regressiva.

A obrigação de reparar o dano estende-se aos sucessores, e contra eles será executada, até o limite do valor da herança recebida. A responsabilidade penal abrange os crimes e as contravenções imputadas ao servidor, nessa qualidade.

A responsabilidade civil-administrativa resulta de ato omissivo ou comissivo praticado no desempenho do cargo ou função. As sanções civis, penais e administrativas poderão cumular-se, mas são independentes entre si. A responsabilidade administrativa do servidor será afastada no caso de absolvição criminal que negue a existência do fato ou sua autoria.

D. Penalidades

As penalidades estão descritas nos arts. 127 a 142 da Lei n. 8.112/90, e resumem-se em: advertência, suspensão, demissão, cassação de aposentadoria ou disponibilidade, destituição de cargo em comissão e destituição de função comissionada.

Cumpre diferenciar a exoneração da demissão. A exoneração é a não investidura do cargo e pode se dar a pedido ou de ofício (para os cargos em comissão ou quando não satisfeitas as condições do estágio probatório). Já a demissão é punição em razão do cometimento de falta grave.

Segundo o art. 143 da Lei n. 8.112/90, a autoridade que tiver ciência de irregularidade no serviço é obrigada a promover sua apuração imediata, mediante sindicância ou processo administrativo disciplinar, assegurada ao acusado a ampla defesa.

A sindicância não é procedimento prévio imprescindível para a instauração de processo administrativo disciplinar. É utilizada para aplicação de penalidade de advertência ou suspensão de até 30 (trinta) dias.

No caso de ilícitos que ensejam a aplicação de suspensão acima de 30 (trinta) dias, demissão, cassação de aposentadoria ou disponibilidade, ou destituição de cargo em comissão, é obrigatória a instauração de processo disciplinar, nos termos do art. 147 da Lei n. 8.112/90.

13.1.12 Pontos Polêmicos

13.1.12.1 Direitos subjetivos dos concursandos

O STF, no RE 598.099/MS, decidiu que o candidato aprovado dentro do número de vagas tem direito a nomeação. O Supremo considerou que a Administração Pública está vinculada ao número de vagas previstas no edital e que o dever de boa-fé da Administração Pública exige o respeito incondicional às regras do edital, inclusive quanto à previsão das vagas no concurso público.

A Administração poderá escolher, dentro do prazo de validade do concurso, o momento no qual se realizará a nomeação, mas não poderá dispor sobre a própria nomeação, a qual, de acordo com o edital, passa a constituir um direito do concursando aprovado e, dessa forma, um dever imposto ao Poder Público.

13.1.12.2 Exames psicotécnicos

O STF decidiu que é possível que eles sejam exigidos em concurso público, contanto que haja previsão legal da carreira (a previsão somente no edital não é suficiente), tenham por base critérios objetivos e de caráter científico (RE 188.234/DF) e haja a possibilidade de recurso por parte do candidato. Nesse aspecto, a Súmula Vinculante 44 determina que: "Só por lei se pode sujeitar a exame psicotécnico a habilitação de candidato a cargo público".

13.1.12.3 Apreciação de questões do concurso pelo Judiciário

Nesse tema, a abordagem é no sentido da possibilidade de o Poder Judiciário apreciar o conteúdo das questões, em comparação com os gabaritos, critérios de correção e a adequação entre a matéria abordada na prova e o conteúdo programático do edital.

As decisões do STF têm sido no sentido de que a análise do Judiciário desses aspectos incide sobre o mérito administrativo, sendo, portanto, inadmissível tal controle. Nesse caso, estaria o Judiciário agindo como substituto da banca examinadora (RE 315.007/CE).

Todavia, quanto ao controle de compatibilidade entre as questões e o conteúdo programático, o STF já anulou questões sob o fundamento de que o edital é a lei do concurso, e por isso a ele estão vinculados a Administração e os candidatos (RE 434.708/RS).

Recentemente o STF emitiu decisão no sentido da admissibilidade de controle jurisdicional da legalidade de concurso público quando verificada, em ofensa ao princípio da vinculação ao instrumento convocatório, desconformidade entre as questões da prova e o programa descrito no edital do certame (MS 30.894/DF – *Informativo* 665).

13.1.12.4 Agentes Públicos e Nepotismo

A palavra "nepotismo" tem origem no latim *nepos* e *nepotis*, que significam neto e sobrinho, respectivamente. O termo "nepotismo" surgiu porque os Papas, não podendo ter filhos, nomeavam seus sobrinhos-netos para cargos administrativos da Igreja. Dessa forma, a nomeação de parentes para ocupação de cargos públicos denominou-se nepotismo.

A Súmula Vinculante 13 do STF trata do nepotismo na Administração Pública e estabelece:

> A nomeação de cônjuge, companheiro ou parente em linha reta, colateral ou por afinidade, até o terceiro grau, inclusive, da autoridade nomeante ou de servidor da mesma pessoa jurídica, investido em cargo de direção, chefia ou assessoramento, para o exercício de cargo em comissão ou de confiança, ou, ainda, de função gratificada na Administração Pública direta e indireta, em qualquer dos Poderes da União, dos Estados, do Distrito Federal e dos municípios, compreendido o ajuste mediante designações recíprocas, viola a Constituição Federal.

Esse dispositivo tem de ser seguido por todos os órgãos públicos e, na prática, proíbe a contratação de parentes de autoridades e de funcionários para cargos de confiança, de comissão e de função gratificada no serviço público.

A súmula também veda o nepotismo cruzado, que ocorre quando dois agentes públicos empregam familiares um do outro como troca de favor. Ficam de fora do alcance da súmula os cargos de caráter político, exercido por agentes políticos, como por exemplo a nomeação do irmão de um Governador de Estado para ocupar o cargo de Secretário de Estado.

A vedação ao nepotismo não se aplica à investidura de servidores por efeito de aprovação em regular concurso público, sob pena de violar o disposto no art. 37, II, da CF/88. Por exemplo, o governador de um determinado Estado não pode deixar de nomear um indivíduo aprovado em concurso público, regularmente realizado, sob o fundamento de o candidato ser filho de deputado estadual (XXII Exame da OAB/FGV 2ª fase).

13.1.12.5   A EC/19 e o Regime Jurídico Único

A EC 19 alterou a redação do art. 39, *caput*, da CF/88, que obrigava a Administração Pública a adotar um regime jurídico único para todos os servidores da União, dos Estados, do Distrito Federal e dos Municípios. Isso possibilitou a existência de agentes públicos sujeitos a mais de um regime na Administração Pública, por exemplo, estatutários e celetistas.

Essa alteração foi objeto da ADI 2135/DF . Em novembro de 2024, o STF validou a referida emenda flexibilizando o regime de contratação de servidores públicos, ou seja, suprimiu a obrigatoriedade de regimes jurídicos únicos (RJU) e planos de carreira para servidores da administração pública direta, das autarquias e das fundações públicas federais, estaduais e municipais.

Portanto, os entes federativos passam a ter a possibilidade de admitir empregados pelo regime da Consolidação das Leis do Trabalho (CLT).

TOP DICAS
1) Candidato aprovado dentro do número de vagas do concurso tem direito subjetivo a nomeação.
2) O prazo para aquisição de estabilidade é de três anos.
3) É possível contratação de servidores em caráter temporário para satisfazer necessidade excepcional de interesse público.
4) A acumulação de cargo somente é prevista nas hipóteses determinadas na Constituição.
5) É inconstitucional toda modalidade de provimento de cargo público que propicie ao servidor investir-se, sem prévia aprovação em concurso público.

14
IMPROBIDADE ADMINISTRATIVA

14.1 Conceito

A temática do ato de improbidade administrativa foi introduzida no Texto Constitucional no capítulo referente à Administração Pública, mais especificamente no art. 37, § 4º, que determina que os atos de improbidade importarão na perda da função pública, na indisponibilidade dos bens do indiciado e no ressarcimento ao erário na forma da lei.

O ato de improbidade administrativa pode ser definido como todo aquele praticado por agente público, contrário às normas da moral, à lei e aos bons costumes, mediante o qual este se enriquece ilicitamente, obtém vantagem indevida, para si ou para outrem, ou causa dano ao erário. A improbidade é a má qualidade na gestão da coisa pública e prestação de serviços públicos.

O sistema de responsabilização por atos de improbidade administrativa tutelará a probidade na organização do Estado e no exercício de suas funções, como forma de assegurar a integridade do patrimônio público e social, como definido no art. 1º da Lei n. 8429/92.

A Lei n. 8.429/92, que trata dos atos de improbidade, não traz a definição de improbidade, ficando essa tarefa a cargo da doutrina. De forma singela, pode-se dizer que improbidade significa má qualidade; logo, o agente público que pratica ato de improbidade o faz porque exerce sua função com má qualidade. Esquematizando, a lei está dividida da seguinte maneira:

14.1.1 Sujeitos da improbidade administrativa

A Lei de Improbidade, nos seus arts. 1º, 2º e 3º, indica quem são os sujeitos ativo e passivo do ato de improbidade:

a) Sujeito passivo: é qualquer entidade pública ou particular que tenha participação de dinheiro público em seu patrimônio ou receita anual.

Dessa forma, os sujeitos passivos são: a Administração direta e indireta (autarquias, sociedades de economia mista e fundações); a entidade privada que receba subvenção, benefício ou incentivo, fiscal ou creditício, de entes públicos ou governamentais; entidade privada para cuja criação ou custeio o erário haja concorrido ou concorra no seu patrimônio ou receita atual, limitado o ressarcimento de prejuízos, nesse caso, à repercussão do ilícito sobre a contribuição dos cofres públicos.

b) Sujeito ativo: é o agente público, assim entendido (conceito dado pelo art. 2º da Lei n. 8.429/92) como todo aquele que exerce, ainda que transitoriamente, ou sem remuneração, por eleição, nomeação, designação, contratação ou qualquer outra forma de investidura ou vínculo, mandato, cargo, emprego ou função nas entidades mencionadas no art. 1º da lei em epígrafe.

Nesse sentido, é sujeito ativo aquele que, mesmo não sendo agente público, induza ou concorra para a prática do ato de improbidade ou dele se beneficie sob qualquer forma direta ou indireta. Vale salientar que a expressão "no que couber", prevista no art. 3º da Lei n. 8.429/92, deixa claro que, ao terceiro, não se aplicará a sanção da perda de função pública, desde que não a tenha.

14.1.2 Classificação dos atos de improbidade administrativa

A Lei n. 8.429/92 estabelece três modalidades de atos de improbidade administrativa: os que importam em enriquecimento ilícito, os que causam dano ao erário e os que atentam contra os princípios da Administração Pública.

Importante frisar que os casos previstos expressamente na Lei de Improbidade Administrativa são *numerus apertus*, isto é, meramente exemplificativos. Essa interpretação decorre da expressão "notadamente" presente no *caput* dos artigos em questão. Esquematizando, temos a seguinte situação:

A. Atos que importam em enriquecimento ilícito

De acordo com o art. 9º, os atos que importam em enriquecimento ilícito são:

I – receber, para si ou para outrem, dinheiro, bem móvel ou imóvel, ou qualquer outra vantagem econômica, direta ou indireta, a título de comissão, percentagem, gratificação ou presente de quem tenha interesse, direto ou indireto, que possa ser atingido ou amparado por ação ou omissão decorrente das atribuições do agente público;

II – perceber vantagem econômica, direta ou indireta, para facilitar a aquisição, permuta ou locação de bem móvel ou imóvel, ou a contratação de serviços pelas entidades referidas no art. 1º por preço superior ao valor de mercado;

III – perceber vantagem econômica, direta ou indireta, para facilitar a alienação, permuta ou locação de bem público ou o fornecimento de serviço por ente estatal por preço inferior ao valor de mercado;

IV – utilizar, em obra ou serviço particular, qualquer bem móvel, de propriedade ou à disposição de qualquer das entidades referidas no art. 1º desta Lei, bem como o trabalho de servidores, de empregados ou de terceiros contratados por essas entidades;

V – receber vantagem econômica de qualquer natureza, direta ou indireta, para tolerar a exploração ou a prática de jogos de azar, de lenocínio, de narcotráfico, de contrabando, de usura ou de qualquer outra atividade ilícita, ou aceitar promessa de tal vantagem;

VI – receber vantagem econômica de qualquer natureza, direta ou indireta, para fazer declaração falsa sobre qualquer dado técnico que envolva obras públicas ou qualquer outro serviço ou sobre quantidade, peso, medida, qualidade ou característica de mercadorias ou bens fornecidos a qualquer das entidades referidas no art. 1º desta Lei;

VII – adquirir, para si ou para outrem, no exercício de mandato, de cargo, de emprego ou de função pública, e em razão deles, bens de qualquer natureza, decorrentes dos atos descritos no caput deste artigo, cujo valor seja desproporcional à evolução do patrimônio ou à renda do agente público, assegurada a demonstração pelo agente da licitude da origem dessa evolução;

VIII – aceitar emprego, comissão ou exercer atividade de consultoria ou assessoramento para pessoa física ou jurídica que tenha interesse suscetível de ser atingido ou amparado por ação ou omissão decorrente das atribuições do agente público, durante a atividade;

IX – perceber vantagem econômica para intermediar a liberação ou aplicação de verba pública de qualquer natureza;

X – receber vantagem econômica de qualquer natureza, direta ou indiretamente, para omitir ato de ofício, providência ou declaração a que esteja obrigado;

XI – incorporar, por qualquer forma, ao seu patrimônio bens, rendas, verbas ou valores integrantes do acervo patrimonial das entidades mencionadas no art. 1º desta lei;

XII – usar, em proveito próprio, bens, rendas, verbas ou valores integrantes do acervo patrimonial das entidades mencionadas no art. 1º desta lei.

Vê-se, portanto, que o núcleo das condutas tipificadoras do enriquecimento ilícito é a obtenção de vantagem econômica. Seus núcleos verbais resumem-se em *receber, perceber, aceitar, utilizar, usar, adquirir e incorporar*.

Vejamos os principais verbos que aparecem neste tópico:

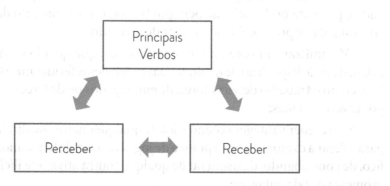

B. Atos que importam em dano ao erário

Os atos que importam em dano ao erário estão previstos no art. 10:

I – facilitar ou concorrer, por qualquer forma, para a indevida incorporação ao patrimônio particular, de pessoa física ou jurídica, de bens, de rendas, de verbas ou de valores integrantes do acervo patrimonial das entidades referidas no art. 1º desta Lei;

II – permitir ou concorrer para que pessoa física ou jurídica privada utilize bens, rendas, verbas ou valores integrantes do acervo patrimonial das entidades mencionadas no art. 1º desta lei, sem a observância das formalidades legais ou regulamentares aplicáveis à espécie;

III – doar à pessoa física ou jurídica bem como ao ente despersonalizado, ainda que de fins educativos ou assistências, bens, rendas, verbas ou valores do patrimônio de qualquer das entidades mencionadas no art. 1º desta lei, sem observância das formalidades legais e regulamentares aplicáveis à espécie;

IV – permitir ou facilitar a alienação, permuta ou locação de bem integrante do patrimônio de qualquer das entidades referidas no art. 1º desta lei, ou ainda a prestação de serviço por parte delas, por preço inferior ao de mercado;

V – permitir ou facilitar a aquisição, permuta ou locação de bem ou serviço por preço superior ao de mercado;

VI – realizar operação financeira sem observância das normas legais e regulamentares ou aceitar garantia insuficiente ou inidônea;

VII – conceder benefício administrativo ou fiscal sem a observância das formalidades legais ou regulamentares aplicáveis à espécie;

VIII – frustrar a licitude de processo licitatório ou de processo seletivo para celebração de parcerias com entidades sem fins lucrativos, ou dispensá-los indevidamente, acarretando perda patrimonial efetiva;

IX – ordenar ou permitir a realização de despesas não autorizadas em lei ou regulamento;

X – agir ilicitamente na arrecadação de tributo ou de renda, bem como no que diz respeito à conservação do patrimônio público;

XI – liberar verba pública sem a estrita observância das normas pertinentes ou influir de qualquer forma para a sua aplicação irregular;

XII – permitir, facilitar ou concorrer para que terceiro se enriqueça ilicitamente;

XIII – permitir que se utilize, em obra ou serviço particular, veículos, máquinas, equipamentos ou material de qualquer natureza, de propriedade ou à disposição de qualquer das entidades mencionadas no art. 1º desta lei, bem como o trabalho de servidor público, empregados ou terceiros contratados por essas entidades.

XIV – celebrar contrato ou outro instrumento que tenha por objeto a prestação de serviços públicos por meio da gestão associada sem observar as formalidades previstas na lei;

XV – celebrar contrato de rateio de consórcio público sem suficiente e prévia dotação orçamentária, ou sem observar as formalidades previstas na lei.

XVI – facilitar ou concorrer, por qualquer forma, para a incorporação, ao patrimônio particular de pessoa física ou jurídica, de bens, rendas, verbas ou valores públicos transferidos pela administração pública a entidades privadas mediante celebração de parcerias, sem a observância das formalidades legais ou regulamentares aplicáveis à espécie;

XVII – permitir ou concorrer para que pessoa física ou jurídica privada utilize bens, rendas, verbas ou valores públicos transferidos pela administração pública a entidade privada mediante celebração de parcerias, sem a observância das formalidades legais ou regulamentares aplicáveis à espécie;

XVIII – celebrar parcerias da administração pública com entidades privadas sem a observância das formalidades legais ou regulamentares aplicáveis à espécie;

XIX – agir para a configuração de ilícito na celebração, na fiscalização e na análise das prestações de contas de parcerias firmadas pela administração pública com entidades privadas;

XX – liberar recursos de parcerias firmadas pela administração pública com entidades privadas sem a estrita observância das normas pertinentes ou influir de qualquer forma para a sua aplicação irregular.

XXII – conceder, aplicar ou manter benefício financeiro ou tributário contrário ao que dispõem o caput e o § 1º do art. 8º-A da Lei Complementar n. 116, de 31 de julho de 2003.

De igual modo, para que você não confunda os artigos, esteja alerta aos principais verbos que indicam a incidência de atos que importam em dano ao erário:

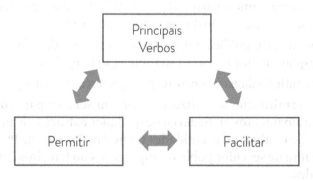

C. Atos que atentam contra os princípios da Administração Pública

Os atos que atentam contra os princípios da Administração Pública estão previstos no art. 11:

I – (revogado);

II – (revogado);

III – revelar fato ou circunstância de que tem ciência em razão das atribuições e que deva permanecer em segredo, propiciando beneficiamento por informação privilegiada ou colocando em risco a segurança da sociedade e do Estado;

IV – negar publicidade aos atos oficiais, exceto em razão de sua imprescindibilidade para a segurança da sociedade e do Estado ou de outras hipóteses instituídas em lei;

V – frustrar, em ofensa à imparcialidade, o caráter concorrencial de concurso público, de chamamento ou de procedimento licitatório, com vistas à obtenção de benefício próprio, direto ou indireto, ou de terceiros;

VI – deixar de prestar contas quando esteja obrigado a fazê-lo, desde que disponha das condições para isso, com vistas a ocultar irregularidades; (Redação dada pela Lei 14.230, de 2021)

VII – revelar ou permitir que chegue ao conhecimento de terceiro, antes da respectiva divulgação oficial, teor de medida política ou econômica capaz de afetar o preço de mercadoria, bem ou serviço.

VIII – descumprir as normas relativas à celebração, fiscalização e aprovação de contas de parcerias firmadas pela administração pública com entidades privadas.

IX – (revogado);

X – (revogado);

XI – nomear cônjuge, companheiro ou parente em linha reta, colateral ou por afinidade, até o terceiro grau, inclusive, da autoridade nomeante ou de servidor da mesma pessoa jurídica investido em cargo de direção, chefia ou assessoramento, para o exercício de cargo em comissão ou de confiança ou, ainda, de função gratificada na administração pública direta e indireta em qualquer dos Poderes da União, dos Estados, do Distrito Federal e dos Municípios, compreendido o ajuste mediante designações recíprocas;

XII – praticar, no âmbito da administração pública e com recursos do erário, ato de publicidade que contrarie o disposto no § 1º do art. 37 da Constituição Federal, de forma a promover inequívoco enaltecimento do agente público e personalização de atos, de programas, de obras, de serviços ou de campanhas dos órgãos públicos.

Tal dispositivo legal tem aplicação residual, pois, se a conduta importar em enriquecimento ilícito ou dano ao erário, deverá ser enquadrada nessas modalidades.

Para facilitar sua memorização, o esquema seguinte traz de forma simplificada o elemento subjetivo dos atos de improbidade:

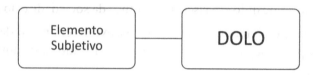

14.1.3 Sanções

A Lei n. 8.429/92 não tipificou crimes, porquanto as condutas nela descritas constituem sanções de natureza civil e política.

Os atos de improbidade administrativa que importam em enriquecimento ilícito estão sujeitos às seguintes penas: perda dos bens ou valores acrescidos ilicitamente ao patrimônio, perda da função pública, suspensão dos direitos políticos até 14 (catorze) anos, pagamento de multa civil equivalente ao valor do acréscimo patrimonial e proibição de contratar com o poder público ou de receber benefícios ou incentivos fiscais ou creditícios, direta ou indiretamente, ainda que por intermédio de pessoa jurídica da qual seja sócio majoritário, pelo prazo não superior a 14 (catorze) anos.

Os atos de improbidade que causem dano ao erário são apenáveis com: perda dos bens ou valores acrescidos ilicitamente ao patrimônio, se concorrer esta circunstância, perda da função pública, suspensão dos direitos políticos até 12 (doze) anos, pagamento de multa civil equivalente ao valor do dano e proibição de contratar com o poder público ou de receber benefícios ou incentivos fiscais ou creditícios, direta ou indiretamente, ainda que por intermédio de pessoa jurídica da qual seja sócio majoritário, pelo prazo não superior a 12 (doze) anos.

Por fim, conforme o esquema a seguir, os atos atentatórios aos princípios da Administração Pública sujeitam-se às penas de: pagamento de multa civil de até 24 (vinte e quatro) vezes o valor da remuneração percebida pelo agente e proibição de contratar com o poder público ou de receber benefícios ou incentivos fiscais ou creditícios, direta ou indiretamente, ainda que por intermédio de pessoa jurídica da qual seja sócio majoritário, pelo prazo não superior a 4 (quatro) anos.

O art. 12 pode ser esquematizado da seguinte forma:

Ato de Improbidade	Suspensão	Multa	Contratação
Enriquecimento Ilícito (art. 9º)	Até 14 anos	Equivalente ao acréscimo patrimonial	14 anos
Prejuízo ao Erário	Até 12 anos s	Equivalente ao valor dano	12 anos
Ofensa aos Princípios	–	Até 24 vezes o valor da remuneração	4 anos

14.1.4 Do procedimento administrativo e judicial

No tocante ao procedimento administrativo (arts. 14 a 16), qualquer pessoa pode representar à autoridade administrativa competente para que seja instaurada a investigação destinada a apurar a prática de ato de improbidade. A rejeição, entrementes, não obstará a investigação dos fatos pelo Ministério Público.

Instaurado o processo administrativo, a comissão processante dará ciência ao Tribunal de Contas e ao Ministério Público, podendo designar representante para acompanhar o procedimento administrativo.

Com relação ao procedimento judicial (arts. 17 e 18), a ação principal, que seguirá o procedimento comum, será proposta pelo Ministério Público. A ação por improbidade administrativa é repressiva, de caráter sancionatório, destinada à aplicação de sanções de caráter pessoal previstas na Lei, e não constitui ação civil, vedado seu ajuizamento para o controle de legalidade de políticas públicas e para a proteção do patrimônio público e social, do meio ambiente e de outros interesses difusos, coletivos e individuais homogêneos.

Na ação por improbidade administrativa poderá ser formulado, em caráter antecedente ou incidente, pedido de indisponibilidade de bens dos réus, a fim de garantir a integral recomposição do erário ou do acréscimo patrimonial resultante de enriquecimento ilícito. O prazo para contestação da ação será em 30 (trinta) dias.

Oferecida a contestação e, se for o caso, ouvido o autor, o juiz: procederá ao julgamento conforme o estado do processo, observada a eventual inexistência manifesta do ato de improbidade ou poderá desmembrar o litisconsórcio, com vistas a otimizar a instrução processual. Os parâmetros para a sentença estão indicados no art. 17 – C e 18 da Lei n. 8.429/92.

É possível a celebração de acordo de não persecução civil, conforme as circunstâncias do caso, desde que dele advenham, ao menos, os seguintes resultados: integral ressarcimento do dano; a reversão à pessoa jurídica lesada da vantagem indevida obtida, ainda que oriunda de agentes privados.

Tanto o STF (AI 556.727 AgR/SP) quanto o STJ (REsp 1.569.811) já se manifestaram no sentido de que não existe foro por prerrogativa de função em ações de improbidade administrativa, razão pela qual a ação de improbidade, por exemplo, contra o Prefeito deve ser proposta perante o juízo de 1º grau.

14.1.5 Pontos Polêmicos

14.1.5.1 Improbidade e Prescrição

A Lei n. 8.429/92 traz a seguinte redação acerca da prescrição:

Art. 23. A ação para a aplicação das sanções previstas nesta Lei prescreve em 8 (oito) anos, contados a partir da ocorrência do fato ou, no caso de infrações permanentes, do dia em que cessou a permanência. Alguns pontos importantes desse artigo:

(...) § 4º O prazo da prescrição referido no *caput* deste artigo interrompe-se: I – pelo ajuizamento da ação de improbidade administrativa; II – pela publicação da sentença condenatória; III – pela publicação de decisão ou acórdão de Tribunal de Justiça ou Tribunal Regional Federal que confirma sentença condenatória ou que reforma sentença de improcedência; IV – pela publicação de decisão ou acórdão do Superior Tribunal de Justiça que confirma acórdão condenatório ou que reforma acórdão de improcedência; V – pela publicação de decisão ou acórdão do Supremo Tribunal Federal que confirma acórdão condenatório ou que reforma acórdão de improcedência. § 5º Interrompida a prescrição, o prazo recomeça a correr do dia da interrupção, pela metade do prazo previsto no *caput* deste artigo. § 5º Interrompida a prescrição, o prazo recomeça a correr do dia da interrupção, pela metade do prazo previsto no caput deste artigo. § 6º A suspensão e a interrupção da prescrição produzem efeitos relativamente a todos os que concorreram para a prática do ato de improbidade. § 7º Nos atos de improbidade conexos que sejam objeto do mesmo processo, a suspensão e a interrupção relativas a qualquer deles estendem-se aos demais.

§ 8º O juiz ou o tribunal, depois de ouvido o Ministério Público, deverá, de ofício ou a requerimento da parte interessada, reconhecer a prescrição intercorrente da pretensão sancionadora e decretá-la de imediato, caso, entre os marcos interruptivos referidos no § 4º, transcorra o prazo previsto no § 5º deste artigo.

O julgamento do Tema 1199 do STF trouxe importantes inovações ao tema da Improbidade Administrativa, cujo assunto consta da definição sobre a retro-atividade da Lei de Improbidade Administrativa, principalmente no que tange a necessidade que elemento subjetivo dolo esteja presente para que se configure ato de improbidade administrativa, inclusive no art. 10 da Lei de Improbidade Administrativa; e ainda a aplicação dos novos prazos de prescrição geral e intercorrente.

As teses adotadas no Tema 1199 do STF são:

1. É necessária a comprovação de responsabilidade subjetiva para a tipificação dos atos de improbidade administrativa, exigindo-se – nos art. 9º, 10 e 11 da LIA – a presença do elemento subjetivo – DOLO;

2. A norma benéfica da lei 14.230/21 – revogação da modalidade culposa do ato de improbidade administrativa –, é irretroativa, em virtude do art. 5º, inciso XXXVI, da Constituição Federal, não tendo incidência em relação à eficácia da coisa julgada; nem tampouco durante o processo de execução das penas e seus incidentes;

3. A nova lei 14.230/21 aplica-se aos atos de improbidade administrativa culposos praticados na vigência do texto anterior da lei, porém sem condenação transitada em julgado, em virtude da revogação expressa do texto anterior; devendo o juízo competente analisar eventual dolo por parte do agente;

4. O novo regime prescricional previsto na lei 14.230/21 é irretroativo, aplicando-se os novos marcos temporais a partir da publicação da lei.

14.1.6 Improbidade e a lei Anticorrupção

Em 1º de agosto de 2013, entrou em vigor a Lei n. 12.846, conhecida como "Lei Anticorrupção". Por esse novo diploma, as pessoas jurídicas passam a ter responsabilidade civil e administrativa pela prática de ilícitos contra a Administração Pública, nacional ou estrangeira.

Essa lei pode ser aplicada contra empresas que corrompam agentes públicos, fraudem licitações ou contratos públicos, ou frustrem, mediante ajuste ou combinação, o caráter competitivo de um procedimento licitatório, dentre outras irregularidades.

Além disso, é possível a punição das empresas que, de qualquer modo, dificultarem atividade de investigação ou fiscalização de órgãos públicos.

A lei prevê a responsabilização objetiva da pessoa jurídica pela prática de atos contra a Administração, independentemente da comprovação de dolo ou culpa por parte de dirigentes, administradores ou terceiros (arts. 1º a 3º). A lei ressalta que a pessoa jurídica permanece responsável mesmo nos casos de alteração contratual, transformação, incorporação, fusão ou cisão societária (art. 4º).

No âmbito administrativo, há a previsão de aplicação de multas de até 20% do faturamento bruto da empresa no exercício do ano anterior ao da instauração do processo administrativo, ou até 60 milhões de reais quando não for possível a realização desse cálculo. Existe também a possibilidade de publicação extraordinária da sentença condenatória, que será realizada por meios de comunicação de grande circulação.

Na esfera judicial, poderá ser decretado perdimento de bens, direitos e valores, suspensão ou interdição parcial de atividades, além da proibição do recebimento de incentivos, subsídios, subvenções, doações ou empréstimos de órgãos ou entidades públicas e de instituições financeiras públicas ou controladas pelo Poder Público, pelo prazo de um a cinco anos.

Por fim, a lei traz a possibilidade de a Administração Pública celebrar acordos de leniência com as empresas que colaborarem efetivamente nas investigações. Para tanto, devem ser preenchidos os seguintes requisitos: a pessoa jurídica tem de ser a primeira a manifestar-se pela colaboração na elucidação do ilícito; deve cessar seu envolvimento neste a partir da propositura do acordo; deve admitir sua participação no ilícito e cooperar em todas as fases das investigações e do processo administrativo (art. 16). O acordo isentará a pessoa jurídica das sanções de publicação na imprensa e na internet de eventual decisão condenatória, bem como da restrição de obter empréstimo ou subsídios públicos, podendo ter reduzido em até 2/3 o valor da multa aplicável (art. 16, § 2º). O objetivo do acordo de leniência é estimular a denúncia espontânea pelas empresas.

TOP DICAS
1) O rol dos atos de improbidade administrativa é exemplificativo.
2) O rito da ação de improbidade é o comum.
3) O elemento subjetivo da ação de improbidade é o DOLO.
4) Na ação de improbidade é possível a celebração de acordo de não persecução civil.
5) A ação de improbidade poderá ser convertida em ação civil pública. é

15
PROCESSO ADMINISTRATIVO NO ÂMBITO DA ADMINISTRAÇÃO FEDERAL (LEI N. 9.784/99)

15.1 Objetivo e alcance da Lei n. 9.784/99

A Lei n. 9.784/99 regula o processo administrativo no âmbito da Administração Pública Federal direta e indireta. Visa à proteção dos direitos dos administrados e ao melhor cumprimento dos fins da Administração.

O previsto nessa lei também se aplica aos órgãos do Poder Legislativo e do Poder Judiciário da União, quando no desempenho de função administrativa.

Para o estudo desse assunto recomendamos a leitura integral da lei.

15.1.1 Princípios

A lei, no art. 2º, estabelece que a Administração Pública obedecerá, entre outros, aos seguintes princípios: legalidade, finalidade, motivação, razoabilidade, proporcionalidade, moralidade, ampla defesa, contraditório, segurança jurídica, interesse público e eficiência.

É importante destacar que a lei determina a observância do critério de interpretação da norma administrativa da forma que melhor garanta o atendimento do fim público a que se dirige, vedada a aplicação retroativa de nova interpretação.

15.1.2 Do Processo administrativo

O processo administrativo pode iniciar-se de ofício ou a pedido de interessado. Enuncia o art. 9º da lei que são legitimados como interessados no processo administrativo:

I – pessoas físicas ou jurídicas que o iniciem como titulares de direitos ou interesses individuais ou no exercício do direito de representação;

II – aqueles que, sem terem iniciado o processo, têm direitos ou interesses que possam ser afetados pela decisão a ser adotada;

III – as organizações e associações representativas, no tocante a direitos e interesses coletivos;

IV – as pessoas ou as associações legalmente constituídas quanto a direitos ou interesses difusos.

Para fins de processo administrativo, são capazes os maiores de 18 anos, ressalvada previsão especial em ato normativo próprio.

O interessado poderá, mediante manifestação escrita, desistir total ou parcialmente do pedido formulado ou, ainda, renunciar a direitos disponíveis, conforme art. 51 da Lei n. 9.784/95. Entretanto, a desistência ou renuncia não prejudica o prosseguimento do processo, se a Administração considerar que o interesse público assim o exige.

15.1.2.1 Da competência

A competência (arts. 11 a 17) para apreciação dos processos é irrenunciável e se exerce pelos órgãos administrativos a que foi atribuída como própria, exceto os casos de delegação e avocação legalmente admitidos. Inexistindo competência legal específica, o processo administrativo deverá ser iniciado perante a autoridade de menor grau hierárquico para decidir.

Um órgão administrativo e seu titular poderão, se não houver impedimento legal, delegar parte da sua competência a outros órgãos ou titulares, ainda que estes não lhe sejam hierarquicamente subordinados, quando for conveniente, em razão de circunstâncias de índole técnica, social, econômica, jurídica ou territorial.

Não podem ser objeto de delegação: a edição de atos de caráter normativo, a decisão de recursos administrativos e as matérias de competência exclusiva do órgão ou autoridade.

O ato de delegação especificará as matérias e poderes transferidos, os limites da atuação do delegado, a duração e os objetivos da delegação e o recurso cabível, podendo conter ressalva de exercício da atribuição delegada. O ato de delegação é revogável a qualquer tempo pela autoridade delegante.

O art. 15 dispõe que será permitida, em caráter excepcional e por motivos relevantes devidamente justificados, a avocação temporária de competência atribuída a órgão hierarquicamente inferior.

Atente-se também à previsão do art. 17, ao prescrever que, inexistindo competência legal específica, o processo administrativo deverá ser iniciado perante a autoridade de menor grau hierárquico para decidir.

15.1.2.2 Forma, tempo e lugar dos atos do processo

Os atos do processo administrativo não dependem de forma determinada senão quando a lei expressamente a exigir. Deverão ser realizados em dias úteis, no horário normal de funcionamento da repartição na qual tramitar o processo. Inexistindo disposição específica, os atos do órgão ou autoridade responsável

15 • PROCESSO ADMINISTRATIVO NO ÂMBITO DA ADMINISTRAÇÃO FEDERAL (LEI N. 9.784/99) **163**

pelo processo e dos administrados que dele participem devem ser praticados no prazo de cinco dias, salvo motivo de força maior.

No prosseguimento do processo, será garantido o direito de ampla defesa ao interessado. Devem ser objeto de intimação os atos do processo que resultem para o interessado em imposição de deveres, ônus, sanções ou restrição ao exercício de direitos e atividades e, por fim, os atos de outra natureza, de seu interesse.

15.1.2.3 Da instrução

As atividades de instrução destinadas a averiguar e comprovar os dados necessários à tomada de decisão se realizam de ofício ou mediante impulsão do órgão responsável pelo processo, sem prejuízo do direito dos interessados de propor atuações probatórias.

São inadmissíveis no processo administrativo as provas obtidas por meios ilícitos. Anota-se que é permitida a instauração de processo administrativo disciplinar com base em denúncia anônima, face ao poder-dever de autotutela imposto à Administração.

Poderá o interessado, na fase instrutória e antes da tomada da decisão, juntar documentos e pareceres, requerer diligências e perícias, bem como aduzir alegações referentes à matéria objeto do processo. Somente poderão ser recusadas, por decisão fundamentada, as provas propostas pelos interessados quando sejam ilícitas, impertinentes, desnecessárias ou protelatórias.

Quando deva ser obrigatoriamente ouvido um órgão consultivo, o parecer deverá ser emitido no prazo máximo de 15 dias, salvo norma especial ou comprovada necessidade de maior prazo. Se um parecer obrigatório e vinculante deixar de ser emitido no prazo fixado, o processo não terá seguimento até a respectiva apresentação, responsabilizando-se quem der causa ao atraso. Todavia, se um parecer obrigatório e não vinculante deixar de ser emitido no prazo fixado, o processo poderá ter prosseguimento e ser decidido com sua dispensa, sem prejuízo da responsabilidade de quem se omitiu no atendimento.

Encerrada a instrução, o interessado terá direito de manifestar-se no prazo máximo de 10 dias, salvo se outro prazo for legalmente fixado.

Concluída a instrução de processo administrativo, a Administração tem o prazo de até 30 dias para decidir, salvo prorrogação, por igual período expressamente motivada.

A Lei n. 14.210/21 inclui o capítulo dedicado à decisão coordenada na Administração Pública. Assim, o art. 49-A estabelece que no âmbito da Administração Pública federal, as decisões administrativas que exijam a participação de 3 (três) ou mais setores, órgãos ou entidades poderão ser tomadas mediante decisão coordenada, sempre que: for justificável pela relevância da matéria ou houver discordância que prejudique a celeridade do processo administrativo decisório.

Considera-se decisão coordenada a instância de natureza interinstitucional ou intersetorial que atua de forma compartilhada com a finalidade de simplificar o processo administrativo mediante participação concomitante de todas as autoridades e agentes decisórios e dos responsáveis pela instrução técnico-jurídica, observada a natureza do objeto e a compatibilidade do procedimento e de sua formalização com a legislação pertinente.

15.1.3 Da motivação

Como visto no capítulo referente ao ato administrativo, a motivação é necessária tanto nos atos vinculados como nos discricionários. No processo administrativo a lei determina que a motivação deve ser explícita, clara e congruente. Pode consistir em declaração de concordância com fundamentos de anteriores pareceres, informações, decisões ou propostas, que, nesse caso, serão parte integrante do ato.

15.1.4 Da anulação, revogação e convalidação

Os arts. 54 e 55 da lei tratam desse assunto. A Administração deve anular seus próprios atos quando eivados de vício de legalidade, e pode revogá-los por motivo de conveniência ou oportunidade, respeitados os direitos adquiridos.

O direito da Administração de anular os atos administrativos de que decorram efeitos favoráveis para os destinatários decai em cinco anos, contados da data em que foram praticados, salvo comprovada má-fé. Essa possibilidade está baseada no princípio da segurança jurídica.

Em decisão na qual se evidencie não acarretarem lesão ao interesse público nem prejuízo a terceiros, os atos que apresentarem defeitos sanáveis poderão ser convalidados pela própria Administração.

15.1.5 Do recurso administrativo e da revisão

Das decisões administrativas cabe recurso, em face de razões de legalidade e de mérito. O recurso será dirigido à autoridade que proferiu a decisão, a qual, se não a reconsiderar no prazo de cinco dias, o encaminhará à autoridade superior.

Em regra, o prazo para interposição de recurso administrativo é de 10 dias, contado a partir da ciência ou divulgação oficial da decisão recorrida. A decisão

15 • PROCESSO ADMINISTRATIVO NO ÂMBITO DA ADMINISTRAÇÃO FEDERAL (LEI N. 9.784/99)

deverá ser no prazo máximo de 30 dias, a partir do recebimento dos autos pelo órgão competente.

O recurso interpõe-se por meio de requerimento no qual o recorrente deverá expor os fundamentos do pedido de reexame, podendo juntar os documentos que julgar convenientes. Salvo disposição legal em contrário, o recurso não tem efeito suspensivo.

Têm legitimidade para interpor recurso administrativo: os titulares de direitos e interesses que forem parte no processo; aqueles cujos direitos ou interesses forem indiretamente afetados pela decisão recorrida; as organizações e associações representativas, no tocante a direitos e interesses coletivos; e os cidadãos ou associações, quanto a direitos ou interesses difusos.

O recurso não será conhecido quando interposto: fora do prazo, perante órgão incompetente, por quem não seja legitimado e após exaurida a esfera administrativa. O não conhecimento do recurso não impede a Administração de rever de ofício o ato ilegal, desde que não ocorrida preclusão administrativa.

O art. 64, parágrafo único, da lei determina que o órgão competente para decidir o recurso poderá confirmar, modificar, anular ou revogar, total ou parcialmente, a decisão recorrida, se a matéria for de sua competência. Se dessa decisão puder decorrer gravame à situação do recorrente, este deverá ser cientificado para que formule suas alegações antes da decisão. Trata-se da possibilidade da *reformatio in pejus*.

Se o recorrente alegar violação de enunciado da súmula vinculante, o órgão competente para decidir o recurso explicitará as razões da aplicabilidade ou inaplicabilidade da súmula, conforme o caso. Acolhida pelo Supremo Tribunal Federal a reclamação fundada em violação de enunciado da súmula vinculante, dar-se-á ciência à autoridade prolatora e ao órgão competente para o julgamento do recurso, que deverão adequar as futuras decisões administrativas em casos semelhantes, sob pena de responsabilização pessoal nas esferas cível, administrativa e penal.

Os processos administrativos de que resultem sanções poderão ser revistos a qualquer tempo, a pedido ou de ofício, quando surgirem fatos novos ou circunstâncias relevantes suscetíveis de justificar a inadequação da sanção aplicada. Da revisão do processo não poderá resultar agravamento da sanção.

15.1.6 *Responsabilidades*

Como dito no capítulo referente aos agentes públicos, o servidor responde civil, penal e administrativamente pelo exercício irregular de suas atribuições.

As sanções civis, penais e administrativas poderão cumular-se, mas são independentes entre si.

A sentença penal condenatória e as absolutórias por negativa de autoria e inexistência do fato têm repercussão na esfera administrativa. Já as absolutórias por ausência de provas e não correspondência entre fato e crime não repercutem no âmbito administrativo.

Esquematizando a repercussão da decisão na esfera penal no âmbito administrativo, temos a seguinte situação:

15.1.7 Pontos Polêmicos

15.1.7.1 Presença de advogado em processo administrativo disciplinar

No que se refere à necessidade de presença de advogado no processo administrativo disciplinar, o Supremo Tribunal Federal, por meio da Súmula Vinculante 5, decidiu que: "A falta de defesa técnica por advogado no processo administrativo disciplinar não ofende a Constituição".

15.1.7.2 Recurso Administrativo e depósito

A Súmula Vinculante 21 dispõe que: "É inconstitucional a exigência de depósito ou arrolamento prévios de dinheiro ou bens para admissibilidade de recurso administrativo".

15 • PROCESSO ADMINISTRATIVO NO ÂMBITO DA ADMINISTRAÇÃO FEDERAL (LEI N. 9.784/99)

A Súmula 21 trata sobre a exigência de depósito prévio ou arrolamento de bens para a interposição de recurso administrativo. A CF/88 trouxe um novo modelo de processo administrativo com contraditório e ampla defesa. O direito a interposição de recurso administrativo é a garantia de defesa.

O recurso não pode ficar prejudicado por exigência de depósito prévio, pois isso significa impedir o direito. O STJ já havia se manifestado nesse sentido por meio da Súmula 373.

O STF reafirmou esse posicionamento do STJ. Primeiro porque o direito de petição deve ser observado em todas as instâncias (art. 5º, XXXIV). Além disso, pela garantia de defesa, no sentido de que a parte tem direito de ter sua decisão revista pelo órgão superior (art. 5º, LV). A proporcionalidade e o devido processo legal também são fundamentos para sustentar a Súmula. Essa matéria vale para todos os processos administrativos.

TOP DICAS
1) No processo administrativo é possível a *reformatio in pejus*.
2) A falta de defesa técnica em processo administrativo não ofende a Constituição Federal.
3) A revisão do processo administrativo é possível a qualquer tempo.
4) No processo administrativo a competência é irrenunciável e delegável em determinados casos.
5) É possível o processo administrativo ser iniciado de ofício.

16
INTERVENÇÃO DO ESTADO NA PROPRIEDADE PRIVADA

16.1 Introdução

O Estado pode intervir na propriedade privada em razão da supremacia do interesse público sobre o privado e também com fundamento no poder de polícia. Por certo, qualquer intervenção tem que ser baseada em norma disposta na Constituição e na lei.

A Constituição Federal em diversos artigos assegura o direito de propriedade, por exemplo, nos arts. 5º, 170, 182 e 186, além do art. 524 do Código Civil.

Assim, para propiciar o bem-estar social, o Estado poderá intervir tanto na propriedade privada quanto nas atividades econômicas das empresas. O que se exige é que tal intervenção respeite os limites constitucionais que amparam o interesse público e garantem os direitos individuais.

As modalidades de intervenção do Estado na propriedade privada são: a desapropriação, a requisição, a ocupação temporária, a limitação administrativa, a servidão e o tombamento, conforme o esquema a seguir:

16.1.1 Desapropriação ou expropriação

16.1.1.1 Conceito

A desapropriação ou expropriação pode ser definida como um procedimento administrativo pelo qual se opera o transpasse da propriedade particular ou pública para o Poder Público ou seus delegados, por motivos de utilidade pública, interesse social ou necessidade pública, mediante prévia e justa indenização em dinheiro.

Vale lembrar que a Constituição Federal traz exceções quanto à indenização prévia, justa e em dinheiro quando se tratar de desapropriação para política urbana, em que o pagamento será em títulos da dívida pública, e nas hipóteses de desapropriação para reforma agrária, em que o pagamento será em títulos da dívida agrária.

O fundamento político da desapropriação é a ideia de domínio eminente do Estado, ou seja, o exercício do poder que ele tem sobre todas as coisas existentes em seu território. A desapropriação tem como fundamento jurídico o supraprincípio da supremacia do interesse público sobre o interesse privado. Para as demais modalidades de intervenção, o fundamento é o poder de polícia.

Quanto aos requisitos para a desapropriação destacam-se: comprovação da necessidade ou utilidade pública ou de interesse social; pagamento de indenização prévia ao ato de imissão na posse pelo Poder Público, e que seja justa e em dinheiro; e observância de procedimento administrativo, com respeito ao contraditório e à ampla defesa por parte do proprietário.

A legislação aplicável para o estudo do assunto é a seguinte:

- Constituição Federal: arts. 5º, XXIV, e 182 a 186;
- Decreto-Lei n. 3.365/41;
- Lei n. 4.132/62 (dispõe sobre a desapropriação por interesse social);
- Lei n. 4.505/64, Leis Complementares n. 76/93 e 88/96 e Lei n. 8.629/93 (disciplinam as expropriações de imóveis rurais para fins de reforma agrária);
- Decreto-Lei n. 1.075/70 (regula a imissão de posse *initio litis* em imóveis residenciais urbanos);
- Decreto-Lei n. 25 de 1937.

O Decreto-Lei n. 3.365/41 determina, em seu art. 2º, § 2º, que será exigida autorização legislativa para a desapropriação dos bens de domínio dos Estados, dos Municípios e do Distrito Federal pela União e dos bens de domínio dos Muni-

16 • INTERVENÇÃO DO ESTADO NA PROPRIEDADE PRIVADA

cípios pelos Estados. Todavia, será dispensada a autorização legislativa quando a desapropriação for realizada mediante acordo entre os entes federativos, no qual serão fixadas as respectivas responsabilidades financeiras quanto ao pagamento das indenizações correspondentes.

16.1.1.2 A justa indenização

A justa indenização inclui o valor do bem, suas rendas, danos emergentes, lucros cessantes, além dos juros compensatórios e moratórios, despesas judiciais, honorários advocatícios e correção monetária.

Benfeitorias: antes da decretação, todas são indenizadas; após a decretação, as necessárias serão sempre indenizadas; as úteis, desde que haja autorização do expropriante, e as voluptuárias, não.

Fundo de comércio: deve ser incluído na indenização se o expropriado for seu proprietário; porém, se pertencer a terceiro, deverá este pleitear em ação própria, como no caso do locatário.

Os bens públicos são passíveis de desapropriação pelas entidades estatais superiores desde que haja autorização legislativa, conforme dispõe o art. 2º do Decreto-Lei n. 3.365/41

Cumpre anotar que o Estado não pode desapropriar bens de outro Estado, nem bens de Município localizado em outro Estado. Além disso, os bens federais são inexpropriáveis, já que Estados e Municípios não podem desapropriar bens da União.

16.1.1.3 Espécies

1) Desapropriação para reforma agrária

A desapropriação para reforma agrária é competência da União. Incide sobre propriedades que não atendem à função social. A indenização é em títulos da dívida agrária, resgatáveis em até 20 anos.

É importante anotar que o art. 243 da CF/88 denomina "desapropriação" a tomada de glebas onde forem localizadas culturas ilegais de plantas psicotrópicas ou exploração de trabalho escravo, sem nenhuma indenização ao proprietário. Isso não é desapropriação e sim confisco.

Essa hipótese é chamada de desapropriação confiscatória (Lei n. 8.257/2001). Esse artigo traz duas situações: plantação e bens móveis de valor econômico, destinados ao tráfico de entorpecentes e exploração de trabalho escravo.

O imóvel é destinado a reforma agrária e a programas de habitação popular sem direito a indenização.

O art. 243, parágrafo único, indica que os bens de valor econômico apreendidos destinados ao tráfico ilícito de entorpecentes ou exploração de trabalho escravo serão confiscados e revertidos a fundo especial com destinação específica.

2) Desapropriação para política urbana

A desapropriação para política urbana é de competência dos Municípios e incide sobre imóveis que não atendem ao plano diretor. A indenização é em títulos de dívida pública, de emissão aprovada pelo Senado Federal, com prazo de resgate de até 10 anos. Tem sua previsão também no Estatuto da Cidade, conforme veremos adiante.

3) Desapropriação por zona

A desapropriação por zona consiste na ampliação da expropriação às áreas que se valorizem extraordinariamente em consequência de obra ou realização do serviço público (art. 4º do Decreto-Lei n. 3.365/41).

4) Desapropriação ordinária ou comum

A desapropriação ordinária ou comum está prevista no Decreto-Lei n. 3.365/41, sendo realizada pela União, Estados, Distrito Federal e Municípios. Essa desapropriação possui as seguintes fases:

16.1.1.4   Fases da desapropriação

1) Fase administrativa

Essa fase inicia-se com a expedição do decreto expropriatório ou por meio de lei (arts. 6º e 8º do Decreto-Lei n. 3.365/41).

O art. 5º do Decreto traz o rol dos casos de utilidade pública, como, por exemplo, segurança nacional, defesa do Estado, socorro público em caso de calamidade, salubridade pública, criação e melhoramento de centros de população, dentre outros. Esse decreto é um ato do chefe do Executivo, que manifesta interesse no bem comum.

Prazo de caducidade (máximo para que se efetue a desapropriação): utilidade pública – cinco anos; interesse social – dois anos.

Desde a declaração expropriatória ficam as autoridades expropriantes autorizadas a penetrar no imóvel.

Após a decretação, há a oferta pelo bem; se aceita, consuma-se a desapropriação. A transferência do bem dar-se-á por escritura pública. Caso não haja acordo, passa-se à fase judicial.

Vale lembrar que a titularidade para a declaração expropriatória pertence ao Poder Público. Porém, também possuem legitimidade o Departamento Nacional de Estradas de Rodagem (DNER – Decreto-Lei n. 521/69), a Agência Nacional de Energia Elétrica (Aneel – Lei n. 9.074/95) e os concessionários, desde que devidamente autorizados pela Administração (arts. 18, XII, 29, VIII, e 31, VI, todos da Lei n. 8.987/98).

O Poder Executivo e o Poder Legislativo possuem competência para a prática do ato expropriatório que dá início ao processo de desapropriação, e o fazem com instrumentos diferentes: *o chefe do Executivo*, por intermédio de decreto; *o chefe do Legislativo* (art. 8º do Decreto-Lei n. 3.365/41), por meio de lei.

2) Fase judicial

Esta fase inicia-se com a propositura da ação de desapropriação em que será discutido o valor da indenização e eventuais ilegalidades no procedimento (arts. 11 a 30 do Decreto-Lei n. 3.365/41).

A imissão na posse só pode ser autorizada com o depósito do valor apurado em avaliação prévia.

Feito o depósito, o expropriado poderá levantar 80%, ainda que discorde de seu montante.

Na ação de desapropriação:

- *Sujeito ativo*: o Poder Público ou concessionário/permissionário (desde que autorizados por lei). A ação, quando a União for autora, será proposta no Distrito Federal ou no foro da Capital do Estado onde for domiciliado o réu, perante o juízo privativo, se houver; sendo outro o autor, no foro da situação dos bens (art. 11).
- *Sujeito passivo*: o proprietário.
- *Juízo competente*: será proposta na Capital do Estado onde for domiciliado o réu; na Justiça Federal, se a desapropriação partir da União; no juízo da situação do bem, se a desapropriação for proposta pelo Estado, DF, Município ou entidades a estes vinculadas (juízo privativo da Fazenda, se houver).
- *Pedido*: consumação da transferência do bem para o Poder Público.
- *Inicial*: a petição inicial, além dos requisitos previstos no Código de Processo Civil (art. 319), conterá a oferta do preço e será instruída com um exemplar do contrato, ou do jornal oficial que houver publicado o decreto de desapropriação, ou cópia autenticada deles, e a planta ou descrição dos bens e suas confrontações.
- *Ministério Público*: intervém obrigatoriamente.

- *Contestação*: só pode versar sobre valor e vícios processuais. Qualquer outra questão deverá ser por ação direta (art. 20 do Decreto-Lei n. 3.365/41).

- *Sentença*: autoriza a imissão definitiva do bem e constitui título hábil para que seja feita a transmissão da propriedade do bem no registro imobiliário. Da sentença que fixar o preço da indenização caberá apelação (art. 1.009 do CPC), cujo efeito será simplesmente devolutivo, quando interposta pelo expropriado, e com ambos os efeitos, quando o for pelo expropriante. A sentença que condenar a Fazenda Pública em quantia superior ao dobro da oferecida fica sujeita ao duplo grau de jurisdição (art. 28).

Todo esse procedimento está previsto nos arts. 11 a 30 do Decreto-Lei n. 3.365/41, que disciplinam o processo judicial da desapropriação.

16.1.1.5 Direito de extensão

Esse direito assiste o proprietário de exigir que se inclua no plano de desapropriação a parte remanescente do bem, que se tornou inútil ou de difícil utilização. O pedido de extensão deve ser formulado pelo réu na contestação da ação expropriatória, sendo inviável a sua formulação por meio de reconvenção ou ação direta (REsp 816.535/SP).

Esse pedido poderá ser feito administrativa e judicialmente, na contestação. Assim, o pedido de extensão formulado na contestação não ofende a norma contida no art. 20 do Decreto-Lei n. 3.365/41 (REsp 986.386/SP).

16.1.1.6 Desvio de finalidade

O desvio de finalidade ocorre quando o bem expropriado para um fim é empregado noutro sem utilidade pública ou interesse social. A isso se chama tredestinação. Por exemplo, o Poder Público desapropria um imóvel com a justificativa de que vai construir uma escola pública e acaba ao final cedendo o terreno para um particular construir um *shopping center*. Essa é a tredestinação ilícita.

Na hipótese de o Poder Público desapropriar um imóvel para construção de um hospital, porém construir uma escola pública, não se vislumbra ilegalidade. Essa é a chamada tredestinação lícita.

16.1.1.7 Retrocessão

A retrocessão consiste no direito assegurado ao expropriado de exigir de volta o bem quando ele não tenha sido empregado para um destino que satisfaça a coletividade.

Está prevista no art. 519 do Código Civil e surge quando há desinteresse superveniente do Poder Público pelo bem que se desapropriou. Nesse caso, o Poder Público deve oferecer o bem ao ex-proprietário para que ele exerça seu direito de preferência pelo valor atual (art. 519 do Código Civil).

16.1.1.8 Desapropriação indireta

Desapropriação indireta é aquela realizada sem a devida observância do procedimento legal (art. 35 do Decreto-Lei n. 3.365/41). O proprietário não pode reaver o bem, deverá ajuizar ação, visando perdas e danos. Ex.: apropriação de áreas privadas para abertura de estradas.

16.1.1.9 Desistência da desapropriação

Ocorre quando o Poder Público desiste da desapropriação. Nesse caso, o expropriado não pode opor-se, mas poderá exigir reparação acerca dos prejuízos suportados com a expropriação iniciada e não concluída. É possível até a incorporação do bem ao patrimônio do expropriante (caso imóvel, até o trânsito em julgado da sentença ou registro do título constante do acordo).

16.1.1.10 Anulação da desapropriação

Pode ocorrer em razão de: incompetência da autoridade ou da forma do ato; desvio de finalidade ou ausência de utilidade pública ou de interesse social, o que caracteriza abuso de poder.

A ação anulatória da desapropriação, como as demais de natureza pessoal contra a Fazenda Pública, prescreve em cinco anos, mas, se ajuizada tempestivamente e vier a ser julgada posteriormente à incorporação do bem ao patrimônio do expropriante, resolve-se em perdas e danos, nos expressos termos do art. 35 do Decreto-Lei n. 3.365/41.

16.1.2 Servidão administrativa

Conforme a definição de Hely Lopes Meirelles (2000, p. 586), trata-se de um ônus real de uso imposto pelo Poder Público à propriedade particular para assegurar a realização e conservação de obras e serviços públicos, mediante indenização dos prejuízos efetivamente suportados pelo proprietário. Pode ser instituída por lei, sentença judicial ou acordo entre as partes. Ex.: passagem de dutos, fios elétricos ou telefônicos.

De acordo com o Art. 3º, do Decreto Lei n. 3.365/41, c/c o Art. 29, Inciso VIII, da Lei n. 8.987/95, os concessionários de serviços públicos podem executar/promover a instituição de servidão administrativa.

16.1.3 Requisição administrativa

Consiste na utilização coativa de bens ou serviços particulares pelo Poder Público por ato de execução imediata e direta da autoridade requisitante e indenização ulterior, para atendimento de necessidades coletivas, urbanas, urgentes e transitórias (art. 5º, XXV, da CF). Por exemplo, em um acidente aéreo de grandes proporções, é possível requisitar ambulâncias de hospitais privados para atender os feridos.

16.1.4 Ocupação temporária ou provisória

É a utilização transitória remunerada ou gratuita de bens particulares pelo Poder Público para fins de interesse público (art. 36 do Decreto-Lei n. 3.365/41). Ex.: a ocupação de um terreno particular para depósito de materiais de obra pública.

Importante ressaltar que tanto a ocupação temporária como a requisição são modalidades de intervenção quanto ao uso. A diferença básica entre elas está em que, para a requisição, é necessário o iminente perigo público, enquanto para a ocupação temporária, que só pode ocorrer em imóvel não edificado, não é necessário o iminente perigo público, bastando o interesse público. A ocupação gera indenização, caso exista prejuízo decorrente do uso do bem pela Administração Pública.

16.1.5 Limitação administrativa

Trata-se de medida de ordem geral, unilateral e que não gera indenização, pela qual o Poder Público condiciona o exercício de direitos e atividades particulares. Ex.: recuo de alguns metros das construções urbanas, proibição de desmatamento de parte da área florestada em cada propriedade rural e limite de altura dos prédios.

As limitações administrativas tanto podem constituir matéria privativa de lei – quando envolverem assunto que somente pode ser tratado por meio dessa espécie legislativa – quanto ser impostas por regulamento (cuja forma é o decreto regulamentar), quando consistirem em especificação de matéria já constante em lei. Poderá também a Administração recorrer a provimentos de urgência para estabelecer limitações ao uso da propriedade.

As limitações administrativas ao uso da propriedade podem gerar obrigações e direitos subjetivos entre os vizinhos, obrigando a observância das limitações por parte dos que constroem sob imposições administrativas.

16 • INTERVENÇÃO DO ESTADO NA PROPRIEDADE PRIVADA **177**

O direito subjetivo entre vizinhos, nas limitações administrativas, é assunto que vem causando profundas divergências nos tribunais. Há julgados que negam ação ao vizinho para exigir de seu confinante o atendimento das limitações.

Segundo Hely Lopes Meirelles, "no direito de construir, por expressa determinação do Código Civil, as normas de vizinhança são *sempre complementadas* pelas limitações administrativas ordenadoras da construção e assecuratórias da funcionalidade urbana" (Meirelles, 2000, p. 596).

16.1.6 Tombamento

O Decreto-Lei n. 25, de 1937, organiza a proteção do patrimônio histórico e artístico nacional, e dele se depreende que o tombamento consiste na declaração feita pelo Poder Público acerca do valor histórico, artístico, paisagístico, turístico, cultural ou científico de coisas ou locais.

A abertura de processo de tombamento, por deliberação do órgão competente, assegura a preservação do bem até decisão final, a ser proferida em 60 dias, ficando sustada qualquer modificação ou destruição. Esse é o tombamento provisório (art. 10 do Decreto-Lei n. 25/37).

As coisas tombadas não poderão, em caso nenhum, ser destruídas, demolidas ou mutiladas, nem, sem prévia autorização especial do Serviço do Patrimônio Histórico e Artístico Nacional, ser reparadas, pintadas ou restauradas, sob pena de multa de 50% do dano causado (art. 17 do Decreto-Lei n. 25/37).

O tombamento pode ser voluntário ou compulsório. Na hipótese de recusa do proprietário em anuir à inscrição da coisa, o tombamento será compulsório (art. 6º do Decreto-Lei n. 25/37).

De acordo com o art. 19 do Decreto-Lei n. 25/37, o proprietário de coisa tombada, que não dispuser de recursos para proceder às obras de conservação e reparação que ela requerer, levará ao conhecimento do Serviço do Patrimônio Histórico e Artístico Nacional a necessidade das mencionadas obras, sob pena de multa correspondente ao dobro da importância em que for avaliado o dano sofrido pela mesma coisa.

Recebida a comunicação, e consideradas necessárias as obras, o diretor do Serviço do Patrimônio Histórico e Artístico Nacional mandará executá-las, a expensas da União, devendo ser iniciadas dentro do prazo de seis meses, ou providenciará para que seja feita a desapropriação da coisa. À falta de qualquer dessas providências, poderá o proprietário requerer que seja cancelado o tombamento da coisa.

O tombamento, em regra, não obriga a indenização, salvo se as condições impostas para a conservação do bem acarretarem despesas extraordinárias para o proprietário, ou resultarem na interdição de seu uso, ou prejudicarem sua normal utilização, suprimindo ou depreciando seu valor econômico.

16.1.7 Estatuto da Cidade

16.1.7.1 Introdução

A Lei n. 10.257/2001, conhecida como o Estatuto da Cidade, regulamenta os arts. 182 e 183 da Constituição Federal, estabelecendo diretrizes gerais da política urbana.

Na execução da política urbana, o Estatuto da Cidade prescreve normas de ordem pública e de interesse social que regulam o uso da propriedade urbana em prol do bem coletivo, da segurança e do bem-estar dos cidadãos, bem como do equilíbrio ambiental.

O art. 2º da lei prevê que a política urbana tem como objetivo ordenar o pleno desenvolvimento das funções sociais da cidade e da propriedade urbana, mediante diretrizes gerais de garantia do direito a cidades sustentáveis; gestão democrática por meio da participação da população; cooperação entre os governos, dentre outras.

16.1.7.2 Instrumentos da política urbana

O art. 4º elenca os principais instrumentos da política urbana, quais sejam:

I – planos nacionais, regionais e estaduais de ordenação do território e de desenvolvimento econômico e social;

II – planejamento das regiões metropolitanas, aglomerações urbanas e microrregiões;

III – planejamento municipal, em especial:

a) plano diretor;

b) disciplina do parcelamento, do uso e da ocupação do solo;

c) zoneamento ambiental;

d) plano plurianual;

e) diretrizes orçamentárias e orçamento anual;

f) gestão orçamentária participativa;

g) planos, programas e projetos setoriais;

h) planos de desenvolvimento econômico e social;

IV – institutos tributários e financeiros:

a) imposto sobre a propriedade predial e territorial urbana – IPTU;

b) contribuição de melhoria;

c) incentivos e benefícios fiscais e financeiros;

V – institutos jurídicos e políticos:

a) desapropriação;

b) servidão administrativa;

c) limitações administrativas;

d) tombamento de imóveis ou de mobiliário urbano;

e) instituição de unidades de conservação;

f) instituição de zonas especiais de interesse social;

g) concessão de direito real de uso;

h) concessão de uso especial para fins de moradia;

i) parcelamento, edificação ou utilização compulsórios;

j) usucapião especial de imóvel urbano;

l) direito de superfície;

m) direito de preempção;

n) outorga onerosa do direito de construir e de alteração de uso;

o) transferência do direito de construir;

p) operações urbanas consorciadas;

q) regularização fundiária;

r) assistência técnica e jurídica gratuita para as comunidades e grupos sociais menos favorecidos;

s) referendo popular e plebiscito;

t) demarcação urbanística para fins de regularização fundiária; (Incluído pela Lei n. 11.977, de 2009)

u) legitimação de posse; (Incluído pela Lei n. 11.977, de 2009)

VI – estudo prévio de impacto ambiental (EIA) e estudo prévio de impacto de vizinhança (EIV).

Dentre esses instrumentos, destacam-se:

A. *IPTU progressivo*

O Município procederá à aplicação do Imposto sobre a Propriedade Predial e Territorial Urbana (IPTU) progressivo no tempo, mediante a majoração da alíquota pelo prazo de cinco anos consecutivos, em caso de não utilização ou subutilização do solo urbano (art. 7º).

B. *Desapropriação com pagamento em títulos*

Decorridos cinco anos de cobrança do IPTU progressivo sem que o proprietário tenha cumprido a obrigação de parcelamento, edificação ou utilização, o Município poderá proceder à desapropriação do imóvel, com pagamento em títulos da dívida pública (art. 8º). Os títulos da dívida pública terão prévia aprovação pelo Senado Federal e serão resgatados no prazo de até 10 anos, em prestações anuais, iguais e sucessivas, assegurados o valor real da indenização e os juros legais de 6% ao ano.

C. Usucapião de imóvel urbano

Aquele que possuir como sua área ou edificação urbana de até 250 m², por cinco anos, ininterruptamente e sem oposição, utilizando-a para sua moradia ou de sua família, adquirir-lhe-á o domínio, desde que não seja proprietário de outro imóvel urbano ou rural (art. 9º).

D. Direito de superfície

O proprietário urbano poderá conceder a outrem o direito de superfície do seu terreno, por tempo determinado ou indeterminado, mediante escritura pública registrada no Cartório de Registro de Imóveis. O direito de superfície abrange o direito de utilizar o solo, o subsolo ou o espaço aéreo relativo ao terreno, na forma estabelecida no contrato respectivo, atendida a legislação urbanística. A concessão do direito de superfície poderá ser gratuita ou onerosa. O superficiário responderá integralmente pelos encargos e tributos que incidirem sobre a propriedade superficiária, arcando, ainda, proporcionalmente, à sua parcela de ocupação efetiva, com os encargos e tributos sobre a área objeto da concessão do direito de superfície, salvo disposição em contrário do contrato respectivo. O direito de superfície pode ser transferido a terceiros, obedecidos os termos do contrato respectivo. Por morte do superficiário, os seus direitos transmitem-se a seus herdeiros (art. 21).

E. Direito de preempção

O direito de preempção confere ao Poder Público municipal preferência para aquisição de imóvel urbano objeto de alienação onerosa entre particulares (art. 25). Será exercido sempre que o Poder Público necessitar de áreas para: regularização fundiária, execução de programas e projetos habitacionais de interesse social, constituição de reserva fundiária, ordenamento e direcionamento da expansão urbana, implantação de equipamentos urbanos e comunitários, criação de espaços públicos de lazer e áreas verdes, criação de unidades de conservação ou proteção de outras áreas de interesse ambiental e proteção de áreas de interesse histórico, cultural ou paisagístico.

Anota-se que lei municipal, baseada no plano diretor, delimitará as áreas em que incidirá o direito de preempção, fixando prazo, não superior a cinco anos, renovável a partir de um ano após o decurso do prazo inicial de vigência.

F. Da outorga onerosa do direito de construir

O plano diretor poderá fixar áreas nas quais o direito de construir poderá ser exercido acima do coeficiente de aproveitamento básico adotado, mediante contrapartida a ser prestada pelo beneficiário (art. 28). A outorga onerosa é também denominada solo criado.

G. Operações urbanas consorciadas

Considera-se operação urbana consorciada o conjunto de intervenções e medidas coordenadas pelo Poder Público municipal, com a participação dos proprietários, moradores, usuários permanentes e investidores privados, com o objetivo de alcançar em uma área transformações urbanísticas estruturais, melhorias sociais e valorização ambiental (art. 32).

H. Transferência do direito de construir

Lei municipal, baseada no plano diretor, poderá autorizar o proprietário de imóvel urbano, privado ou público, a exercer em outro local, ou alienar, mediante escritura pública, o direito de construir previsto no plano diretor ou em legislação urbanística dele decorrente, quando o referido imóvel for considerado necessário para fins de (art. 35):

I – implantação de equipamentos urbanos e comunitários;

II – preservação, quando o imóvel for considerado de interesse histórico, ambiental, paisagístico, social ou cultural;

III – servir a programas de regularização fundiária, urbanização de áreas ocupadas por população de baixa renda e habitação de interesse social.

I. Estudo do impacto de vizinhança

Lei municipal definirá os empreendimentos e atividades privados ou públicos em área urbana que dependerão de elaboração de Estudo Prévio de Impacto de Vizinhança (EIV) para obter as licenças ou autorizações de construção, ampliação ou funcionamento a cargo do Poder Público municipal (art. 36).

16.1.8 Pontos Polêmicos

16.1.8.1 Desapropriação e fundo de comércio

Com relação ao fundo de comércio, a jurisprudência tem se manifestado no sentido de que deve ser incluído na indenização, se o expropriado for seu proprietário, porém se pertencer a terceiro, deverá pleitear em ação própria, como no caso do locatário. O fundamento legal para o valor da indenização não incluir o fundo de comércio de terceiros é o art. 26 do Decreto-Lei n. 3.365/41.

16.1.8.2 Desapropriação e dano moral

O dano moral na desapropriação é também chamado de confisco sentimental. E o que se pergunta: é indenizável?

Não existe, com relação à inclusão do dano moral no valor da indenização, uma posição sedimentada da jurisprudência. A análise é feita em cada caso concreto. O TJ/AP já decidiu, por exemplo, que existe dano moral quando o expropriado é retirado de seu empreendimento comercial, sem receber a indenização devida e compensatória da perda. Para a fixação do *quantum*, deve ser levada em consideração a situação socioeconômica do autor, para não ensejar enriquecimento ilícito, e garantir a natureza pedagógica da indenização (AC 230305 AP).

Se a desapropriação foi feita dentro dos limites da legitimidade do ato administrativo, não há falar em dano moral indenizável, mesmo diante dos transtornos naturalmente decorrentes de tal situação (Apelação Cível n. 70019256684 TJ/RS).

16.1.8.3 Competência para desapropriar

É importante diferenciar a competência para desapropriar e a competência para promover a desapropriação.

A competência para desapropriar, ou seja, submeter um bem à força expropriatória, declarando-o de utilidade pública ou interesse social, é da União, do Estado, do Município, do Distrito Federal e dos Territórios.

A competência para promover a desapropriação, ou seja, praticar atos concretos para a sua efetivação, além da União, dos Estados, dos Municípios, do Distrito Federal e dos Territórios, cabe às autarquias, empresas e fundações estatais, em seu próprio nome e com seus próprios recursos, se tal constar de sua lei instituidora (como por exemplo, em São Paulo, a Lei n. 119, de 29.06.1973, art. 12, que criou a Sabesp), mas a declaração expropriatória é, por regra, feita pelos respectivos Chefes de Poder Executivo.

As concessionárias, permissionárias ou autorizatárias de serviço público também podem efetivar a promoção expropriatória, desde que autorizadas pela lei ou pelo contrato, com recursos próprios e em seu próprio nome, igualmente com declaração expropriatória do respectivo Chefe do Executivo (Araújo, 2010, p. 1.082-1.083), conforme disposto no art. 3º do Decreto-lei 3.365/41.

Lembrando que a União pode desapropriar imóveis dos Estados, atendidos os requisitos previstos em lei, mas os Estados não podem desapropriar imóveis da União.

TOP DICAS
1) A desapropriação para reforma agrária é competência da União.
2) A ação de desapropriação é proposta pelo Poder Público.
3) A servidão administrativa pode ser instituída por lei, acordo ou sentença judicial.
4) O tombamento não retira a propriedade do particular proprietário do bem tombado.
5) Na desapropriação, a contestação pode versar sobre valor e vícios processuais.

17
CONTROLE DA ADMINISTRAÇÃO PÚBLICA E INTERVENÇÃO NO DOMÍNIO ECONÔMICO

17.1 Conceito de controle

Segundo Hely Lopes Meirelles, controle, em tema de Administração Pública, é a faculdade de vigilância, orientação e correção que um Poder, órgão ou autoridade exerce (Meirelles, 2000, p. 610). Esquematizando, temos a seguinte situação:

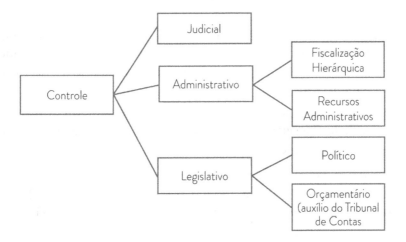

17.1.1 Controle administrativo

Controle administrativo é aquele realizado pela Administração sobre suas próprias atividades, sendo ilimitado, pois relacionado com a legalidade e com o mérito dos atos praticados.

A Administração controla os atos praticados pelos agentes públicos por meio da fiscalização hierárquica e dos recursos administrativos.

A *fiscalização hierárquica* é decorrente do poder hierárquico; é a possibilidade de a verificação do ato praticado pelo inferior ser fiscalizada, orientada e coordenada pelo superior hierárquico; já os *recursos administrativos* são os meios utilizados pelos administrados para provocar o reexame dos atos praticados pela Administração.

Os recursos administrativos podem ter efeito devolutivo e suspensivo (nos casos previstos em lei). Na hipótese de um recurso possuir efeito suspensivo, as consequências serão: impedimento da fluência do prazo prescricional e impossibilidade de utilização das vias judiciais para ataque ao ato pendente de decisão administrativa.

As modalidades de recursos administrativos são:

a) *Representação*: consiste na denúncia de irregularidades internas ou de abuso de poder na prática de atos administrativos. Pode ser feita por qualquer pessoa à autoridade competente para conhecer e coibir tal irregularidade. Tratando-se de representação contra abuso de autoridade, aplica-se o disposto na Lei n. 4.898/65.

b) *Reclamação administrativa*: consiste no ataque a atos que afetem interesses e direitos legítimos do reclamante. Ex.: a impugnação a débitos tributários.

c) *Pedido de reconsideração*: consiste no requerimento, pelo interessado, de reexame de determinado ato administrativo à mesma autoridade que o emitiu, para que ele seja invalidado ou modificado, nos termos do pedido do requerente.

d) *Recurso hierárquico*: consiste no pedido de reexame do ato dirigido à autoridade superior àquela que proferiu o ato, sobre todos os seus aspectos.

Podem ser próprios ou impróprios.

– *Próprios*: são os dirigidos pela parte à autoridade ou instância imediatamente superior, dentro do mesmo órgão em que o ato foi praticado; são uma decorrência da hierarquia e, por isso mesmo, independem de previsão legal.

– *Impróprios*: são os dirigidos à autoridade de outro órgão de hierarquia diversa daquela que proferiu o ato. Só são cabíveis se previstos expressamente em lei. Ex.: o recurso contra ato praticado por dirigentes de autarquia, interposto perante o Ministério a que esta se acha vinculada ou perante o chefe do Poder Executivo.

e) *Revisão*: é recurso previsto para reexame da decisão de que se utiliza o servidor público, punido pela Administração, em caso de surgirem fatos novos suscetíveis de demonstrar a sua inocência. Está prevista nos arts. 174 a 182 da Lei n. 8.112/90. Pode ser requerida a qualquer tempo.

17.1.2 *Controle legislativo ou parlamentar*

O controle legislativo ou parlamentar é aquele exercido pelo Poder Legislativo (Congresso Nacional, Senado Federal, Câmara dos Deputados, Assembleias

17 • CONTROLE DA ADMINISTRAÇÃO PÚBLICA E INTERVENÇÃO NO DOMÍNIO ECONÔMICO — 185

Legislativas, Câmara de Vereadores e Câmara Distrital), tendo em vista a administração desempenhada pelos Poderes Executivo e Judiciário.

É um controle limitado às hipóteses previstas na Constituição Federal.

Existem duas espécies de controle pelo Poder Legislativo: o controle político e o controle financeiro.

17.1.2.1   Controle Político

Consiste na apreciação de decisões administrativas, inclusive sob o aspecto da discricionariedade, ou seja, da oportunidade e conveniência diante do interesse público. Ex.: convocação de ministros para comparecimento nas comissões do Senado e da Câmara; pedidos escritos de informações; comissões parlamentares de inquérito.

17.1.2.2   Controle Orçamentário: O papel do Tribunal de Contas

O controle orçamentário e financeiro é conferido ao Legislativo e refere-se à prestação de contas de todo aquele que administra bens, valores ou dinheiros públicos. É exercido com o auxílio do Tribunal de Contas.

O *Tribunal de Contas* é um órgão independente de qualquer dos Poderes que auxilia o Poder Legislativo e colabora com o Poder Executivo. Age no controle externo da administração financeira, orçamentária e da gestão fiscal.

O controle exercido pelo Tribunal de Contas consiste na avaliação da legalidade, legitimidade, economicidade, fidelidade funcional e controle de programas e metas da Administração Pública. Esse controle atinge todos aqueles que utilizam, arrecadam, guardam, gerenciam ou administram dinheiros, bens e valores públicos ou pelos quais a União responda, ou que, em nome desta, assumam obrigações de natureza pecuniária.

Podem ser destacadas as seguintes funções dos Tribunais Contas, segundo o art. 71 da CF/88:

a) apreciar as contas prestadas anualmente pelo Presidente da República, mediante parecer prévio que deverá ser elaborado em sessenta dias a contar de seu recebimento;

b) julgar as contas dos administradores e demais responsáveis por dinheiros, bens e valores públicos da administração direta e indireta, incluídas as fundações e sociedades instituídas e mantidas pelo Poder Público federal, e as contas daqueles que derem causa a perda, extravio ou outra irregularidade de que resulte prejuízo ao erário público;

c) apreciar, para fins de registro, a legalidade dos atos de admissão de pessoal, a qualquer título, na administração direta e indireta, incluídas as fundações instituídas e mantidas pelo Poder Público, excetuadas as nomeações para cargo de provimento em comissão, bem como a das concessões de aposentadorias, reformas e pensões, ressalvadas as melhorias posteriores que não alterem o fundamento legal do ato concessório;

d) realizar, por iniciativa própria, da Câmara dos Deputados, do Senado Federal, de Comissão técnica ou de inquérito, inspeções e auditorias de natureza contábil, financeira, orçamentária, operacional e patrimonial, nas unidades administrativas dos Poderes Legislativo, Executivo, Judiciário, Administradores e demais responsáveis por dinheiros, bens e valores públicos da administração direta e indireta, incluídas as fundações e sociedades instituídas e mantidas pelo Poder Público federal, e as contas daqueles que derem causa a perda, extravio ou outra irregularidade de que resulte prejuízo ao erário público;

e) fiscalizar as contas nacionais das empresas supranacionais de cujo capital social a União participe, de forma direta ou indireta, nos termos do tratado constitutivo;

f) fiscalizar a aplicação de quaisquer recursos repassados pela União mediante convênio, acordo, ajuste ou outros instrumentos congêneres, a Estado, ao Distrito Federal ou a Município;

g) prestar as informações solicitadas pelo Congresso Nacional, por qualquer de suas Casas, ou por qualquer das respectivas Comissões, sobre a fiscalização contábil, financeira, orçamentária, operacional e patrimonial e sobre resultados de auditorias e inspeções realizadas;

h) aplicar aos responsáveis, em caso de ilegalidade de despesa ou irregularidade de contas, as sanções previstas em lei, que estabelecerá, entre outras cominações, multa proporcional ao dano causado ao erário;

i) assinar prazo para que o órgão ou entidade adote as providências necessárias ao exato cumprimento da lei, se verificada ilegalidade;

j) sustar, se não atendido, a execução do ato impugnado, comunicando a decisão à Câmara dos Deputados e ao Senado Federal;

k) representar ao Poder competente sobre irregularidades ou abusos apurados.

No caso de contrato, o ato de sustação será adotado diretamente pelo Congresso Nacional, que solicitará, de imediato, ao Poder Executivo as medidas cabíveis. Se o Congresso Nacional ou o Poder Executivo, no prazo de noventa dias, não efetivar essas medidas, o Tribunal decidirá a respeito.

As contas do Presidente da República são apreciadas pelo Tribunal de Contas, todavia o julgamento é feito pelo Congresso Nacional.

Anota-se também que as decisões do Tribunal de Contas de que resulte imputação de débito ou multa terão eficácia de título executivo, e qualquer cidadão, partido político, associação ou sindicato é parte legítima para, na forma da lei, denunciar irregularidades ou ilegalidades perante o Tribunal de Contas (art. 74, § 2º, da CF/88).

Nos termos do artigo 71, inciso III, da CRFB, compete ao TCU e, por simetria, aos Tribunais de Contas dos Estados apreciar, para fins de registro, a legalidade dos atos de concessão de aposentadoria. De acordo com os precedentes do STF, os atos de aposentadoria são considerados atos complexos, que somente se aperfeiçoam com o registro na Corte de Contas respectiva.

Por fim, segundo o art. 75 da CF/88, as normas relativas à organização, composição e fiscalização cabem no que couber aos Tribunais de Contas dos Estados e do Distrito Federal, bem como aos Tribunais e Conselhos de Contas dos Municípios.

17.1.3 Controle jurisdicional

É aquele exercido pelo Poder Judiciário, acerca dos aspectos de legalidade, sobre os atos praticados pela Administração Pública. Trata-se de um controle limitado, pois circunscrito aos aspectos de legalidade do ato praticado. Nesse caso, o ato será anulado. O mérito do ato administrativo, ou seja, os aspectos de oportunidade e conveniência, não está sujeito a controle pelo Poder Judiciário.

Os principais meios de controle jurisdicional dos atos administrativos, sem prejuízo das demais ações judiciais, são: mandado de segurança, ação popular, ação civil pública, mandado de injunção, *habeas data*, *habeas corpus*, reclamação constitucional, ação direta de inconstitucionalidade, ação declaratória de constitucionalidade e arguição de descumprimento de preceito fundamental. Vejamos algumas delas:

A. Mandado de segurança

A Lei n. 12.016/2009 disciplina o mandado de segurança individual e coletivo. O art. 1º estabelece que

> conceder-se-á mandado de segurança para proteger direito líquido e certo, não amparado por *habeas corpus* ou *habeas data*, sempre que, ilegalmente ou com abuso de poder, qualquer pessoa física ou jurídica sofrer violação ou houver justo receio de sofrê-la por parte de autoridade, seja de que categoria for e sejam quais forem as funções que exerça.

O § 1º prevê que se equiparam às autoridades, para os efeitos da lei, os representantes ou órgãos de partidos políticos e os administradores de entidades autárquicas, bem como os dirigentes de pessoas jurídicas ou as pessoas naturais no exercício de atribuições do Poder Público, somente no que disser respeito a essas atribuições.

Dessa forma, o mandado de segurança se constitui em um dos remédios jurídicos mais importantes da ordem jurídica nacional para a proteção de direito líquido e certo, da pessoa física ou jurídica, ameaçado ou violado por ato manifestamente ilegal de autoridade pública. O direito líquido e certo é aquele que pode ser comprovado de plano, ou seja, no momento da impetração esse direito se apresentará com todos os seus requisitos.

B. Ação popular

É a ação constitucional, regulada pela Lei n. 4.717/65, proposta por

qualquer cidadão para pleitear a anulação ou a declaração de nulidade de atos lesivos ao patrimônio da União, do Distrito Federal, dos Estados, dos Municípios, de entidades autárquicas, de sociedades de economia mista (Constituição, art. 141, § 38), de sociedades mútuas de seguro nas quais a União represente os segurados ausentes, de empresas públicas, de serviços sociais autônomos, de instituições ou fundações para cuja criação ou custeio o tesouro público haja concorrido ou concorra com mais de 50% (cinquenta por cento) do patrimônio ou da receita ânua de empresas incorporadas ao patrimônio da União, do Distrito Federal, dos Estados e dos Municípios, e de quaisquer pessoas jurídicas ou entidades subvencionadas pelos cofres públicos.

C. Habeas data

É a ação constitucional, regulada pela Lei n. 9.507/97, para assegurar o conhecimento de informações relativas à pessoa do impetrante, constantes de registros ou bancos de dados de entidades governamentais ou de caráter público e/ou para a retificação de dados, quando não se prefira fazê-lo por processo sigiloso, judicial ou administrativo.

D. Ação civil pública

É a ação destinada a tutelar interesses coletivos e difusos. A Lei n. 7.347/85 disciplina a ação civil pública de responsabilidade por danos causados ao meio ambiente, ao consumidor, a bens e direitos de valor artístico, estético, histórico, turístico e paisagístico.

E. Ação de improbidade administrativa

A Lei n. 8.429/92 trata da improbidade administrativa e tem como objetivo reparar os danos causados pelos agentes públicos às entidades da Administração Pública direta, indireta ou fundacional de qualquer dos poderes da União, dos

17 • CONTROLE DA ADMINISTRAÇÃO PÚBLICA E INTERVENÇÃO NO DOMÍNIO ECONÔMICO 189

Estados, do Distrito Federal, dos Municípios, de Território, de empresa incorporada ao patrimônio público ou de entidade para cuja criação ou custeio o erário haja concorrido ou concorra com mais de 50% do patrimônio ou receita anual.

F. Reclamação constitucional

É uma ação constitucional que visa fazer cumprida decisão do Supremo Tribunal Federal sobre determinada hipótese. O objeto da ação é preservar a competência da Corte Constitucional, bem como garantir a autoridade das decisões desse tribunal (arts. 102, I, *I*, e 103-A, § 3º, da CF). A ação de reclamação tem duplo desígnio: a) preservar a competência do Supremo Tribunal Federal e do Superior Tribunal de Justiça; b) garantir a autoridade das decisões desses dois Tribunais (art. 156 do RISTF; art. 187 do RISTJ e art. 13 da Lei n. 8.038/90). Portanto, a reclamação perante o STF e o STJ possui previsão constitucional (arts. 102, I, *I*, e 105, I, *f*, da CF), legal (arts. 13 a 18 da Lei n. 8.038/90) e regimental (arts. 156 a 162 do RISTF e 187 a 192 do RISTJ).

17.1.4 Intervenção do Estado no Domínio Econômico

O Estado social também exige uma prestação positiva; no que diz respeito ao domínio econômico, exige que o Estado regule a economia por meio do poder de polícia, estabelecendo limites ao funcionamento dessa Economia.

É importante ressaltar que não existe ordem econômica sem ordem social a ordem econômica está intrinsecamente ligada à ordem social por força do art. 170 da Constituição Federal.

17.1.4.1 Conceito

A CF/88 assegura à iniciativa privada a exploração de atividade econômica. Com relação ao Estado, a atuação nessa atividade somente será permitida quando necessária aos imperativos da segurança nacional ou a relevante interesse coletivo, conforme disposto no art. 173 da Constituição Federal. Portanto, a atuação do Estado no domínio econômico consiste na exploração direta de atividade econômica pelo Estado.

A competência para atuação no domínio econômico é, em regra, da União, todavia há certas medidas que podem ser adotadas pelos Estados-Membros, Distrito Federal e Municípios (arts. 23, VI, VIII, e 24, V e VI, da CF).

17.1.4.2 Modalidades

Seguindo a doutrina de Hely Lopes Meirelles (2000, p. 589), os principais meios de atuação na ordem econômica são: monopólio, repressão ao abuso do poder econômico, controle do abastecimento, tabelamento de preços e criação de empresas estatais. Esses meios variam segundo o objeto, motivo e interesse público. Esquematizando, temos a seguinte situação:

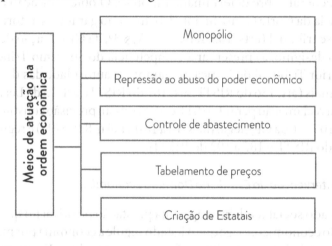

17.1.4.3 Monopólio

O monopólio consiste na atribuição conferida ao Estado para o desempenho exclusivo de certa atividade do domínio econômico, tendo em vista as exigências do interesse público.

O art. 177 da CF/88 traz as hipóteses de monopólio, dentre as quais se destacam: o refino de petróleo nacional, a pesquisa e a lavra das jazidas de petróleo e gás natural, dentre outras.

Ponto importante para o estudo do tema é a diferenciação entre monopólio e exclusividade. Monopólio serve para atividade econômica e a exclusividade deve ser utilizada para prestação de serviços públicos, é uma situação de privilégio. Dessa forma, a Empresa de Correios e Telégrafos (ECT) tem exclusividade (e não monopólio) na prestação do serviço postal. Esse assunto foi amplamente discutido na ADPF 46, em que o STF reconheceu a exclusividade da ECT.

17.1.4.4 Repressão ao abuso do poder econômico

O art. 173, § 4º, da CF/88 dispõe que a lei reprimirá o abuso do poder econômico que vise à dominação dos mercados, à eliminação da concorrência e ao aumento arbitrário dos lucros.

A Lei n. 12.529 de 2011 estrutura o Sistema Brasileiro de Defesa da Concorrência (SBDC) e dispõe sobre a prevenção e a repressão às infrações contra a ordem econômica, orientada pelos ditames constitucionais de liberdade de iniciativa, livre concorrência, função social da propriedade, defesa dos consumidores e repressão ao abuso do poder econômico.

A Lei n. 12.529/2011 prevê uma série de condutas que constituem infração da ordem econômica, independentemente de culpa, caso tenham por objeto ou possam produzir como efeito o aumento arbitrário dos lucros. Dentre elas, destaca-se acordar, combinar, manipular ou ajustar com concorrente, sob qualquer forma, os preços de bens ou serviços ofertados individualmente ou a produção ou a comercialização de uma quantidade restrita ou limitada de bens (Art. 36, § 3º, I ou Art. 173, § 4º da CF/88).

O titular dos bens jurídicos protegidos pela lei é a coletividade. O SBDC é formado pelo Conselho Administrativo de Defesa Econômica (CADE) e pela Secretaria de Acompanhamento Econômico do Ministério da Fazenda.

O CADE é entidade judicante com jurisdição em todo o território nacional, que se constitui em autarquia federal, vinculada ao Ministério da Justiça, com sede e foro no Distrito Federal.

A Lei n. 12.529/2011 aplica-se às pessoas físicas ou jurídicas de direito público ou privado, bem como a quaisquer associações de entidades ou pessoas, constituídas de fato ou de direito, ainda que temporariamente, com ou sem personalidade jurídica, mesmo que exerçam atividade sob regime de monopólio legal.

De acordo com o art. 32, as diversas formas de infração da ordem econômica implicam a responsabilidade da empresa e a responsabilidade individual de seus dirigentes ou administradores, solidariamente. Serão solidariamente responsáveis as empresas ou entidades integrantes de grupo econômico, de fato ou de direito, quando pelo menos uma delas praticar infração à ordem econômica (art. 33).

Dentre as formas de dominação abusiva dos mercados podemos destacar:

- Truste: imposição de grandes empresas sobre os concorrentes menores, com intuito de afastá-los do mercado ou impor concordância com política de preços do maior vendedor.

- Cartel: ocorre quando os concorrentes estabelecem a composição dos preços e outras condições com objetivo de eliminar a concorrência, aumentando de forma arbitrária seus lucros.

- Dumping: prática abusiva em que uma empresa recebe subsídio oficial de seu país para baratear de maneira excessiva o custo do produto.

No art. 46, § 3º, da Lei n. 12.529/11 há a previsão de prescrição no procedimento administrativo paralisado por mais de 3 (três) anos, pendente de julgamento ou despacho, cujos autos serão arquivados de ofício ou mediante requerimento da parte interessada, sem prejuízo da apuração da responsabilidade funcional decorrente da paralisação, se for o caso.

17.1.4.5 Controle de Abastecimento

Trata-se de meio de domínio econômico pelo Estado com vistas a manter no mercado de consumo produtos e serviços necessários para à demanda da coletividade.

17.1.4.6 Tabelamento de preços

Os preços podem ser classificados como privados (próprios do mercado) e públicos (fixados por meio de tarifa ou preço público). A atuação do Estado no tabelamento de preços refere-se aos preços privados quando o preço formado no mercado não atende ao interesse público.

17.1.4.7 Criação de Estatais

Tanto as empresas públicas como as sociedades de economia mista são consideradas de forma genérica empresas estatais. Nessas entidades, tanto as que prestam serviço público como as que exploram atividade econômica, há a geração de lucro, que, no entanto, não é o objetivo principal do empreendimento, ainda que explore atividade econômica, uma vez que a atuação do Estado somente se justifica por razões de interesse público ou imperativos da segurança nacional, conforme disciplina o art. 173 da CF/88 (Meirelles, 2000, p. 335).

17.1.5 Pontos Polêmicos

17.1.5.1 Concurso Público e Controle Judicial

A Administração Pública está adstrita aos termos do edital do concurso público. O controle jurisdicional de atos de banca examinadora de concurso público somente é admissível excepcionalmente. Havendo correlação entre o programa do edital e as questões realizadas, impõe-se o reconhecimento da ausência de direito líquido e certo.

17 • CONTROLE DA ADMINISTRAÇÃO PÚBLICA E INTERVENÇÃO NO DOMÍNIO ECONÔMICO

Recentemente, o STF (*Informativo* 665) emitiu decisão no sentido da admissibilidade de controle jurisdicional da legalidade de concurso público quando verificada, em ofensa ao princípio da vinculação ao instrumento convocatório, a desconformidade entre as questões da prova e o programa descrito no edital do certame (MS 30.894/DF).

17.1.5.2 Tribunal de contas e a Súmula Vinculante 3

A Súmula Vinculante 3 determina que: "Nos processos perante o Tribunal de Contas da União asseguram-se o contraditório e a ampla defesa quando da decisão puder resultar anulação ou revogação de ato administrativo que beneficie o interessado, excetuada a apreciação da legalidade do ato de concessão inicial de aposentadoria, reforma e pensão".

Examinando o texto da súmula, entende-se que o contraditório e a ampla defesa devem ser observados durante todo o processo de anulação ou revogação de ato administrativo, não sendo observados quando da concessão inicial da aposentadoria, reforma ou pensão, o que significa que quando se questiona a concessão da aposentadoria, que está em seu início, não há que se observar tais princípios.

Essa apreciação não necessita de um processo formal, com observância de todos os princípios constitucionais processuais, sendo apenas um ato de verificação do valor dos proventos.

Destarte, é importante ressaltar que a súmula trata do respeito a esses princípios apenas no âmbito dos processos de admissão e de aposentação (CF/88, art. 71, III). Não versa sobre o devido processo legal, com seus consectários: contraditório e ampla defesa, no âmbito dos demais processos de fiscalização (auditorias, denúncias, representações etc.) nem no dos processos de contas (anuais, extraordinárias e especiais – CF/88, art. 71, II).

É claro que isso não significa estar dispensado o respeito ao contraditório e à ampla defesa nos demais processos, de fiscalização e de contas, mas tão somente que a Súmula 3 não dispõe sobre a observância desses princípios nesses processos, regendo apenas o devido processo legal nas fiscalizações atinentes ao registro de admissões ou de aposentadorias, reformas e pensões.

Por fim, vale destacar que nos MS 25.116 e 26.053 o STF entendeu que, se o TCU demorar muito tempo para expedir seu ato, haverá contraditório e ampla defesa no TCU, por conta de segurança jurídica. Essa é uma nova interpretação da Súmula pelo STF. A Súmula não mudou, apenas mudou a orientação do STF. Tudo isso por conta dos princípios da razoabilidade e da lealdade. O prazo razoável para o TCU se manifestar sobre aposentadorias é de cinco anos.

17.1.5.3   Tribunal de Contas e Sigilo Bancário

É pacificado o entendimento de que o TCU não dispõe de competência para determinar a quebra de sigilo bancário de pessoas submetidas a seu controle (MS 22.801/DF).

17.1.5.4   Tribunal de Contas e Controle de Constitucionalidade

O Supremo já cristalizou entendimento de que os tribunais de contas, no exercício de suas atribuições, podem realizar controle de constitucionalidade das leis e dos atos do Poder Público, conforme o disposto na Súmula 347 do STF. Assim, é possível aos Tribunais de Contas, ao analisar processos submetidos à sua apreciação, afastar a aplicação de uma lei ou um ato normativo, por considerá-lo inconstitucional.

Portanto, leis e atos normativos podem ter a sua aplicação afastada por Tribunais de Contas caso confrontem com jurisprudência do Supremo Tribunal Federal sobre a matéria.

TOP DICAS
1) O Tribunal de Contas é um órgão independente de qualquer dos Poderes, que auxilia o Poder Legislativo e colabora com o Poder Executivo.
2) O controle jurisdicional é limitado aos aspectos de legalidade dos atos administrativos.
3) O Poder Legislativo exerce um controle político e orçamentário sobre a Administração Pública.
4) A Administração Pública exerce um controle ilimitado sobre seus atos: legalidade e mérito.
5) As contas do Presidente da República são apreciadas pelo Tribunal de Contas da União.

PARTE 2
DIREITO PROCESSUAL

CONSIDERAÇÕES INICIAIS

A presente parte desta obra tem como objetivo apresentar noções gerais acerca de processo civil e sua aplicabilidade no contexto das peças exigidas para o Direito Administrativo.

Com efeito, a abordagem processual civil será pontual, ou seja, relativa aos temas considerados relevantes para a elaboração da peça prático-profissional exigida no Exame da OAB.

Dessa forma, serão analisados, de maneira geral, os seguintes assuntos: condições da ação, competência, petição inicial, resposta do réu, teoria geral dos recursos e dicas para elaboração da peça perfeita. Na próxima parte da obra, cada peça prático-profissional será abordada com as suas especificidades processuais.

CONSIDERAÇÕES INICIAIS

1
CONDIÇÕES E ELEMENTOS DA AÇÃO

1.1 Natureza Jurídica

O Estado Moderno reservou para si o exercício da função jurisdicional, cabendo-lhe solucionar os conflitos e controvérsias surgidos na sociedade. A ação é o direito ao exercício da atividade jurisdicional (ou o poder de exigir esse exercício). Por meio da ação provoca-se a jurisdição, que se exerce através daquele complexo de atos que é o processo (Araújo Cintra; Pellegrini Grinover; Dinamarco, 1994, p. 247).

É um direito ao provimento jurisdicional, independente da natureza deste abstrato, autônomo e instrumental, ligado a uma situação jurídica concreta.

Todavia, embora abstrato, esse direito está submetido a uma série de condições que serão vistas a seguir.

1.1.1 Condições e Elementos da Ação

As condições da ação constituem-se em requisitos que esta deve preencher para que se profira uma decisão de mérito. São elas: interesse de agir e a legitimidade de parte (*ad causam*).

O interesse de agir consiste na necessidade de obtenção de uma providência jurisdicional. Além de necessária, a prestação jurisdicional deve ser adequada. Por exemplo, o mandado de segurança não é a medida adequada para cobrança de um crédito pecuniário do impetrante. O art. 17 do Código de Processo Civil determina que para postular em juízo é necessário ter interesse e legitimidade.

A legitimidade de parte (*ad causam*) significa que o autor deve ser o titular do interesse que se contém na sua pretensão contra o réu. Como dito acima, o art. 17 do Código de Processo Civil determina que para postular em juízo é necessário ter interesse e legitimidade. Ademais, o Código de Processo Civil estabelece no art. 18 que ninguém poderá pleitear direito alheio em nome próprio, salvo quando autorizado pelo ordenamento jurídico.

A falta de qualquer uma das condições da ação importará na sua carência com a consequente extinção do processo sem resolução do mérito, nos termos do art. 485, VI, do Código de Processo Civil.

Vale lembrar que o que individualiza uma ação são os seus elementos, ou seja, cada ação é identificada pela presença de certos elementos, quais sejam: partes, pedido e causa de pedir.

As partes são as pessoas (físicas ou jurídicas) que participam do contraditório: autor e réu. No mandado de segurança, por exemplo, as partes são o impetrante e o impetrado (autoridade coatora).

O pedido é o objeto da ação. O pedido pode ser imediato ou mediato. O pedido imediato é a providência jurisdicional solicitada: sentença condenatória, declaratória etc. O pedido mediato é a utilidade que se quer alcançar com a sentença, isto é, o bem material ou imaterial pretendido pelo autor (SANTOS, 1994, p. 159-160).

Na ação de indenização, fundada na responsabilidade civil do Estado, o pedido imediato é a procedência da ação para condenação do Estado e o mediato é o pagamento da indenização para o particular.

A causa de pedir é a exposição dos fatos e fundamentos jurídicos do pedido formulado pelo autor. O Código de Processo Civil, no art. 319, III, estabelece que a petição inicial indicará os fatos e fundamentos jurídicos do pedido. A causa de pedir próxima é o fundamento jurídico e a remota a base fática geradora do direito.

Na ação anulatória de contrato administrativo, o autor deverá expor o contrato (causa remota) e a ilegalidade que o macula, capaz de gerar a anulação (causa próxima)

Esquematizando as condições e os elementos da ação, temos a seguinte situação:

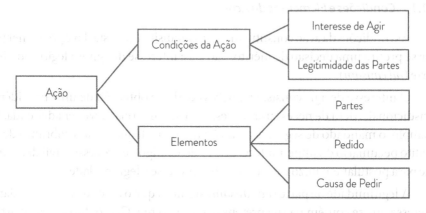

2
COMPETÊNCIA

2.1 Considerações Iniciais

A competência é a medida de jurisdição, ou seja, a delimitação da jurisdição, o âmbito no qual o juiz exerce a jurisdição. A competência não se confunde com foro ou comarca, que é o local onde determinado órgão judiciário exerce a sua competência.

Os instrumentos legais para determinar onde uma demanda deverá ocorrer são: Constituição Federal, Código de Processo Civil e eventualmente a lei de organização judiciária (lei estadual). O Código de Processo Civil trata do assunto nos arts. 42 a 66.

As regras de competência para a peça prático-profissional de Direito Administrativo encontram-se nos arts. 102, 105, I, 108, I, e 109 da Constituição Federal, que definem a competência do STF, do STJ e da Justiça Federal. A Justiça Estadual tem caráter residual.

Para facilitar a compreensão do tema, segue abaixo quadro ilustrativo que resume a questão.

ENTIDADE	COMPETÊNCIA
União	Justiça Federal
Estado	Justiça Estadual
Município	Justiça Estadual
Autarquia Federal	Justiça Federal
Empresa Pública Federal	Justiça Federal
Sociedade de Economia Mista Federal	Justiça Estadual
Autarquia Estadual/Municipal	Justiça Estadual
Empresa Pública Estadual/Municipal	Justiça Estadual
Sociedade de Economia Mista Estadual/Municipal	Justiça Estadual

Portanto, a ação será proposta na Justiça Federal ou na Justiça Estadual (Vara Cível/Fazenda Pública).

3
PETIÇÃO INICIAL E RESPOSTA DO RÉU

3.1 Conceito e Requisitos da Petição Inicial

A petição inicial é a peça processual pela qual o autor invoca a tutela jurisdicional do Estado para que este decida sobre a pretensão formulada. É, portanto, a peça inaugural do processo, em que se estabelece a relação jurídico-processual entre autor e juiz, com o consequente surgimento do direito de defesa do réu.

Os requisitos da petição inicial estão no art. 319 do Código de Processo Civil. A maioria das peças prático-profissionais exigidas em Direito Administrativo pela banca examinadora é a petição inicial.

> Art. 319. A petição inicial indicará:
>
> I – o juízo a que é dirigida;
>
> II – os nomes, os prenomes, o estado civil, a existência de união estável, a profissão, o número de inscrição no Cadastro de Pessoas Físicas ou no Cadastro Nacional da Pessoa Jurídica, o endereço eletrônico, o domicílio e a residência do autor e do réu;
>
> III – o fato e os fundamentos jurídicos do pedido;
>
> IV – o pedido com as suas especificações;
>
> V – o valor da causa;
>
> VI – as provas com que o autor pretende demonstrar a verdade dos fatos alegados;
>
> VII – a opção do autor pela realização ou não de audiência de conciliação ou de mediação.

Da análise do artigo acima mencionado e dos espelhos de prova fornecidos pela banca examinadora, o candidato, para elaboração de uma petição inicial, deverá observar os seguintes quesitos:

QUESITOS	
1. Endereçamento	O juízo ou Tribunal a que é dirigida.
2. Partes	Nomes, prenomes, estado civil, profissão, domicílio e residência do autor e do réu.
3. Fatos e fundamentos jurídicos do pedido	É a indicação da causa de pedir próxima e remota. A próxima é o fundamento jurídico e a remota a base fática geradora do direito.
4. Pedido	O pedido é o objeto da ação. O pedido pode ser imediato ou mediato. O pedido imediato é a providência jurisdicional solicitada: sentença condenatória, declaratória etc. O pedido mediato é a utilidade que se quer alcançar com a sentença, isto é, o bem material ou imaterial pretendido pelo autor, por exemplo, a indenização. Condenação ao pagamento de custas e honorários.
5. Citação do Réu	É o ato pelo qual o autor pede para que o réu seja chamado a participar da relação jurídico-processual.
6. Provas	Indicação das provas com que o autor pretende demonstrar a verdade dos fatos alegados. É o protesto genérico por provas.
7. Valor da Causa	O art. 291 do CPC determina que a toda causa será atribuído valor certo, ainda que não tenha conteúdo econômico imediatamente aferível.

3.1.1 Tutela Provisória

O Código de Processo Civil, no art. 294, determina que a tutela provisória pode fundamentar-se em urgência ou evidência. A tutela de urgência pode ser cautelar ou antecipada, sendo concedida em caráter antecedente ou incidental.

Esquematizando, temos a seguinte situação:

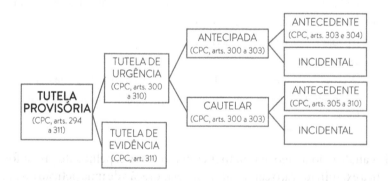

Os espelhos de provas fornecidos pela banca examinadora têm evidenciado a necessidade de pleitear a tutela provisória de urgência antecipada, utilizada em caso de ações de procedimento comum.

A tutela provisória de urgência antecipada é uma antecipação do mérito, por exemplo, o servidor que ingressa com uma ação para anular sua demissão. Nesse caso, a antecipação dos efeitos da tutela seria a suspensão da demissão, resultando na continuidade no serviço público.

Os requisitos para a concessão da tutela de urgência antecipada são: probabilidade do direito, perigo de dano ou risco ao resultado útil do processo.

Já a tutela de evidência será concedida, independentemente da demonstração de perigo de dano ou de risco ao resultado do processo, quando: ficar caracterizado o abuso do direito de defesa ou o manifesto propósito protelatório da parte, ou ainda se as alegações de fato puderem ser comprovadas, apenas documentalmente, e houver tese firmada com julgamentos de casos repetitivos ou em súmula vinculante.

3.1.1.1 Como pedir a Tutela Provisória de Urgência Antecipada?

Vamos imaginar o seguinte exemplo: a Administração Pública expediu ato administrativo de demissão de determinado servidor. Ocorre que não foi concedido ao servidor o direito de apresentar defesa. Na ação judicial, para anular esse ato, poderá ser feito o pedido de tutela provisória de urgência antecipada para suspender o ato de demissão. De modo simples, o pedido de tutela poderá ser assim:

> O art. 300 do CPC estabelece que a tutela de urgência será concedida quando houver elementos que evidenciem a probabilidade do direito e o perigo de dano ou o risco ao resultado útil do processo.
>
> No presente caso, a probabilidade do direito reside no fato de que é patente a ilegalidade da demissão. O perigo de dano se evidencia na medida em que, persistindo a demissão, ficará o autor sem receber seus vencimentos, os quais constituem caráter alimentar.
>
> Portanto, requer a antecipação dos efeitos da tutela para suspender a demissão, reintegrando o autor no cargo, nos termos do art. 300 do CPC.

Como se vê, o candidato deve, de forma objetiva, descrever na peça prática qual é a probabilidade do direito e o perigo do dano presente no caso concreto.

3.1.2 Da Resposta do Réu

O art. 335 determina que o réu poderá oferecer contestação, por petição, no prazo de 15 (quinze) dias úteis, cujo termo inicial será a data:

I – da audiência de conciliação ou de mediação, ou da última sessão de conciliação, quando qualquer parte não comparecer ou, comparecendo, não houver autocomposição;

II – do protocolo do pedido de cancelamento da audiência de conciliação ou de mediação apresentado pelo réu, quando ocorrer a hipótese do art. 334, § 4º, inciso I;

III – prevista no art. 231, de acordo com o modo como foi feita a citação, nos demais casos.

O réu, na verdade, pode se defender contra o processo e o mérito da pretensão do autor. A defesa contra o processo pode ser direta ou indireta. A defesa direta dá-se nas alegações de falta de pressupostos processuais e na ausência das condições da ação. A indireta ocorre com a apresentação das exceções processuais (incompetência, impedimento ou suspeição do juiz). Já a defesa contra o mérito visa desfazer a pretensão do autor. Esquematizando:

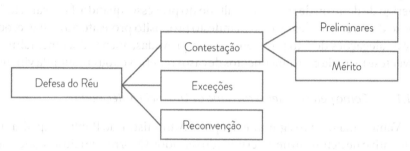

3.1.3 Contestação

A contestação consiste na resposta do réu ao autor. Trata-se de um instrumento formal de defesa do réu contra o processo e contra o mérito da pretensão aduzida pelo autor na inicial.

O art. 336 do Código de Processo Civil determina que é incumbência do réu alegar, na contestação, toda a matéria de defesa. Essa regra consagra o princípio da eventualidade, segundo o qual todas as defesas devem ser formuladas de uma só vez.

As defesas contra o processo são deduzidas como preliminares, conforme indicado no art. 337 do Código de Processo Civil. São elas:

a) inexistência ou nulidade da citação;

b) incompetência absoluta e relativa;

c) incorreção do valor da causa;

d) inépcia da petição inicial;

e) perempção;

f) litispendência;

g) coisa julgada;

h) conexão;

i) incapacidade da parte, defeito de representação ou falta de autorização;

j) convenção de arbitragem;

k) ausência de legitimidade ou de interesse processual;

l) falta de caução ou de outra prestação que a Lei exige como preliminar;

m) indevida concessão do benefício de gratuidade de justiça.

Com relação à defesa de mérito, o réu poderá:

a) negar os fatos apresentados pelo autor;

b) admitir os fatos alegados pelo autor, porém negando as suas consequências jurídicas;

c) admitir os fatos alegados pelo autor, bem como suas consequências, todavia aduzir outros fatos impeditivos, modificativos ou extintivos do direito do autor.

Esquematizando:

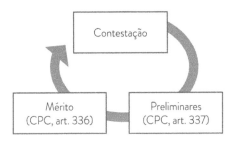

Para a elaboração do pedido da contestação serão utilizados os arts. 337, 485 ou 487 do Código de Processo Civil. Esquematizando:

PEDIDO
a) Acolhimento da preliminar de ... com a consequente extinção do processo sem resolução do mérito, nos termos do art. 485 do CPC.
Ou
a) Acolhimento da preliminar de ... com a consequente extinção do processo com resolução do mérito, nos termos do art. 487 do CPC.
b) Improcedência da ação.
c) Condenação do autor ao pagamento de custas e demais despesas judiciais além dos honorários advocatícios.
d) Protesta provar o alegado por todos os meios de prova admitidos em direito.

3.1.4 Exceções

A exceção processual é uma defesa contra o processo. Podem ser dilatórias ou peremptórias. As dilatórias apenas distendem o curso da demanda, tais como suspeição, impedimento, incompetência, prevenção, de falso, ilegítimo ou não bastante procurador. As peremptórias encerram o processo, como a exceção de coisa julgada, litispendência e a de perempção.

As chamadas exceções instrumentais devem ser aduzidas em processo incidente, tais como a de impedimento, suspeição do juiz e a de incompetência relativa do juízo.

3.1.5 Reconvenção

A reconvenção, nos termos do art. 343 do Código de Processo Civil, é uma ação do réu contra o autor no mesmo processo, ou seja, é como se fosse uma nova ação, ajuizada pelo réu contra o autor, no momento de responder aos termos da petição inicial. O prazo de apresentação é simultâneo ao da contestação.

4
TEORIA GERAL DOS RECURSOS

4.1 Conceito

Recurso é o poder de provocar o reexame de uma decisão, pela mesma autoridade judiciária, ou por outra hierarquicamente superior, visando obter a sua reforma ou modificação (SANTOS, 1994, p. 80).

O princípio do duplo grau de jurisdição prevê que o reexame de determinada causa seja feito por um órgão jurisdicional de categoria superior ao que proferiu a sentença recorrida. É esse princípio que alicerça a teoria geral dos recursos.

A admissão e o processamento de um recurso dependem do preenchimento de certos requisitos legais, denominados pressupostos extrínsecos e intrínsecos. Os objetivos dizem respeito ao próprio recurso, ao passo que os subjetivos estão relacionados com a pessoa do recorrente.

4.1.1 Atos Sujeitos ao Recurso

Os atos processuais sujeitos a recurso são: decisão interlocutória, sentença e acórdão.

A decisão interlocutória é todo pronunciamento judicial de natureza decisória sem colocar fim ao processo (art. 203, § 2º). Dessas decisoes cabe o agravo de instrumento (desde que prevista no rol do art. 1.015) e, eventualmente, os embargos de declaração.

A sentença é o pronunciamento por meio do qual o juiz, com fundamento nos arts. 485 e 487, põe fim à fase cognitiva do procedimento comum, bem como extingue a execução. Da sentença cabe apelação e eventualmente embargos de declaração.

O acórdão é o julgamento colegiado proferido pelos Tribunais (art. 204). Dos acórdãos cabem eventualmente os embargos de declaração, embargos infringentes, recurso extraordinário, especial e recurso ordinário, nos casos previstos na Constituição Federal.

Esquematizando:

ATO	RECURSO
Decisão interlocutória	Agravo de instrumento e embargos de declaração
Sentença	Apelação e embargos de declaração
Acórdão	Embargos de declaração, recurso extraordinário, especial e recurso ordinário

4.1.2 A interposição dos Recursos

Em regra, os recursos são interpostos perante o juízo que proferiu a decisão e não perante o Tribunal. A exceção é o agravo de instrumento, que é interposto diretamente ao Tribunal.

Por exemplo, o recurso de apelação será composto por uma petição de interposição dirigida ao juiz de primeiro grau e pelas razões de apelação endereçadas ao Tribunal.

4.1.3 Pressupostos Extrínsecos

Pressupostos recursais extrínsecos são aqueles relativos ao exercício do direito de recorrer, isto é: existindo o direito de recorrer pelo preenchimento dos pressupostos intrínsecos, deve-se observar os requisitos para a "validade" do recurso interposto. São estes:

a) Tempestividade: o recurso deve ser interposto dentro do prazo taxado na lei (cinco dias para embargos de declaração e agravo interno e 15 dias para os demais recursos). Vale lembrar que em caso de litisconsortes com procuradores diferentes, só se dobra o prazo se o processo for físico e mais de um litisconsorte for sucumbente (Súmula 641 do STF). Ademais, a aferição da tempestividade do recurso interposto pelos Correios não é mais da data da chegada ao Tribunal (jurisprudência clássica), e sim da data da postagem do recurso (CPC), ou seja: pode postar até o último dia do prazo.

b) Preparo: de alguns recursos devem ser recolhidas taxas judiciais para a sua interposição, como no caso da apelação. Assim, para estes, temos como regra o recolhimento da taxa e comprovação imediata (no recurso).

A jurisprudência clássica afirmava que a falta do preparo ou seu recolhimento incompleto leva à deserção do recurso. Todavia, o CPC traz como regra a seguinte dinâmica:

Se não recolhido o preparo: intimação para recolher em dobro no prazo de cinco dias, sob pena de deserção.

Se recolhido incompleto: intimação para recolher o restante em cinco dias, sob pena de deserção.

c) Regularidade formal: consiste na necessidade de o recorrente atender a todos os requisitos especificados na lei para aquele determinado tipo de recurso.

4.1.4 *Pressupostos Intrínsecos*

Pressupostos recursais intrínsecos são os pressupostos inerentes ao direito de recorrer, sendo considerados pressupostos de existência desse direito, pois, na ausência do preenchimento de um deles, considera-se inexistente o direito de recurso.

Estes são:

a) Cabimento: decorrente do princípio da taxatividade, afirma-se que o recurso deve ser cabível. Isto é: só será aceito o recurso que tenha previsão na lei.

b) Interesse recursal: é um binômio, pois o recorrente deve ter a necessidade de recorrer e atuar de forma adequada. Quanto à necessidade é preciso a existência de uma decisão que cause prejuízo à parte. Fazendo-se necessária a utilização do recurso para buscar a melhora de sua situação; já a adequação tem base no princípio da correspondência, uma vez que o tipo de recurso interposto deve ser hábil para proporcionar a melhor posição processual almejada.

c) Legitimidade recursal: é adaptação da legitimidade *ad causam*, na qual só se terá legitimidade para recorrer a parte sucumbente; o Ministério Público, quando fiscal da lei; e o terceiro prejudicado pela sentença.

d) Inexistência de fato extintivo, impeditivo ou modificativo do direito de recorrer: quanto a este último requisito, parcela da doutrina nega sua existência, pois um fato extintivo, impeditivo ou modificativo do direito de recorrer atingiria, na verdade, o interesse recursal, pois, existindo tal falto, não existe o interesse recursal.

Preenchidos os pressupostos recursais intrínsecos e extrínsecos, o recurso será conhecido (juízo de admissibilidade) e no mérito provido ou não (juízo de mérito).

Por fim, os recursos em espécie serão tratados na Parte 3 desta obra, com destaque para a apelação, o agravo de instrumento e o recurso ordinário.

PARTE 3
RESOLVENDO A PEÇA

DICAS

DICAS IMPORTANTES

Na elaboração de um parecer, recurso administrativo ou peça judicial sugerimos o seguinte roteiro:

Dica 1

1) Buscar os dispositivos constitucionais pertinentes ao assunto, bem como os princípios aplicáveis ao caso. Não se esquecer de analisar os arts. 37 a 41 da Constituição Federal, que são essenciais.

2) Após a abordagem constitucional, analisar o tema sob a ótica da legislação ordinária.

3) Feita a análise dos aspectos legislativos, abordar a doutrina e a jurisprudência acerca do assunto. P. ex., se o examinador questionar sobre licitação, primeiro fazer a abordagem constitucional, analisando os arts. 22 e 37 da CF, depois a verificação dos dispositivos da Lei n. 14.133/21.

Dica 2

1) Quando a hipótese concreta exigir atuação em favor da Administração, analisar sob a ótica da obediência, por parte do Poder Público, aos princípios da Administração Pública.

2) Se for exigida atuação em face do Poder Público, atentar para a possível ofensa aos princípios cometida pela Administração Pública.

Dica 3

As peças mais comuns em matéria administrativa são: parecer jurídico, recursos administrativos, mandado de segurança, ações de procedimento comum (indenizatória, anulatória, obrigação de fazer, desapropriação indireta etc.), ação de desapropriação, ação civil pública, ação popular, contestação, ação de improbidade, *habeas data* e reclamação constitucional. Porém, isso não exclui todo o sistema recursal brasileiro (apelação, recurso extraordinário, especial, ordinário etc.), bem como eventuais ações de procedimento comum, p. ex., uma ação para declaração de inexistência de relação jurídica.

Nesta obra, trataremos das peças abaixo listadas e que já foram objeto de arguição pela banca examinadora.

AÇÕES JUDICIAIS DE PRÁTICA ADMINISTRATIVA		
Ação	O que a identifica?	Liminar ou tutela
Mandado de Segurança	Direito líquido e certo	Liminar – art. 7º, III, da Lei n. 12.016/2009
Habeas data	Informação da pessoa do impetrante	------
Ação Popular	Cidadão	Liminar – art. 5º, § 4º, da Lei n. 4.717/65
Anulatória	Após os 120 dias	Pode ter tutela – arts. 294 e ss do CPC
Desapropriação	Legitimados: União/Estados/Municípios ou concessionárias e permissionárias. Transferência de um bem para o Poder Público.	Liminar – art. 15 do DL n. 3.365/41
Desapropriação Indireta	É uma indenizatória	Pode ter tutela – arts. 294 e ss do CPC
Indenizatória	Dano do Estado ao particular	Pode ter tutela – arts. 294 e ss do CPC
Ação Civil Pública	Legitimados	Liminar – art. 12 da Lei n. 7.347/85
Obrigação de fazer	É uma ação de procedimento comum, na qual o Estado geralmente deixa de fazer algo.	Pode ter tutela – arts. 294 e ss do CPC
Contestação	Resposta do Réu	------
Recursos		
Apelação	Contra a sentença	
Agravo de Instrumento	Contra decisão interlocutória	
Ordinário	Contra decisão em MS	
Especial	STJ (lei federal)	
Extraordinário	STF (Constituição)	
Parecer	Não é medida judicial	------

Dica 4

Os quesitos exigidos pela banca examinadora são: endereçamento, partes, cabimento, fundamento legal, pedido e valor da causa.

Diante de um caso concreto, observar o seguinte procedimento:

- identificar a peça adequada ao caso;
- competência (endereçamento);
- partes;
- causa de pedir (fatos);

- pedido (fundamento jurídico);
- requisitos específicos.

Para elaboração da peça, tenha como base o quadro abaixo, extraído dos espelhos de prova da FGV:

QUESITOS	
1. Endereçamento	
2. Partes	
3. Cabimento	
4. Fundamento Legal	
5. Pedido	
6. Valor da Causa	

Dica 5

Para definição da competência, levar em consideração:

- STF: art. 102 da CF;
- STJ: art. 105, I, da CF;
- Tribunais Regionais Federais: art. 108, I, da CF;
- Justiça Federal: art. 109 da CF;
- Justiça Estadual: residual. Ações dirigidas contra a Fazenda são propostas na Vara da Fazenda Pública em caso de na localidade existir vara especializada; do contrário, são propostas na Vara Cível.

ENTIDADE	COMPETÊNCIA
União	Justiça Federal
Estado	Justiça Estadual
Município	Justiça Estadual
Autarquia Federal	Justiça Federal
Empresa Pública Federal	Justiça Federal
Sociedade de Economia Mista Federal	Justiça Estadual
Autarquia Estadual/Municipal	Justiça Estadual
Empresa Pública Estadual/Municipal	Justiça Estadual
Sociedade de Economia Mista Estadual/Municipal	Justiça Estadual

Dica 6

A petição inicial deve ser feita de acordo com seguinte ordem:

- Escolha do procedimento;
- Endereçamento (competência);
- Qualificação das partes;
- Os fatos e os fundamentos jurídicos do pedido;
- O pedido com as suas especificações;
- Procedência da ação – art. 319, IV, do CPC;
- Sucumbência – art. 85, *caput*, do CPC;
- Provas – art. 319, VI, do CPC;
- Valor da causa – art. 319, V, do CPC.

Lembre-se: a peça é sua. Cada um tem seu estilo. Sugerimos a seguinte estrutura para a parte relativa ao Direito:

1. Da Constituição Federal
2. Da Lei Ordinária
3. Da liminar (quando for o caso)

Dica 7

Procure não decorar os modelos sugeridos nesta obra. Lembre-se que, no momento da prova, somente é permitida consulta à legislação. Por isso, utilize os dispositivos legais acerca do pedido descritos na lei, conforme indicado nos exemplos a seguir.

Dica 8

Faça todos os exercícios propostos nesta obra e depois confira com os gabaritos oficiais fornecidos pela FGV. Treinar é fundamental para sua aprovação e LEMBRE-SE: SEIS É DEZ.

1
PARECER

1.1 Conteúdo

A elaboração de um parecer seguirá o constante nas Dicas 1 e 2. Não existe uma forma definida pela lei que determine a estrutura de um parecer jurídico.

A sugestão para a estrutura do parecer é a divisão em três partes, conforme quadro abaixo:

Endereçamento ...

1) Consulta (resumo dos fatos)

2) Análise Jurídica

a) Da Constituição Federal

b) Da Legislação Ordinária

3) Conclusão

Modelo

Ilustríssimo Sr. ... (indicar a autoridade)

1) Consulta

Consulta-nos a ... (indicar a autoridade) para a elaboração de parecer jurídico, visando ... (descrever o objetivo da Consulta).

2) Análise Jurídica

a) Da Constituição Federal

A Constituição Federal no artigo ... (indicar o artigo) determina que ...

No caso em tela, a observância do mandamento constitucional é fundamental.

b) Da Legislação Ordinária

No mesmo sentido da Constituição Federal, o Código Civil ou a Lei n. ... no artigo (indicar o artigo) também impõe que ...

> Portanto, no presente caso, tanto a Constituição Federal como a Legislação Ordinária preconizam que a Administração Pública deve agir no sentido de ...
>
> 3) Conclusão
>
> Diante do exposto, sob o ponto de vista jurídico entende-se que é viável ... OU que não é viável, de acordo com o estabelecido na Constituição Federal e Legislação Ordinária que tratam do tema.
>
> É o parecer do(a) advogado(a) ...
>
> Data ...

> **ATENÇÃO: Não indique seu nome na assinatura da peça, pois provavelmente será "zerada".**

Caso prático

As obras, serviços, compras, alienações, concessões, permissões e locações da Administração Pública, quando contratadas com terceiros, serão necessariamente precedidas de licitação, ressalvadas algumas situações previstas em lei. O Município de Mangabeiras, por meio da Secretaria de Turismo, resolveu contratar para apresentações durante as festas juninas a cantora Elba Ramalho. Decidindo o Poder Público realizar essa contratação, o Secretário de Turismo consultou o advogado(a) do Município sobre os procedimentos a serem adotados para tal fim, à luz do direito pátrio. Elabore este parecer.

> Ilustríssimo Secretário de Turismo do Município de Mangabeira
>
> 1) Consulta
>
> Consulta-nos a Secretaria de Turismo, por meio de seu Secretário, sobre a possibilidade de realização de contratação direta, sem realização de licitação, da cantora Elba Ramalho para apresentações durante as festas juninas.
>
> 2) Análise Jurídica
>
> a) Da Constituição Federal
>
> A Constituição Federal, no art. 37, XXI, da CRFB, estabelece que a regra para as contratações públicas é a realização de procedimento licitatório. Todavia, conforme será visto, a Lei n. 14.133/21 prevê a possibilidade de contratação direta.

b) Da Lei n. 14.133/21

O art. 1º da Lei n. 14.133/21 também estabelece que a regra para as contratações públicas é a realização de procedimento licitatório.

Entretanto, a Lei n. 14.133/21 , nos arts. 74 e 75, determina a possibilidade da realização de contratação direta, por meio da dispensa e inexigibilidade de contratação.

No caso em tela, aplicável a regra do art. 74, II, que permite a contratação direta, por inexigibilidade, de profissional do setor artístico consagrado pela crítica especializada.

Assim, para a celebração do pretendido há a necessidade de o administrador público justificar a realização da contratação direta nos termos de o art. 72 da Lei n. 14.133/21. Para tanto, deverá instruir o processo de contratação de acordo com os elementos previstos no mencionado artigo da Lei n. 14.133/21, quais sejam a razão da escolha da cantora em questão, bem como a justificativa do preço, dentre outros

3) Conclusão

Diante do exposto, viável a contratação pretendida, por meio de contratação direta, com base no art. 74, II, da Lei n. 14.133/21/93, que estabelece a inexigibilidade de licitação.

Alertamos a necessidade de observância dos requisitos do art. 72 também da Lei n. 14.133/21.

É o parecer da lavrado do(a) advogado(a).

Data ...

2
MANDADO DE SEGURANÇA

2.1 Considerações Iniciais

Para a elaboração de um mandado de segurança o candidato deverá seguir o procedimento comum, observadas as disposições dos arts. 319 e seguintes do Código de Processo Civil, bem como o art. 5º, LXIX, da CF/88 e a Lei n. 12.016/2009.

O art. 5º, LXIX, da Constituição Federal estabelece:

> LXIX – conceder-se-á mandado de segurança para proteger direito líquido e certo, não amparado por *habeas corpus* ou *habeas data*, quando o responsável pela ilegalidade ou abuso de poder for autoridade pública ou agente de pessoa jurídica no exercício de atribuições do Poder Público.

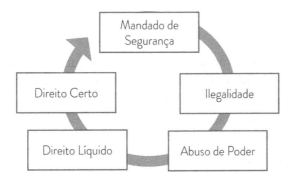

ATENÇÃO: O direito líquido e certo é aquele que está comprovado de plano.

2.1.1 Base legal (Lei n. 12.016/2009)

Passemos à leitura dos principais artigos da Lei n. 12.016/2009 para elaboração da peça.

> Art. 1º Conceder-se-á mandado de segurança para proteger direito líquido e certo, não amparado por *habeas corpus* ou *habeas data*, sempre que, ilegalmente ou com abuso de poder, qualquer pessoa física ou jurídica sofrer violação ou houver justo receio de sofrê-la por parte de autoridade, seja de que categoria for e sejam quais forem as funções que exerça.
>
> § 1º Equiparam-se às autoridades, para os efeitos desta Lei, os representantes ou órgãos de partidos políticos e os administradores de entidades autárquicas, bem como os dirigentes de pessoas

jurídicas ou as pessoas naturais no exercício de atribuições do poder público, somente no que disser respeito a essas atribuições.

Art. 6º A petição inicial, que deverá preencher os requisitos estabelecidos pela Lei processual, será apresentada em 2 (duas) vias com os documentos que instruírem a primeira reproduzidos na segunda e indicará, além da autoridade coatora, a pessoa jurídica que esta integra, à qual se acha vinculada ou da qual exerce atribuições.

Art. 7º Ao despachar a inicial, o juiz ordenará:

I – que se notifique o coator do conteúdo da petição inicial, enviando-lhe a segunda via apresentada com as cópias dos documentos, a fim de que, no prazo de 10 (dez) dias, preste as informações;

II – que se dê ciência do feito ao órgão de representação judicial da pessoa jurídica interessada, enviando-lhe cópia da inicial sem documentos, para que, querendo, ingresse no feito;

III – que se suspenda o ato que deu motivo ao pedido, quando houver fundamento relevante e do ato impugnado puder resultar a ineficácia da medida, caso seja finalmente deferida, sendo facultado exigir do impetrante caução, fiança ou depósito, com o objetivo de assegurar o ressarcimento à pessoa jurídica.

Art. 23. O direito de requerer mandado de segurança extinguir-se-á decorridos 120 (cento e vinte) dias, contados da ciência, pelo interessado, do ato impugnado.

Direito líquido e certo é o comprovado de plano, aquele que não demanda dilação probatória.

2.1.2 Competência

As regras de competência do mandado de segurança estão no art. 20 da Lei n. 9.507/97 (Lei do *Habeas Data*). Vejamos o quadro a seguir:

AUTORIDADE	COMPETÊNCIA
Presidente da República	STF
Mesa da Câmara e Senado	STF
Tribunal de Contas	STF
Procurador-Geral da República	STF
Ministro de Estado	STJ
Comandantes da Marinha, Exército ou Aeronáutica	STJ
Juiz Federal	TRF
Juiz Estadual	TJ
Governador do Estado*	TJ
Secretário de Estado*	TJ
Prefeito Municipal	Justiça Estadual – 1ª instância

Secretário Municipal	Justiça Estadual – 1ª instância
Dirigente de autarquia federal	Justiça Federal – 1ª instância
Dirigente de autarquia estadual/municipal	Justiça Estadual – 1ª instância
Dirigente de empresa pública federal	Justiça Federal – 1ª instância
Dirigente de empresa pública estadual/municipal	Justiça Estadual – 1ª instância
Dirigente de sociedade de economia mista estadual e municipal	Justiça Estadual – 1ª instância
Dirigente de sociedade de economia mista federal**	Justiça Federal

* No tocante ao Governador de Estado e Secretários Estaduais é preciso analisar a Constituição Estadual. Na maioria dos casos, a competência para julgar atos dessas autoridades é do Tribunal de Justiça.

** O Supremo Tribunal Federal, no RE 726.035, reafirmou sua jurisprudência no sentido de que compete à Justiça Federal processar e julgar mandados de segurança contra atos de dirigentes de sociedade de economia mista federal.

Segundo o STF, o constituinte quis estabelecer que o essencial para a definição do órgão competente não é a presença propriamente dita do ente com personalidade jurídica, mas sim a autoridade praticante do ato ou responsável por eventual omissão.

Portanto, apesar de a questão ser controversa, apenas para as sociedades de economia mista federais o foro competente para os mandados de segurança será a Justiça Federal; as demais ações tramitarão na Justiça Estadual.

De acordo com o quadro apresentado os endereçamentos possíveis são:

Excelentíssimo Senhor Doutor Juiz de Direito da ... Vara ... Cível ou Fazenda Pública da Comarca de ... do Estado de ...

OU

Exmo. Sr. Dr. Juiz Federal da ... Vara Federal da ... Seção Judiciária do Estado de ...

OU

Exmo. Sr. Dr. Desembargador do Tribunal de Justiça do Estado de ...

OU

Exmo. Sr. Dr. Ministro do STF/STJ

2.1.3 Partes

No mandado de segurança individual as partes são:

a) Autor (impetrante): qualquer pessoa, física ou jurídica.

b) Réu (impetrada): autoridade coatora + a pessoa jurídica que esta integra.

A Lei n. 12.016/2009 determina a necessidade de indicação, além da autoridade coatora, da pessoa jurídica que esta integra. Por exemplo, se a autoridade coatora for o Prefeito, deverá ser indicado o Município; se for o Governador, deve ser indicado o Estado; se for um Ministro de Estado, deve ser indicada a União e assim por diante.

2.1.4 Pedido e Liminar

Para a elaboração da liminar e do pedido do mandado de segurança serão utilizados os arts. 7º e 12 da Lei n. 12.016/2009. Na liminar é importante demonstrar o fumus boni iuris (fumaça do bom direito) e o *periculum in mora* (perigo da demora).

Esquematizando:

LIMINAR
Nos termos do art. 7º, III, da Lei n. 12.016/2009, o juiz ordenará que se suspenda o ato que deu motivo ao pedido, quando houver fundamento relevante e do ato impugnado puder resultar a ineficácia da medida. O *fumus boni iuris* (fumaça do bom direito) está evidenciado em razão de ... O *periculum in mora* (perigo da demora) caracteriza-se por conta de ... No caso em tela, presentes os requisitos para a concessão da liminar, requer a suspensão ...

PEDIDO
a) Notificação da autoridade coatora para que preste informações (art. 7º, I). Indicação da pessoa jurídica a qual a autoridade coatora está vinculada (art. 6º).
b) Ciência do feito ao órgão de representação judicial da pessoa jurídica interessada para que, querendo, ingresse no feito (art. 7º, II).
c) Suspensão liminar do ato impugnado (art. 7º, III). Intimação para oitiva do Ministério Público (art. 12).
d) Procedência da ação para a concessão do mandado de segurança.
e) Valor da causa.

ATENÇÃO: No Mandado de Segurança não há protesto por provas, pois o direito está comprovado de plano (líquido e certo).

2.1.5 Modelo

Para elaboração do mandado de segurança, tenha como base o quadro abaixo, extraído dos espelhos de prova da FGV:

QUESITOS	
1. Endereçamento	Excelentíssimo Senhor Doutor Juiz de Direito da ... Vara ... Cível/Fazenda Pública da Comarca de do Estado de ... Exmo. Sr. Dr. Juiz Federal da ... Vara Federal da ... Seção Judiciária do Estado de ... Exmo. Sr. Dr. Desembargador do Tribunal de Justiça do Estado de ... Exmo. Sr. Dr. Ministro do STF/STJ
2. Partes	a) Autor (Impetrante): qualquer pessoa, física ou jurídica. b) Réu (Impetrada): autoridade coatora. * É preciso indicar a pessoa jurídica a que a autoridade coatora pertence.
3. Cabimento	Proteção de direito líquido e certo, por conta de ilegalidade ou abuso de poder de autoridade coatora.
4. Fundamento Legal	a) Art. 5º, LXIX, da CF/88 b) Lei n. 12.016/2009
5. Liminar	Art. 7º, III, da Lei n. 12.016/2009
6. Pedido	a) Notificação da autoridade coatora para que preste informações (art. 7º, I). b) Indicação da pessoa jurídica a qual a autoridade coatora está vinculada (art. 6º). c) Ciência do feito ao órgão de representação judicial da pessoa jurídica interessada para que, querendo, ingresse no feito (art. 7º, II). d) Suspensão liminar do ato impugnado (art. 7º, III). e) Intimação para oitiva do Ministério Público (art. 12). f) Procedência da ação para a concessão do mandado de segurança.
7. Valor da Causa	Dá a causa o valor de R$ ...

Excelentíssimo Senhor Doutor Juiz de Direito da ... Vara ... Cível/Fazenda Pública da Comarca de do Estado de ...

OU

Exmo. Sr. Dr. Juiz Federal da ... Vara Federal da ... Seção Judiciária do Estado de ...

OU

Exmo. Sr. Dr. Desembargador do Tribunal de Justiça do Estado de ...

OU

Exmo. Sr. Dr. Ministro do STF/STJ

Fulano de tal, estado civil ..., profissão ..., inscrito no CPF ... (ou CNPJ ...), endereço eletrônico ..., domiciliado e residente na rua ..., número ..., bairro ..., cidade ..., vem, por meio de seu advogado, impetrar Mandado de Segurança, com pedido liminar contra Beltrano de tal, estado civil ..., profissão ..., domiciliado e residente na rua ..., número ..., bairro ..., e (indicar a pessoa jurídica: União, Estado, Município ...) com base no art. 5º, LXIX, da CF, Lei n. 12.016/2009 e com base no art. 319 do CPC, pelas razões de fato e de direito, a seguir:

1. Dos Fatos

O candidato deverá fazer um resumo do caso.

ATENÇÃO: Não é para copiar o problema proposto pelo examinador e sim resumir o caso com as suas próprias palavras.

2. Do Direito

a) Da Constituição Federal

A Constituição Federal estabelece no art. 5º, LXIX, que será concedido mandado de segurança para proteger direito líquido e certo, não amparado por *habeas corpus* ou *habeas data*, quando o responsável pela ilegalidade ou abuso de poder for autoridade pública ou agente de pessoa jurídica no exercício de atribuições do Poder Público.

No caso em tela, o ato da autoridade coatora foi cometido com ilegalidade e abuso de direito, sendo patente a violação ao direito líquido e certo do Impetrante.

b) Da Legislação Ordinária

A Lei n. 12.016/2009, no mesmo sentido da Constituição Federal, protege o direito líquido e certo do Impetrante contra a ilegalidade e abuso de poder cometido pela autoridade coatora.

Além disso, no caso em tela, a Lei ... (indicar a legislação aplicável ao caso, como, por exemplo, Lei n. 14.133/21, 8.112/90 ou 8.987/95 etc.).

3. Da Liminar

Nos termos do art. 7º, III, da Lei n. 12.016/2009, o juiz ordenará que se suspenda o ato que deu motivo ao pedido, quando houver fundamento relevante e do ato impugnado puder resultar a ineficácia da medida.

O *fumus boni iuris* (fumaça do bom direito) está evidenciado em razão de ...

O *periculum in mora* (perigo da demora) caracteriza-se por conta de ...

No caso em tela, presentes os requisitos para a concessão da liminar, requer a suspensão ...

4. Do Pedido

Diante do exposto, requer:

a) Procedência da ação para a concessão do mandado de segurança com o fim de decretar a nulidade do ato de ... impugnado.

b) Notificação da autoridade coatora para que preste informações (art. 7º, I).

c) Indicação da pessoa jurídica a qual a autoridade coatora está vinculada (art. 6º).

d) Ciência do feito ao órgão de representação judicial ... (art. 7º, II).

e) Suspensão liminar dos efeitos do ato de ... expedido pelo Impetrado (art. 7º, III).

f) Intimação para oitiva do Ministério Público (art. 12).

Dá a causa o valor de R$ ...

Termos em que,

Pede Deferimento.

Data ...

Advogado(a) ...

OAB/ ...

ATENÇÃO: Não indique seu nome na assinatura da peça, pois provavelmente será "zerada".

Caso prático

(FGV/EXAME V) A empresa Aquatrans é concessionária de transporte público aquaviário no Estado X há sete anos e foi surpreendida com a edição do Decreto 1.234, da Chefia do Poder Executivo Estadual, que, na qualidade de Poder Concedente, declarou a caducidade da concessão e fixou o prazo de trinta dias para assumir o serviço, ocupando as instalações e os bens reversíveis. A concessionária, inconformada com a medida, especialmente porque jamais fora cientificada de qualquer inadequação na prestação do serviço, procura-o, na qualidade de advogado(a), o contrata para ajuizar a medida judicial pertinente para discutir a juridicidade do decreto, bem como para assegurar à concessionária o direito de continuar prestando o serviço até que, se for o caso, a extinção do contrato se opere de maneira regular. Elabore a peça processual adequada, levando em consideração que a matéria não demanda qualquer dilação probatória e que se deve optar pela medida judicial cujo rito, em tese, seja o mais célere.

Resposta: a peça adequada é o mandado de segurança contra ato do Governador do Estado X, a ser impetrado perante o Tribunal de Justiça.

Excelentíssimo Senhor Desembargador do Tribunal de Justiça do Estado ...

Aquatrans, pessoa jurídica de direito privado com sede na Rua ..., Bairro ..., vem, por meio de seu advogado(a) impetrar MANDADO DE SEGURANÇA com pedido de LIMINAR contra ato do Sr. ..., estado civil .., Governador do Estado X, residente e domiciliado na rua ..., bairro ... e Estado X, com base no art. 5º, LXIX, da CF, Lei n. 12.016/2009 e 319 do CPC, pelas razões de fato e de direito a seguir: (adaptado com o Novo CPC).

1. Dos Fatos

Há sete anos a Impetrante é concessionária de transporte público aquaviário no Estado X e foi surpreendida com a edição do Decreto 1.234, da Chefia do Poder Executivo Estadual, que, na qualidade de Poder Concedente, declarou a caducidade da concessão e fixou o prazo de trinta dias para assumir o serviço, ocupando as instalações e os bens reversíveis.

Ocorre que a Impetrante jamais fora cientificada de qualquer inadequação na prestação do serviço. Como se vê, patente a ilegalidade e o abuso de poder cometido pelo Impetrado, conforme demonstraremos a seguir.

2. Do Direito

a) Da Constituição Federal

A CF/88 determina no art. 5º, LXIX, que será concedido mandado de segurança para proteger direito líquido e certo quando autoridade pública cometer ilegalidade ou abuso de poder.

O direito líquido e certo é aquele que está comprovado de plano. No caso em tela, patente é a ofensa aos princípios da legalidade e impessoalidade, pois, como veremos adiante, o Impetrado rescindiu a concessão da Impetrante sem apresentar qualquer motivação plausível.

b) Da Lei n. 8.987/95

A caducidade consiste em uma das formas de extinção da concessão de um serviço público e ocorre quando o concessionário é inadimplente na prestação do serviço.

Nos termos do art. 38, §§ 2º e 3º, da Lei n. 8.987/95, a declaração de caducidade deve ser precedida da verificação de inadimplência da concessionária em processo administrativo que assegure ampla defesa, sendo certo que o processo administrativo não pode ser instaurado antes de cientificada a concessionária dos descumprimentos contratuais, com a fixação de prazo para que promova as correções necessárias.

No presente caso, houve inobservância do "devido processo legal", pois a Impetrante nem sequer foi cientificada de falhas no serviço prestado. Portanto, diante dessa ilegalidade e da sua comprovação de plano, impõe a anulação do decreto.

3. Da Liminar

Nos termos do art. 7º, III, da Lei n. 12.016/2009, o juiz ordenará que se suspenda o ato que deu motivo ao pedido, quando houver fundamento relevante e do ato impugnado puder resultar a ineficácia da medida.

No presente caso, está demonstrada a plausibilidade do direito (*fumus boni iuris*) alegado pela Impetrante, tendo em vista a ofensa do devido processo legal por inobservância do procedimento previsto no art. 38, §§ 2º e 3º, da Lei n. 8.987/95.

O perigo da demora (*periculum in mora*) caracteriza-se pela ocorrência do dano que a interrupção dos serviços ocasionará na empresa, com a paralisação de suas atividades.

Portanto, requer, liminarmente, provimento jurisdicional que determine ao Impetrado se abster de tomar qualquer medida para assumir o serviço com base no ato impugnado.

4. Do Pedido

Diante do exposto, requer:

a) Procedência da ação para a concessão do mandado de segurança com o fim de decretar a nulidade do decreto impugnado.

b) Notificação da autoridade coatora para que preste informações (art. 7º, I).

c) Ciência do feito ao órgão de representação judicial do Estado X (art. 7º, II).

d) Suspensão liminar dos efeitos do decreto expedido pelo Impetrado (art. 7º, III).

e) Intimação para oitiva do Ministério Público (art. 12).

Dá a causa o valor de R$ ...

Termos em que,

Pede Deferimento.

Data ...

Advogado(a) ...

OAB/ ...

3
MANDADO DE SEGURANÇA COLETIVO

3.1 Considerações Iniciais

Para a elaboração de um mandado de segurança coletivo o candidato deverá seguir o rito ordinário, observadas as disposições dos arts. 319 e seguintes do Código de Processo Civil, bem como o art. 5º, LXX, da CF/88 e a Lei n. 12.016/2009.

3.1.1 Base Legal

Art. 5º (...)

LXX – o mandado de segurança coletivo pode ser impetrado por:

a) Partido político com representação no Congresso Nacional;

b) Organização sindical, entidade de classe ou associação legalmente constituída e em funcionamento há pelo menos um ano, em defesa dos interesses dos seus membros ou associados.

Lei n. 12.016/2009

Art. 1º Conceder-se-á mandado de segurança para proteger direito líquido e certo, não amparado por *habeas corpus* ou *habeas data*, sempre que, ilegalmente ou com abuso de poder, qualquer pessoa física ou jurídica sofrer violação ou houver justo receio de sofrê-la por parte de autoridade, seja de que categoria for e sejam quais forem as funções que exerça.

Art. 6º A petição inicial, que deverá preencher os requisitos estabelecidos pela lei processual, será apresentada em 2 (duas) vias com os documentos que instruírem a primeira reproduzidos na segunda e indicará, além da autoridade coatora, a pessoa jurídica que esta integra, à qual se acha vinculada ou da qual exerce atribuições

Art. 21. O mandado de segurança coletivo pode ser impetrado por *partido político* com representação no Congresso Nacional, na defesa de seus interesses legítimos relativos a seus integrantes ou à finalidade partidária, ou por *organização sindical, entidade de classe ou associação legalmente constituída e em funcionamento há, pelo menos, 1 (um) ano*, em defesa de direitos líquidos e certos da totalidade, ou de parte, dos seus membros ou associados, na forma dos seus estatutos e desde que pertinentes às suas finalidades, dispensada, para tanto, autorização especial.

Parágrafo único. Os direitos protegidos pelo mandado de segurança coletivo podem ser:

I – coletivos, assim entendidos, para efeito desta Lei, os transindividuais, de natureza indivisível, de que seja titular grupo ou categoria de pessoas ligadas entre si ou com a parte contrária por uma relação jurídica básica;

II – individuais homogêneos, assim entendidos, para efeito desta Lei, os decorrentes de origem comum e da atividade ou situação específica da totalidade ou de parte dos associados ou membros do impetrante.

Art. 22. No mandado de segurança coletivo, a sentença fará coisa julgada limitadamente aos membros do grupo ou categoria substituídos pelo impetrante.

(...)

§ 2º No mandado de segurança coletivo, a liminar só poderá ser concedida após a audiência do representante judicial da pessoa jurídica de direito público, que deverá se pronunciar no prazo de 72 (setenta e duas) horas.

Art. 23. O direito de requerer mandado de segurança extinguir-se-á decorridos 120 (cento e vinte) dias, contados da ciência, pelo interessado, do ato impugnado.

Direito líquido e certo é o comprovado de plano, aquele que não demanda dilação probatória.

3.1.2 Competência

Para definição da competência, levar em consideração:

1) STF: art. 102 da CF;

2) STJ: art. 105, I, da CF;

3) Tribunais Regionais Federais: art. 108, I, da CF;

4) Justiça Federal: art. 109 da CF;

5) Justiça Estadual: residual. Ações dirigidas contra a Fazenda são propostas na Vara da Fazenda Pública em caso de na localidade existir vara especializada; do contrário, são propostas na Vara Cível.

3.1.3 Endereçamento

As regras de competência do mandado de segurança coletivo estão no art. 20 da Lei n. 9.507/97 (Lei do *Habeas Data*). Vejamos o quadro a seguir:

AUTORIDADE	COMPETÊNCIA
Presidente da República	STF
Mesa da Câmara e Senado	STF
Tribunal de Contas	STF
Procurador-Geral da República	STF
Ministro de Estado	STJ
Comandantes da Marinha, Exército ou Aeronáutica	STJ
Juiz Federal	TRF
Juiz Estadual	TJ
Governador do Estado*	TJ
Secretário de Estado*	TJ

* Com relação ao Governador do Estado e aos Secretários Estaduais a competência é definida na Constituição Estadual, por isso pode variar de Estado para Estado.

Para a prova da OAB sugerimos a indicação para ambos do Tribunal de Justiça (TJ).

O STF, no RE 726.035, reafirmou a jurisprudência sobre competência da Justiça Federal para julgar mandado de segurança no caso das sociedades de economia mista.

O STF decidiu que compete à Justiça Federal processar e julgar mandados de segurança contra atos de dirigentes de sociedade de economia mista investida de delegação concedida pela União.

Portanto, apenas para as sociedades de economia mista federais, o foro competente para os mandados de segurança será a Justiça Federal; as demais ações tramitarão na Justiça Estadual.

O pedido e a liminar são elaborados de maneira similar ao mandado de segurança individual.

3.1.4 Modelo

Para elaboração do mandado de segurança, tenha como base o quadro abaixo, extraído dos espelhos de prova da FGV:

QUESITOS	
1. Endereçamento	Excelentíssimo Senhor Doutor Juiz de Direito da ... Vara ... Cível/Fazenda Pública da Comarca de do Estado de ... Exmo. Sr. Dr. Juiz Federal da ... Vara Federal da ... Seção Judiciária do Estado de ... Exmo. Sr. Dr. Desembargador do Tribunal de Justiça do Estado de ... Exmo. Sr. Dr. Ministro do STF/STJ
2. Partes	a) Autor (Impetrante): legitimados do art. 21 da Lei n. 12.016/2009. b) Réu (Impetrada): autoridade coatora. * É preciso indicar a pessoa jurídica a que a autoridade coatora pertence.
3. Cabimento	Proteção de direito líquido e certo, por conta de ilegalidade ou abuso de poder de autoridade coatora.
4. Fundamento Legal	a) Art. 5º, LXIX, da CF/88 b) Lei n. 12.016/2009
5. Liminar	Art. 7º, III, da Lei n. 12.016/2009
6. Pedido	a) Notificação da autoridade coatora para que preste informações (art. 7º, I). b) Indicação da pessoa jurídica a qual a autoridade coatora está vinculada (art. 6º). c) Ciência do feito ao órgão de representação judicial da pessoa jurídica interessada para que, querendo, ingresse no feito (art. 7º, II). d) Suspensão liminar do ato impugnado (art. 7º, III). e) Intimação para oitiva do Ministério Público (art. 12). f) Procedência da ação para a concessão do mandado de segurança.
7. Valor da Causa	Dá a causa o valor de R$ ...

Excelentíssimo Senhor Doutor Juiz de Direito da ... Vara ... Cível/Fazenda Pública da Comarca de do Estado de ...

OU

Exmo. Sr. Dr. Juiz Federal da ... Vara Federal da ... Seção Judiciária do Estado de ...

OU

Exmo. Sr. Dr. Desembargador do Tribunal de Justiça do Estado de ...

OU

Exmo. Sr. Dr. Ministro do STF/STJ

Impetrante (autor):

Impetrado: autoridade coatora + pessoa jurídica

Associação ... (por exemplo de servidores públicos), pessoa jurídica de direito privado, constituída e em funcionamento há mais de 1 (um) ano, CNPJ n. ..., com sede na rua ... vem, por meio de seu advogado, impetrar Mandado de Segurança Coletivo, com pedido liminar contra ato do Sr. ..., estado civil ..., profissão ..., domiciliado e residente na rua ..., número ..., bairro ..., e (indicar a pessoa jurídica: União, Estado, Município ...) com base no art. 5º LXIX, da CF, Lei n. 12.016/2009 e art. 319 do CPC, pelas razões de fato e de direito, a seguir:

1. Fatos

O candidato deverá fazer um resumo do caso.

ATENÇÃO: Não é para copiar o problema proposto pelo examinador e sim resumir o caso com as suas próprias palavras.

2. Direito

a) Da Constituição Federal

A Constituição Federal estabelece no art. 5º, LXIX, que será concedido mandado de segurança para proteger direito líquido e certo, não amparado por *habeas corpus* ou *habeas data*, quando o responsável pela ilegalidade ou abuso de poder for autoridade pública ou agente de pessoa jurídica no exercício de atribuições do Poder Público.

No caso em tela, o ato da autoridade coatora foi cometido com ilegalidade e abuso de direito, sendo patente a violação ao direito líquido e certo do Impetrante.

b) Da Legislação Ordinária

A Lei n. 12.016/2009, no mesmo sentido da Constituição Federal, protege o direito líquido e certo do Impetrante contra a ilegalidade e abuso de poder cometido pela autoridade coatora.

Além disso, no caso em tela, a Lei ... (indicar a legislação aplicável ao caso, como, por exemplo, Lei n. 8.666/93, 8.112/90 ou 8.987/95 etc.).

3. Liminar

Nos termos do art. 7º, III, da Lei n. 12.016/2009, o juiz ordenará que se suspenda o ato que deu motivo ao pedido, quando houver fundamento relevante e do ato impugnado puder resultar a ineficácia da medida.

O *fumus boni iuris* (fumaça do bom direito) está evidenciado em razão de ...

O *periculum in mora* (perigo da demora) caracteriza-se por conta de ...

No caso em tela, presentes os requisitos para a concessão da liminar, requer a suspensão ...

4. Pedido

Diante do exposto, requer:

a) Procedência da ação para a concessão do mandado de segurança com o fim de decretar a nulidade do ato impugnado.

b) Notificação da autoridade coatora para que preste informações (art. 7º, I).

c) Ciência do feito ao órgão de representação judicial do Estado X (art. 7º, II).

d) Suspensão liminar do ato ... (art. 7º, III).

e) Intimação para oitiva do Ministério Público (art. 12).

f) Juntada de documentos como prova.
Dá a causa o valor de R$ ...

Termos em que,

Pede Deferimento.

Data ...

Advogado(a) ...

OAB/ ...

> **ATENÇÃO:** Não indique seu nome na assinatura da peça, pois provavelmente será "zerada". No mandado de segurança não há protesto por provas, pois o direito está comprovado de plano (líquido e certo).

Caso Prático

(OAB 2010.1) O secretário de administração do estado-membro Y, com a finalidade de incentivar o aprimoramento profissional de certa categoria de servidores públicos, criou, por meio de lei específica, tabela de referências salariais com incremento de 10% entre uma e outra, estando a mudança de referência baseada em critérios de antiguidade e merecimento. O pagamento do mencionado percentual seria feito em seis parcelas mensais e sucessivas.

Os servidores que adquiriram todas as condições para o posicionamento na referência salarial subsequente já haviam recebido o pagamento de três parcelas quando sobreveio a edição de medida provisória revogando a sistemática estabelecida na lei. Assim, no mês seguinte à edição dessa medida, o valor correspondente à quarta parcela foi excluído da folha de pagamento.

Em decorrência dessa exclusão, os servidores requereram à Secretaria Estadual de Planejamento e Gestão a respectiva inserção na folha de pagamento, sob pena de submeter a questão ao Poder Judiciário.

Em resposta, o secretário indeferiu o pedido, fundado nos seguintes argumentos:

A) em razão da revogação da lei, promovida pela medida provisória, os servidores não mais teriam direito ao recebimento do percentual;

B) seria possível a alteração do regime remuneratório, em face da ausência de direito adquirido a regime jurídico, conforme já reconhecido pelo Supremo Tribunal Federal;

C) os servidores teriam, na hipótese, mera expectativa de direito, e não, direito adquirido;

D) não cabe ao Poder Judiciário atuar em área própria do Poder Executivo e conceder o reajuste pleiteado, sob pena de ofensa ao princípio constitucional da separação dos poderes.

Em face da situação hipotética apresentada, na qualidade de advogado(a) contratado(a) pelo sindicato dos servidores, redija a medida judicial cabível para impugnação do ato da autoridade que determinou a exclusão do pagamento dos servidores dos percentuais previstos em lei, destacando os argumentos necessários à adequada defesa dos interesses de seus clientes.

Resposta: mandado de segurança coletivo.

3 • MANDADO DE SEGURANÇA COLETIVO

Excelentíssimo Senhor Desembargador do Tribunal de Justiça do Estado Y:

Processo ...

Qualificação

Sindicato dos Servidores do Estado Y, pessoa jurídica de direito privado, CNPJ ..., endereço eletrônico ..., com sede na Rua ..., Bairro ..., vem, por meio de seu advogado(a) impetrar MANDADO DE SEGURANÇA COLETIVO com pedido de LIMINAR contra ato do Sr. ..., Secretário de Administração, estado civil .., profissão ..., CPF ..., endereço eletrônico ..., residente e domiciliado na rua ..., bairro ... e Estado Y, pessoa jurídica de direito público, com sede em ..., com base no art. 5º, LXIX, da CF, Lei n. 12.016/2009 e 319 do CPC, pelas razões de fato e de direito a seguir:

1. Fatos

A autoridade coatora, por meio de lei, criou tabela de referências salariais para os servidores do Estado para incentivar o aprimoramento profissional deles.

Os servidores que preencheram as condições legais já haviam recebido o pagamento de três parcelas quando sobreveio a edição de medida provisória revogando a sistemática estabelecida na lei.

Por conta disso, a autoridade coatora determinou a exclusão dos percentuais previstos em lei, sob argumento de que os servidores não teriam direito adquirido e sim mera expectativa de direito.

Como se vê, patente a ilegalidade e abuso de poder cometida pela Impetrada, conforme demonstraremos a seguir.

2. Direito

O direito líquido e certo é aquele que está comprovado de plano. No caso em tela, patente é a ofensa ao princípio da legalidade, conforme será visto a seguir.

O art. 5º, XXXVI, da Constituição Federal dispõe "a lei não prejudicará o direito adquirido".

Na ocasião da edição da medida provisória, os servidores já haviam adquirido todas as condições para o recebimento do percentual relativo a referência salarial subsequente, tanto que já vinham percebendo o pagamento de forma parcelada.

Por conseguinte, os servidores já haviam adquirido, por força da legislação específica, o direito ao recebimento do percentual. O pagamento e que foi efetuado de forma parcelada, ou seja, o direito ao recebimento do percentual, já havia integrado o patrimônio dos servidores, quando da edição da medida provisória, muito embora a implementação estivesse sendo feita de modo parcelado. Logo, não poderia tal espécie legislativa desrespeitar direito já incorporado ao patrimônio.

A subtração das parcelas a que fariam jus os servidores também implica afronta ao disposto no art. 37, XV, da Constituição Federal, segundo o qual os vencimentos dos ocupantes de cargos e empregos públicos são irredutíveis. Isso porque, como o direito já havia sido incorporado ao patrimônio dos servidores, sua exclusão configura clara afronta ao princípio da irredutibilidade de vencimentos.

Portanto, apesar de ser constitucional a modificação do regime remuneratório dos servidores, tal alteração não pode ocorrer de forma alheia à observância dos comandos constitucionais, em especial da vedação de decesso remuneratório.

3. Da Liminar

Nos termos do art. 7º, III, da Lei n. 12.016/2009, o juiz ordenará que se suspenda o ato que deu motivo ao pedido, quando houver fundamento relevante e do ato impugnado puder resultar a ineficácia da medida.

No presente caso, está demonstrada a plausibilidade do direito (*fumus boni iuris*) alegado pelo Impetrante, tendo em vista a ofensa aos princípios constitucionais da legalidade e irredutibilidade de vencimentos.

O *periculum in mora* está caracterizado, por conta do dano causado aos servidores que terão seus vencimentos reduzidos.

Portanto, requer, liminarmente, provimento jurisdicional que determine o pagamento das 4ª, 5ª e 6ª parcelas, em razão de seu caráter alimentar, suspendendo a decisão de não pagamento.

4. Pedido

Diante do exposto, requer:

a) Procedência da ação para a concessão do mandado de segurança com o fim de declarar nulo o ato que determinou a exclusão da parcela do reajuste na folha de pagamento.

b) Notificação da autoridade coatora para que preste informações (art. 7º, I).

c) Ciência do feito ao órgão de representação judicial do Estado Y (art. 7º, II).

d) Suspensão liminar do ato impugnado para garantir o pagamento das 4ª, 5ª e 6ª parcelas (art. 7º, III).

e) Intimação para oitiva do Ministério Público (art. 12).

Dá a causa o valor de R$ ...

Termos em que,

Pede Deferimento.

Data ...

Advogado(a) ...

OAB/ ...

ATENÇÃO: Não indique seu nome na assinatura da peça, pois provavelmente será "zerada".

4
AÇÃO DE INDENIZAÇÃO

4.1 Considerações Iniciais

Para a elaboração de uma ação de indenização contra o Estado, deverá ser seguido o procedimento comum, observadas as disposições dos arts. 319 e seguintes do Código de Processo Civil. Importante observar o capítulo que trata da responsabilização do Estado. A FGV tem adotado a teoria objetiva do risco administrativo tanto para as omissões quanto para ação do Estado.

No caso de dano cometido pelo Estado, a situação fica assim esquematizada:

4.1.1 Base Legal

Os artigos utilizados para elaboração da indenizatória são: art. 37, § 6º, da CF/88 e art. 43 do Código Civil.

> Art. 37, § 6º As pessoas jurídicas de direito público e as de direito privado prestadoras de serviços públicos responderão pelos danos que seus agentes, nessa qualidade, causarem a terceiros, assegurado o direito de regresso contra o responsável nos casos de dolo ou culpa.

> Art. 43. As pessoas jurídicas de direito público interno são civilmente responsáveis por atos dos seus agentes que nessa qualidade causem danos a terceiros, ressalvado direito regressivo contra os causadores do dano, se houver, por parte destes, culpa ou dolo.

4.1.2 Competência

A ação de indenização será proposta na 1ª instância da Justiça Estadual ou na 1ª instância da Justiça Federal.

No caso da Justiça Estadual, a ação tramitará na Vara Cível e, se houver, na Vara da Fazenda Pública. Se o examinador não fizer menção à Vara da Fazenda Pública, a ação deverá ser proposta na Vara Cível.

4.1.3 Partes

Na ação de indenização, as partes são:

a) Autor: qualquer pessoa, física ou jurídica.

b) Réu: União, Estado, Município, Autarquia, Empresas Públicas e Sociedades de economia mista prestadoras de serviços públicos, Concessionárias e Permissionárias de Serviço Público, Fundações Públicas, Agências Reguladoras e Associações Públicas.

4.1.4 Pedido e tutela provisória de urgência antecipada

Para a elaboração da tutela provisória de urgência antecipada e pedido da ação de indenização serão utilizados os arts. 319 e 318 do Código de Processo Civil. Esquematizando:

TUTELA PROVISÓRIA DE URGÊNCIA ANTECIPADA
O art. 300 do CPC estabelece que a tutela de urgência será concedida quando houver elementos que evidenciem a probabilidade do direito e o perigo de dano ou o risco ao resultado útil do processo. No presente caso, a probabilidade do direito reside no fato de que ... O perigo de dano se evidencia, na medida em que ... Portanto, requer a antecipação dos efeitos da tutela para ..., nos termos do art. 300 do CPC.

PEDIDO
a) Citação do réu (art. 319, IV, do CC e 246 do CPC).
b) Procedência da ação com a condenação da indenização pretendida (art. 319, IV).
c) Concessão da Tutela Antecipada (se for o caso).
d) Protesto por provas (art. 319, VI, do CPC).
e) Condenação ao pagamento das verbas de sucumbência (custas e demais despesas judiciais), além dos honorários advocatícios.
f) Valor da Causa (art. 319, V, do CPC).

4 • AÇÃO DE INDENIZAÇÃO — 243

Em determinadas situações, nas ações ordinárias, seja a indenizatória, anulatória ou qualquer outra, deverá o candidato requerer tutela antecipada. Para isso, utilizará o art. 303 do CPC, conforme indicado no Capítulo 3 da Parte 2 desta obra.

4.1.5 Modelo

Para elaboração da ação de indenização contra o Estado, tenha como base o quadro abaixo, extraído dos espelhos de prova da FGV:

QUESITOS	
1. Endereçamento	Excelentíssimo Senhor Doutor Juiz de Direito da ... Vara ... Cível/Fazenda Pública da Comarca de do Estado de ... Exmo. Sr. Dr. Juiz Federal da ... Vara Federal da ... Seção Judiciária do Estado de ...
2. Partes	a) Autor: qualquer pessoa, física ou jurídica. b) Réu: União/Estado/Município/Autarquia/Empresas Públicas e Sociedades de economia mista prestadoras de serviços públicos/Concessionárias e Permissionárias de Serviço Público.
3. Cabimento	Caracterização da ação ou omissão do Poder Público e nexo causal entre a ação/omissão e o dano
4. Fundamento Legal	a) art. 37, § 6º, da CF/88 b) art. 43 do Código Civil
5. Tutela Antecipada	Art. 300 do CPC
6. Pedido	a) Citação do réu. b) Procedência da ação com a condenação da indenização pretendida. c) Concessão da tutela antecipada (se for o caso). d) Protesto por provas. e) Condenação ao pagamento das verbas de sucumbência (custas e demais despesas judiciais), além dos honorários advocatícios.
7. Valor da Causa	Dá a causa o valor de R$ ...

Excelentíssimo Senhor Doutor Juiz de Direito da ... Vara ... Cível/Fazenda Pública da Comarca de do Estado de ...

OU

Excelentíssimo Senhor Doutor Juiz Federal da ... Vara Federal da ... Seção Judiciária do Estado de ...

Fulano de tal, estado civil ..., profissão ..., inscrito no CPF ... (ou CNPJ ...), endereço eletrônico ..., domiciliado e residente na rua ..., número ..., bairro ..., cidade ..., vem, por meio de seu advogado, propor ação de indenização, sob o procedimento comum ..., contra Beltrano de tal, estado civil ..., profissão ..., domiciliado e residente na rua ..., número ..., bairro ..., com base no art. 319 do CPC, pelas razões de fato e de direito, a seguir:

1. Dos Fatos

O candidato deverá fazer um resumo do caso.

ATENÇÃO: Não é para copiar o problema proposto pelo examinador e sim resumir o caso com as suas próprias palavras.

2. Do Direito

a) Da Constituição Federal

O art. 37, § 6º, da Constituição Federal estabelece que as pessoas jurídicas de direito público e as de direito privado prestadoras de serviços públicos responderão pelos danos que seus agentes, nessa qualidade, causarem a terceiros, assegurado o direito de regresso contra o responsável nos casos de dolo ou culpa.

b) Da Legislação Ordinária

O art. 43 do Código Civil também determina que as pessoas jurídicas de direito público e as de direito privado prestadoras de serviços públicos responderão pelos danos que seus agentes, nessa qualidade, causarem a terceiros, assegurado o direito de regresso contra o responsável nos casos de dolo ou culpa.

No caso em tela, fica clara a ação OU omissão do Poder Público na realização da obra OU do serviço ...

3. Da Tutela Provisória de Urgência

O pedido de tutela pode ser feito logo após a narrativa dos fatos. É uma praxe jurídica. Todavia nada impede de ser realizado após a parte relativa ao Direito.

Em determinadas situações, nas ações ordinárias, seja a indenizatória, anulatória ou qualquer outra, deverá o candidato requerer tutela provisória de urgência.

Como fazer? (arts. 294 a 311 do CPC)

O art. 300 do CPC estabelece que a tutela de urgência será concedida quando houver elementos que evidenciem a probabilidade do direito e o perigo de dano ou o risco ao resultado útil do processo.

A probabilidade do direito está evidenciada em razão de ...

O perigo de dano se caracteriza por conta de ...

No caso em tela, presentes os requisitos para a concessão da tutela de urgência, requer liminar para ...

4. Do Pedido

Diante do exposto, requer:

a) Procedência da ação com a condenação do(a) ... ao pagamento dos danos materiais e morais sofridos.

4 • AÇÃO DE INDENIZAÇÃO

b) Concessão da tutela antecipada ou de evidência para ...

c) Citação do(a) réu.

d) Protesta provar o alegado por todos os meios de prova admitidos em direito.

e) Condenação do(a) réu ao pagamento das verbas de sucumbência (custas e demais despesas judiciais), além dos honorários advocatícios.

Dá a causa o valor de R$ ...

Termos em que,

Pede Deferimento.

Data ...

Advogado(a) ...

OAB/ ...

ATENÇÃO: Não indique seu nome na assinatura da peça, pois provavelmente será "zerada".

Caso prático

(OABA FGV XXVIII) Apolônio Silva foi encarcerado há três anos, pela prática do crime de lesão corporal seguida de morte (Art. 129, § 3°, do CP), em razão de decisão penal transitada em julgado proferida pelo Tribunal de Justiça do Estado Alfa, que o condenou à pena de doze anos de reclusão. Apesar das tentativas da Defensoria Pública de obter a ordem de soltura, Apolônio permaneceu preso, até que, no ano corrente, foi morto durante a rebelião que ocorreu no presídio em que estava acautelado. Durante a mesma rebelião, numerosos condenados foram assassinados a tiros, sendo certo que as armas ingressaram no local mediante pagamento de propina aos agentes penitenciários.

Inconformada, Maria da Silva, mãe de Apolônio, procurou você para, na qualidade de advogado(a), tomar as medidas cabíveis, com vistas a obter a responsabilização civil do Estado. Ela demonstrou que, ao tempo da prisão, ele era filho único, solteiro, sem filhos, trabalhador, e provia o seu sustento. Como Maria tem idade avançada e problemas de saúde, ela não tem condições de arcar com os custos do processo, notadamente porque gastou as últimas economias para proporcionar um funeral digno para o filho.

Redija a peça cabível, mediante apontamento de todos os argumentos jurídicos pertinentes. *Resposta*: A medida cabível é a petição inicial de Ação De Responsabilidade Civil OU Ação Indenizatória.

Excelentíssimo Senhor Doutor Juiz de Direito da ... Vara Cível da Comarca X do Estado Alfa

Maria da Silva, estado civil ..., profissão ..., residente e domiciliada na rua ..., por meio de seu(sua), advogado(a), vem, perante Vossa Excelência, com base nos arts. 37, § 6º, da Constituição Federal, 43 do Código Civil e 282 e seguintes do Código de Processo Civil, propor AÇÃO DE INDENIZAÇÃO, sob o rito do procedimento comum, contra o Estado Alfa ..., pessoa jurídica de direito público interno, com sede na rua ... pelas razões de fato e fundamentos jurídicos a seguir:

1. Dos Fatos

A autora é mãe de Apolônio Silva foi encarcerado há três anos, pela prática do crime de lesão corporal seguida de morte (Art. 129, § 3º, do CP), em razão de decisão penal transitada em julgado proferida pelo Tribunal de Justiça do Estado Alfa, que o condenou à pena de doze anos de reclusão.

Ocorre que, o filho da autora, que provia seu sustento ao tempo da prisão, foi morto durante a rebelião que ocorreu no presídio em que estava acautelado. Durante a mesma rebelião, numerosos condenados foram assassinados a tiros, sendo certo que as armas ingressaram no local mediante pagamento de propina aos agentes penitenciários. Portanto, a autoria deve ser indenizada material e moralmente pelos danos sofridos, senão vejamos.

1.Da Justiça Gratuita

A autora tem idade avançada e problemas de saúde, não tendo condições de arcar com os custos do processo, notadamente porque gastou as últimas economias para proporcionar um funeral digno para o filho. Portanto, diante da impossibilidade da autora arcar com as custas do processo, sem prejuízo do próprio sustento, requer a concessão do benefício da gratuidade da justiça, na forma do art. 98 do CPC.

3. Dos Fundamentos Jurídicos do Pedido

O art. 37, § 6º, da Constituição Federal combinado com o art. 43 do Código Civil estabelecem que as pessoas jurídicas de direito público e as de direito privado prestadoras de serviços públicos responderão pelos danos que seus agentes, nessa qualidade, causarem a terceiros, assegurado o direito de regresso contra o responsável nos casos de dolo ou culpa.

No caso em tela, fica clara a violação do dever de preservação da integridade física e moral do preso na forma do Art. 5º, inciso XLIX, da CRFB/88.

Logo, presentes os elementos configuradores da responsabilidade do Estado (omissão na guarda do preso; dano e nexo causal), impõe-se o dever de indenização dos danos materiais e morais, nos termos da responsabilidade objetiva do risco administrativo.

Além disso, está caracterizado o dano material em decorrência da dependência financeira da autora, que contava com o falecido para o seu sustento, para fins de pensionamento, na forma do art. 948, inciso II, do Código Civil.

Ademais, devem ser ressarcidas as despesas do funeral, na forma do Art. 948, inciso I, do Código Civil.

O dano moral no presente caso é presumido (*in re ipsa*) decorrente do falecimento do filho da autora e, portanto, também deve ser indenizado

4. Do Pedido

Diante do exposto, requer:

a) Citação do Estado Alfa.

b) Procedência da ação com a condenação do Estado Alfa ao pagamento dos danos materiais (pensionamento e despesas do funeral) e morais sofridos pela autora;

c) Condenação do Estado Alfaao pagamento das verbas de sucumbência (custas e demais despesas judiciais), além dos honorários advocatícios.

d) Protesta provar o alegado por todos os meios de prova admitidos em direito.

e) Designação de audiência prévia de conciliação (art. 319, VII);

f) Concessão dos benefícios da Justiça Gratuita.

Dá a causa o valor de R$ ...

Termos em que,

Pede Deferimento.

Data ...

Advogado(a) ...

OAB/ ...

5
AÇÃO POPULAR

5.1 Conteúdo

Para a elaboração de uma ação popular o candidato deverá seguir o rito do procedimento comum, observadas as disposições dos arts. 319 e seguintes do Código de Processo Civil, bem como o art. 5º, LXXIII, da CF/88 e a Lei n. 4.717/65.

O art. 5º, LXXIII, da Constituição Federal estabelece:

LXXIII – qualquer cidadão é parte legítima para propor ação popular que vise a anular ato lesivo ao patrimônio público ou de entidade de que o Estado participe, à moralidade administrativa, ao meio ambiente e ao patrimônio histórico e cultural, ficando o autor, salvo comprovada má-fé, isento de custas judiciais e do ônus da sucumbência.

5.1.1 Base Legal (Lei n. 4.717/65)

Para a elaboração de uma ação popular, essencial é a leitura da Lei n. 4.717/65. Como se verá adiante, essa lei traz em seu texto a estrutura procedimental da ação popular. Nesse aspecto, destacaremos os artigos que tratam da competência, dos sujeitos e da petição inicial:

> Art. 1º Qualquer cidadão será parte legítima para pleitear a anulação ou a declaração de nulidade de atos lesivos ao patrimônio da União, do Distrito Federal, dos Estados, dos Municípios, de entidades autárquicas, de sociedades de economia mista (Constituição, art. 141, § 38), de

sociedades mútuas de seguro nas quais a União represente os segurados ausentes, de empresas públicas, de serviços sociais autônomos, de instituições ou fundações para cuja criação ou custeio o tesouro público haja concorrido ou concorra com mais de 50% (cinquenta por cento) do patrimônio ou da receita ânua, de empresas incorporadas ao patrimônio da União, do Distrito Federal, dos Estados e dos Municípios, e de quaisquer pessoas jurídicas ou entidades subvencionadas pelos cofres públicos.

Art. 2º São nulos os atos lesivos ao patrimônio das entidades mencionadas no artigo anterior, nos casos de:

a) incompetência;

b) vício de forma;

c) ilegalidade do objeto;

d) inexistência dos motivos;

e) desvio de finalidade.

Parágrafo único. Para a conceituação dos casos de nulidade observar-se-ão as seguintes normas:

a) a incompetência fica caracterizada quando o ato não se incluir nas atribuições legais do agente que o praticou;

b) o vício de forma consiste na omissão ou na observância incompleta ou irregular de formalidades indispensáveis à existência ou seriedade do ato;

c) a ilegalidade do objeto ocorre quando o resultado do ato importa em violação de Lei, regulamento ou outro ato normativo;

d) a inexistência dos motivos se verifica quando a matéria de fato ou de direito, em que se fundamenta o ato, é materialmente inexistente ou juridicamente inadequada ao resultado obtido;

e) o desvio de finalidade se verifica quando o agente pratica o ato visando a fim diverso daquele previsto, explícita ou implicitamente, na regra de competência.

Art. 5º Conforme a origem do ato impugnado, é competente para conhecer da ação, processá-la e julgá-la o juiz que, de acordo com a organização judiciária de cada Estado, o for para as causas que interessem à União, ao Distrito Federal, ao Estado ou ao Município.

(...)

§ 4º Na defesa do patrimônio público caberá a suspensão liminar do ato lesivo impugnado.

Art. 6º A ação será proposta contra as pessoas públicas ou privadas e as entidades referidas no art. 1º, contra as autoridades, funcionários ou administradores que houverem autorizado, aprovado, ratificado ou praticado o ato impugnado, ou que, por omissão, tiverem dado oportunidade à lesão, e contra os beneficiários diretos do mesmo.

Art. 7º A ação obedecerá ao procedimento ordinário [atual procedimento comum, de acordo com o novo Código de Processo Civil], previsto no Código de Processo Civil, observadas as seguintes normas modificativas:

I – Ao despachar a inicial, o juiz ordenará:

a) além da citação dos réus, a intimação do representante do Ministério Público;

b) a requisição, às entidades indicadas na petição inicial, dos documentos que tiverem sido referidos pelo autor (art. 1º, § 6º), bem como a de outros que se lhe afigurem necessários ao esclarecimento dos fatos, fixando o prazo de 15 (quinze) a 30 (trinta) dias para o atendimento.

§ 1º O representante do Ministério Público providenciará para que as requisições, a que se refere o inciso anterior, sejam atendidas dentro dos prazos fixados pelo juiz.

§ 2º Se os documentos e informações não puderem ser oferecidos nos prazos assinalados, o juiz poderá autorizar prorrogação dos mesmos, por prazo razoável.

II – Quando o autor o preferir, a citação dos beneficiários far-se-á por edital com o prazo de 30 (trinta) dias, afixado na sede do juízo e publicado três vezes no jornal oficial do Distrito Federal, ou da Capital do Estado ou Território em que seja ajuizada a ação. A publicação será gratuita e deverá iniciar-se no máximo 3 (três) dias após a entrega, na repartição competente, sob protocolo, de uma via autenticada do mandado.

III – Qualquer pessoa, beneficiada ou responsável pelo ato impugnado, cuja existência ou identidade se torne conhecida no curso do processo e antes de proferida a sentença final de primeira instância, deverá ser citada para a integração do contraditório, sendo-lhe restituído o prazo para contestação e produção de provas, salvo, quanto a beneficiário, se a citação se houver feito na forma do inciso anterior.

IV – O prazo de contestação é de 20 (vinte) dias, prorrogáveis por mais 20 (vinte), a requerimento do interessado, se particularmente difícil a produção de prova documental, e será comum a todos os interessados, correndo da entrega em cartório do mandado cumprido, ou, quando for o caso, do decurso do prazo assinado em edital.

V – Caso não requerida, até o despacho saneador, a produção de prova testemunhal ou pericial, o juiz ordenará vista às partes por 10 (dez) dias, para alegações, sendo-lhe os autos conclusos, para sentença, 48 (quarenta e oito) horas após a expiração desse prazo; havendo requerimento de prova, o processo tomará o rito ordinário (atual procedimento comum).

VI – A sentença, quando não prolatada em audiência de instrução e julgamento, deverá ser proferida dentro de 15 (quinze) dias do recebimento dos autos pelo juiz.

Parágrafo único. O proferimento da sentença além do prazo estabelecido privará o juiz da inclusão em lista de merecimento para promoção, durante 2 (dois) anos, e acarretará a perda, para efeito de promoção por antiguidade, de tantos dias quantos forem os do retardamento, salvo motivo justo, declinado nos autos e comprovado perante o órgão disciplinar competente.

Art. 11. A sentença que, julgando procedente a ação popular, decretar a invalidade do ato impugnado, condenará ao pagamento de perdas e danos os responsáveis pela sua prática e os beneficiários dele, ressalvada a ação regressiva contra os funcionários causadores de dano, quando incorrerem em culpa.

5.1.2 Competência

A ação popular será proposta na 1ª instância da Justiça Estadual ou na 1ª instância da Justiça Federal.

No caso da Justiça Estadual, a ação tramitará na Vara Cível e, se houver, na Vara da Fazenda Pública. Se o examinador não fizer menção à Vara da Fazenda Pública, a ação deverá ser proposta na Vara Cível.

5.1.3 Partes

Na ação popular, as partes são:

a) Autor: qualquer cidadão. A prova da cidadania é realizada com a apresentação do título de eleitor.

b) Réu: pessoas públicas ou privadas, União, do Distrito Federal, dos Estados, dos Municípios, de entidades autárquicas, de sociedades de economia mista, de sociedades mútuas de seguro nas quais a União represente os segurados ausentes, de empresas públicas, de serviços sociais autônomos, de instituições ou fundações para cuja criação ou custeio o tesouro público haja concorrido ou concorra com mais de 50% (cinquenta por cento) do patrimônio ou da receita ânua, de empresas incorporadas ao patrimônio da União, do Distrito Federal, dos Estados e dos Municípios, e de quaisquer pessoas jurídicas ou entidades subvencionadas pelos cofres públicos, as autoridades, funcionários ou administradores que houverem autorizado, aprovado, ratificado ou praticado o ato impugnado, ou que, por omissão, tiverem dado oportunidade à lesão, e contra os beneficiários diretos dele.

5.1.4 Pedido e liminar

Para a elaboração da liminar e do pedido da ação popular serão utilizados o art. 319 do Código de Processo Civil e o art. 5º, § 4º, da Lei n. 4.717/65. Esquematizando:

LIMINAR
Nos termos do art. 5º, § 4º, da Lei n. 4.717/65, na defesa do patrimônio público caberá a suspensão liminar do ato lesivo impugnado. O *fumus boni iuris* (fumaça do bom direito) está evidenciado em razão de ...
O *periculum in mora* (perigo da demora) caracteriza-se por conta de ... No presente caso, tendo em vista a lesão ocorrida ao patrimônio público, requer a suspensão liminar do ato ... ou contrato ...

PEDIDO
a) Citação dos réus e intimação do representante do Ministério Público.
b) Requisição, às entidades indicadas na petição inicial, dos documentos que tiverem sido referidos pelo autor (art. 1º, § 6º), bem como a de outros que se lhe afigurem necessários ao esclarecimento dos fatos, fixando o prazo de 15 a 30 dias para o atendimento.
c) Concessão de liminar para suspensão do ato lesivo (art. 5º, § 4º).
d) Procedência da ação para decretar a invalidade do ato impugnado, condenando os responsáveis e beneficiários por perdas e danos (art. 11).
e) Condenação ao pagamento de custas, despesas judiciais e honorários advocatícios.
f) Protesto por provas.
g) Valor da causa.

Quanto à liminar, o art. 5º, § 4º, determina que, na defesa do patrimônio público, caberá a suspensão liminar do ato lesivo impugnado.

5.1.5 Modelo

Para elaboração da ação popular, tenha como base o quadro abaixo, extraído dos espelhos de prova da FGV:

QUESITOS	
1. Endereçamento	Excelentíssimo Senhor Doutor Juiz de Direito da ... Vara ... Cível/Fazenda Pública da Comarca de do Estado de ... Exmo. Sr. Dr. Juiz Federal da ... Vara Federal da ... Seção Judiciária do Estado de ...
2. Partes	a) Autor: qualquer cidadão. A prova da cidadania é realizada com a apresentação do título de eleitor. b) Réu: pessoas públicas ou privadas, União, do Distrito Federal, dos Estados, dos Municípios, de entidades autárquicas, de sociedades de economia mista, de sociedades mútuas de seguro nas quais a União represente os segurados ausentes, de empresas públicas, de serviços sociais autônomos, de instituições ou fundações para cuja criação ou custeio o tesouro público haja concorrido ou concorra com mais de 50% (cinquenta por cento) do patrimônio ou da receita ânua, de empresas incorporadas ao patrimônio da União, do Distrito Federal, dos Estados e dos Municípios, e de quaisquer pessoas jurídicas ou entidades subvencionadas pelos cofres públicos, as autoridades, funcionários ou administradores que houverem autorizado, aprovado, ratificado ou praticado o ato impugnado, ou que, por omissão, tiverem dado oportunidade à lesão, e contra os beneficiários diretos dele.
3. Cabimento	Caracterização da lesão ao patrimônio público ou de entidade de que o Estado participe, à moralidade administrativa, ao meio ambiente e ao patrimônio histórico e cultural.
4. Fundamento Legal	a) Art. 5º, LXXIII, da CF/88 b) Art. 1º da Lei n. 4.717/65
5. Liminar	Art. 5º, § 4º, da Lei n. 4.717/65
6. Pedido	a) Citação dos réus e intimação do representante do Ministério Público. b) Requisição, às entidades indicadas na petição inicial, dos documentos que tiverem sido referidos pelo autor (art. 1º, § 6º), bem como a de outros que se lhe afigurem necessários ao esclarecimento dos fatos, fixando o prazo de 15 a 30 dias para o atendimento. c) Concessão de liminar para suspensão do ato lesivo (art. 5º, § 4º). d) Procedência da ação para decretar a invalidade do ato impugnado, condenando os responsáveis e beneficiários por perdas e danos (art. 11). e) Condenação ao pagamento de custas, despesas judiciais e honorários advocatícios. f) Protesto por provas.
7. Valor da Causa	Dá a causa o valor de R$ ...

Excelentíssimo Senhor Doutor Juiz de Direito da ... Vara ... Cível/Fazenda Pública da Comarca de do Estado de ...

OU

Exmo. Sr. Dr. Juiz Federal da ... Vara Federal da ... Seção Judiciária do Estado de ...

Fulano de tal, estado civil ..., profissão ..., inscrito no CPF ... (ou CNPJ ...), endereço eletrônico ..., domiciliado e residente na rua ..., número ..., bairro ..., cidade ..., TÍTULO DE ELEITOR N. vem, por meio de seu advogado, propor AÇÃO POPULAR, contra Beltrano de tal, estado civil ..., profissão ..., domiciliado e residente na rua ..., número ..., bairro ..., com base no art. 5º, LXXIII, da CF, Lei n. 4.717/65 e art. 319 do CPC, pelas razões de fato e de direito, a seguir:

1. Dos Fatos

O candidato deverá fazer um resumo do caso.

ATENÇÃO: Não é para copiar o problema proposto pelo examinador e sim resumir o caso com as suas próprias palavras.

2. Do Direito

a) Da Constituição Federal

Nos termos do art. 5º, LXXIII, da CF/88 e/ou art. 1º da Lei n. 4.717/65, qualquer cidadão é parte legítima para propor ação popular que vise a anular ato lesivo ao patrimônio público e à moralidade administrativa. No caso em tela é patente a violação da Constituição Federal, senão vejamos.

b) Da Legislação Ordinária

No mesmo sentido, a Lei n. 4.717/65 determina no art. 1º que qualquer cidadão será parte legítima para pleitear a anulação ou a declaração de nulidade de atos lesivos ao patrimônio público.

Além disso, no caso em tela, a Lei ... (indicar a legislação aplicável ao caso, como, por exemplo, Lei n. 8.666/93, Lei n. 8.1112/90 ou Lei n. 8.987/95 etc.).

3. Da Liminar

Nos termos do art. 5º, § 4º, da Lei n. 4.717/65 na defesa do patrimônio público caberá a suspensão liminar do ato lesivo impugnado.

O *fumus boni iuris* (fumaça do bom direito) está evidenciado em razão de ...

O ***periculum in mora*** (perigo da demora) caracteriza-se por conta de ...

No presente caso, tendo em vista a lesão ocorrida ao patrimônio público, requer a suspensão liminar do ato ... ou contrato ...

4. Do Pedido

Diante do exposto requer:

a) Citação dos réus e a intimação do representante do Ministério Público.

b) Requisição, às entidades indicadas na petição inicial, dos documentos que tiverem sido referidos pelo autor (art. 1º, § 6º), bem como a de outros que se lhe afigurem necessários ao esclarecimento dos fatos, fixando o prazo de 15 a 30 dias para o atendimento.

c) Concessão de liminar para suspensão do ato lesivo (art. 5º, § 4º).

d) Procedência da ação para decretar a invalidade do ato impugnado, condenando os responsáveis e beneficiários por perdas e danos (art. 11).

e) Condenação ao pagamento de custas, despesas judiciais e honorários advocatícios.

f) Protesto por provas.

Dá a causa o valor de R$ ...

Termos em que,

Pede Deferimento.

Data ...

Advogado(a) ...

OAB/ ...

ATENÇÃO: Não indique seu nome na assinatura da peça, pois provavelmente será "zerada".

Caso prático

(OAB EXAME VII) O Município Y, representado pelo Prefeito João da Silva, celebrou contrato administrativo com a empresa W – cujo sócio majoritário é Antonio Precioso, filho da companheira do Prefeito –, tendo por objeto o fornecimento de material escolar para toda a rede pública municipal de ensino, pelo prazo de sessenta meses. O contrato foi celebrado sem a realização de prévio procedimento licitatório e apresentou valor de cinco milhões de reais anuais. José Rico, cidadão consciente e eleitor no Município Y, inconformado com a contratação que favorece o filho da companheira do Prefeito, o procura para, na qualidade de advogado(a), identificar e minutar a medida judicial que, em nome dele, pode ser proposta para questionar o contrato administrativo. A medida judicial deve conter a argumentação jurídica apropriada e o desenvolvimento dos fundamentos legais da matéria versada no problema, abordando, necessariamente:

(i) competência do órgão julgador;

(ii) a natureza da pretensão deduzida por José Rico; e

(iii) os fundamentos jurídicos aplicáveis ao caso.

Resposta: ação popular contra o Prefeito, o Município Y e a Empresa W.

Excelentíssimo Senhor Dr. Juiz de Direito da ... Vara Cível da Comarca Y do Estado ...

OU

Excelentíssimo Senhor Dr. Juiz de Direito da ... Vara da Fazenda Pública da Comarca Y do Estado ...

José Rico, estado civil ..., profissão ..., título de eleitor n. ..., residente e domiciliado na rua ..., bairro ..., vem, por meio de seu advogado, propor Ação Popular com pedido de liminar contra João da Silva, estado civil ... prefeito municipal, residente e domiciliado na rua ..., bairro ..., Município Y, pessoa jurídica de direito público, com sede na rua ..., e empresa W, pessoa jurídica de direito privado, com sede na rua ..., com fundamento no art. 5º, LXXIII, da CF, Lei n. 4.717/65 e art. 319 e seguintes do CPC, pelas razões de fato e de direito a seguir:

1. Dos Fatos

O Município Y, representado pelo Prefeito João da Silva, celebrou contrato administrativo com a empresa W – cujo sócio majoritário vem a ser Antonio Precioso, filho da companheira do Prefeito –, tendo por objeto o fornecimento de material escolar para toda a rede pública municipal de ensino, pelo prazo de sessenta meses.

O contrato foi celebrado sem a realização de prévio procedimento licitatório e apresentou valor de cinco milhões de reais anuais. Como será demonstrado a seguir, tal fato é lesivo ao patrimônio público e atenta contra os princípios da Administração Pública, principalmente ao da moralidade administrativa, razão pela qual deve ser anulado.

2. Dos Fundamentos Jurídicos do Pedido

a) Da Constituição Federal

Nos termos do art. 5º, LXXIII, da CF/88 e/ou art. 1º da Lei n. 4.717/65, qualquer cidadão é parte legítima para propor ação popular que vise a anular ato lesivo ao patrimônio público e à moralidade administrativa. No caso em tela é patente a violação da Constituição Federal, senão vejamos.

a1) Do Princípio da Moralidade

Pela presente situação, configura-se a violação ao princípio da moralidade ou probidade administrativa visto que a contratação direta, fora das hipóteses de dispensa, de empresa do enteado do prefeito implica violação aos padrões éticos que devem pautar a atuação do administrador.

a2) Do Princípio da Impessoalidade

Além disso, clara está a violação ao princípio da impessoalidade, visto que a Administração não pode atuar com vistas para beneficiar pessoas determinadas, uma vez que é sempre o interesse público que tem que nortear o seu comportamento.

b) Da Legislação Ordinária

Destaca-se ainda a ausência de processo licitatório para aquisição do material escolar, caracterizando ofensa ao art. 37, XXI, da CRFB/88 e ao art. 2º da Lei n. 8.666/93.

Ademais, há também violação à norma do art. 57 da Lei n. 8.666/93, que estabelece que a vigência dos contratos administrativos é adstrita à vigência dos respectivos créditos orçamentários.

3. Da Liminar

Nos termos do art. 5º, § 4º, da Lei n. 4.717/65, na defesa do patrimônio público caberá a suspensão liminar do ato lesivo impugnado.

O *fumus boni iuris* está caracterizado tendo em vista a lesividade da contratação à moralidade administrativa e ao patrimônio público.

O *periculum in mora* evidencia-se no sentido de que a continuidade do contrato pode agravar a lesão aos cofres públicos.

Portanto, tendo em vista a lesividade da contratação à moralidade administrativa e ao patrimônio público requer a suspensão liminar do contrato, haja vista o valor da contratação, qual seja 5 milhões de reais.

4. Do Pedido

Diante do exposto, requer:

a) Procedência do pedido para anular o contrato administrativo e condenar os réus a ressarcir os danos causados ao erário, segundo o art. 11 da Lei n. 4.717/65.

b) Citação dos réus.

c) Concessão da liminar para suspensão imediata do contrato (art. 5º, § 4º).

d) Protesta provar o alegado por todos os meios admitidos em direito.

e) Condenação dos réus ao pagamento de custas, despesas judiciais e honorários advocatícios.

f) Designação de audiência prévia de conciliação (art. 319, VII).

Dá a causa o valor de R$ ...

Termos em que,

Pede Deferimento.

Data ...

Advogado(a) ...

OAB/ ...

6
HABEAS DATA

6.1 Considerações Iniciais

Para a elaboração de um *habeas data* o candidato deverá seguir o rito ordinário, observadas as disposições dos arts. 319 e seguintes do Código de Processo Civil, bem como o art. 5º, LXXII, da CF/88 e as Leis n. 9.507/97 e n. 12.527/2011.

O art. 5º, LXXII, da CF/88 estabelece:

LXXII – conceder-se-á *habeas data*:

a) para assegurar o conhecimento de informações relativas à pessoa do impetrante, constantes de registros ou bancos de dados de entidades governamentais ou de caráter público;

b) para a retificação de dados, quando não se prefira fazê-lo por processo sigiloso, judicial ou administrativo;

ATENÇÃO: O direito líquido e certo é aquele que está comprovado de plano.

6.1.1 Base Legal

A elaboração de um *habeas data* exige a leitura da Lei n. 9.507/97, principalmente dos artigos referentes à inicial, aos sujeitos, à competência, os quais seguem destacados. O habeas data visa ao conhecimento de informações de cunho pessoal do impetrante. P. ex., se um cidadão deseja saber qual a pontuação de sua carteira de habilitação e esse direito é negado, a ação cabível é o habeas data. Por outro lado, se o objetivo é uma informação geral, p. ex., dirigir-se a uma repartição pública para saber quantos processos administrativos ali tramitam (não em seu nome), nesse caso, sendo-lhe negada a informação, cabe mandado de segurança.

Art. 7º Conceder-se-á *habeas data*:

I – para assegurar o conhecimento de informações relativas à pessoa do impetrante, constantes de registro ou banco de dados de entidades governamentais ou de caráter público;

II – para a retificação de dados, quando não se prefira fazê-lo por processo sigiloso, judicial ou administrativo;

III – para a anotação nos assentamentos do interessado, de contestação ou explicação sobre dado verdadeiro mas justificável e que esteja sob pendência judicial ou amigável.

Art. 8º A petição inicial, que deverá preencher os requisitos dos arts. 319 e seguintes do Código de Processo Civil, será apresentada em duas vias, e os documentos que instruírem a primeira serão reproduzidos por cópia na segunda.

Parágrafo único. A petição inicial deverá ser instruída com prova:

I – da recusa ao acesso às informações ou do decurso de mais de dez dias sem decisão;

II – da recusa em fazer-se a retificação ou do decurso de mais de quinze dias, sem decisão; ou

III – da recusa em fazer-se a anotação a que se refere o § 2º do art. 4º ou do decurso de mais de quinze dias sem decisão.

Art. 9º Ao despachar a inicial, o juiz ordenará que se notifique o coator do conteúdo da petição, entregando-lhe a segunda via apresentada pelo impetrante, com as cópias dos documentos, a fim de que, no prazo de dez dias, preste as informações que julgar necessárias.

Art. 12. Findo o prazo a que se refere o art. 9º, e ouvido o representante do Ministério Público dentro de cinco dias, os autos serão conclusos ao juiz para decisão a ser proferida em cinco dias.

Art. 13. Na decisão, se julgar procedente o pedido, o juiz marcará data e horário para que o coator:

I – apresente ao impetrante as informações a seu respeito, constantes de registros ou bancos de dadas; ou

II – apresente em juízo a prova da retificação ou da anotação feita nos assentamentos do impetrante.

Art. 15. Da sentença que conceder ou negar o *habeas data* cabe apelação.

6.1.2 Competência

De acordo com o art. 20 da Lei n. 9.507/97, o julgamento do *habeas data* compete:

I – originariamente:

a) ao Supremo Tribunal Federal, contra atos do Presidente da República, das Mesas da Câmara dos Deputados e do Senado Federal, do Tribunal de Contas da União, do Procurador-Geral da República e do próprio Supremo Tribunal Federal;

b) ao Superior Tribunal de Justiça, contra atos de Ministro de Estado ou do próprio Tribunal;

c) aos Tribunais Regionais Federais contra atos do próprio Tribunal ou de juiz federal;

d) a juiz federal, contra ato de autoridade federal, excetuados os casos de competência dos tribunais federais;

e) a tribunais estaduais, segundo o disposto na Constituição do Estado;

f) a juiz estadual, nos demais casos;

II – em grau de recurso:

a) ao Supremo Tribunal Federal, quando a decisão denegatória for proferida em única instância pelos Tribunais Superiores;

b) ao Superior Tribunal de Justiça, quando a decisão for proferida em única instância pelos Tribunais Regionais Federais;

c) aos Tribunais Regionais Federais, quando a decisão for proferida por juiz federal;

d) aos Tribunais Estaduais e ao do Distrito Federal e Territórios, conforme dispuserem a respectiva Constituição e a Lei que organizar a Justiça do Distrito Federal;

III – mediante recurso extraordinário ao Supremo Tribunal Federal, nos casos previstos na Constituição.

6.1.3 Partes

No *habeas data*, as partes são:

a) Autor (impetrante): qualquer pessoa, física ou jurídica.

b) Réu (impetrado): no caso do registro ou banco de dados for de entidade governamental os sujeitos são os entes da Administração direta ou indireta; se o registro ou banco de dados for de entidade de caráter público, o sujeito será a entidade privada (Ex.: Serviço de Proteção ao Crédito – SPC).

6.1.4 Pedido

Para a elaboração do pedido do *habeas data* serão utilizados o art. 319 do Código de Processo Civil e arts. 9º, 12 e 13 da Lei n. 9.507/97. Esquematizando:

PEDIDO
a) Notificação da autoridade para, no prazo de 10 dias, apresentar as informações, nos termos do art. 9º da Lei n. 9.507/97.
b) Intimação do Ministério Público (art. 12).
c) Procedência da ação para determinar data e horário para que a autoridade apresente as informações ou proceda retificação/anotação nos assentamentos do impetrante (art. 13).
d) Juntada dos documentos previstos no art. 8º, parágrafo único, da Lei n. 9.507/97.
e) Valor da causa.

6.1.5 Modelo

Para elaboração do *habeas data*, tenha como base o quadro abaixo, extraído dos espelhos de prova da FGV:

QUESITOS	
1. Endereçamento	Excelentíssimo Senhor Doutor Juiz de Direito da ... Vara ... Cível/Fazenda Pública da Comarca de do Estado de ... OU Exmo. Sr. Dr. Juiz Federal da ... Vara Federal da ... Seção Judiciária do Estado de ... OU Exmo. Sr. Dr. Desembargador do Tribunal de Justiça do Estado de ... OU Exmo. Sr. Dr. Ministro do STF/STJ
2. Partes	a) Autor: qualquer pessoa, física ou jurídica. b) Réus: no caso do registro ou banco de dados for de entidade governamental os sujeitos passivo são os entes da Administração Direta ou Indireta; no caso do registro ou banco de dados for de entidade de caráter público o sujeito será a entidade privada (Ex.: Serviço de Proteção ao Crédito – SPC).
3. Cabimento	a) para assegurar o conhecimento de informações relativas à pessoa do impetrante, constantes de registros ou bancos de dados de entidades governamentais ou de caráter público; b) para a retificação de dados, quando não se prefira fazê-lo por processo sigiloso, judicial ou administrativo.
4. Fundamento Legal	a) Art. 5º, LXXII, da CF/88 b) Art. 7º da Lei n. 9.507/97
5. Pedido	a) Notificação da autoridade para, no prazo de 10 dias, apresentar as informações, nos termos do art. 9º da Lei n. 9.507/97. b) Intimação do Ministério Público (art. 12). c) Procedência da ação para determinar data e horário para que a autoridade apresente as informações ou proceda retificação/anotação nos assentamentos do impetrante (art. 13). d) Juntada dos documentos previstos no art. 8º, parágrafo único, da Lei n. 9.507/97.
6. Valor da Causa	Dá a causa o valor de R$ ...

Excelentíssimo Senhor Doutor Juiz de Direito da ... Vara ... Cível/Fazenda Pública da Comarca de do Estado de ...

OU

Exmo. Sr. Dr. Juiz Federal da ... Vara Federal da ... Seção Judiciária do Estado de ...

OU

Exmo. Sr. Dr. Desembargador do Tribunal de Justiça do Estado de ...

OU

Exmo. Sr. Dr. Ministro do STF/STJ

Fulano de tal, estado civil ..., profissão ..., domiciliado e residente na rua ..., número ..., bairro ..., cidade ..., vem, por meio de seu advogado, impetrar *HABEAS DATA* ..., contra ato do Sr. ... , estado civil ..., profissão ..., domiciliado e residente na rua ..., número ..., bairro ..., com base no art. 5º, LXXII, da CF, Lei n. 9.507/97 e art. 319 do CPC, pelas razões de fato e de direito, a seguir:

1. Dos Fatos

O candidato deverá fazer um resumo do caso.

ATENÇÃO: Não é para copiar o problema proposto pelo examinador e sim resumir o caso com as suas próprias palavras.

2. Do Direito

a) Da Constituição Federal

A CF/88, no art. 5º, LXXII, *a*, determina que será concedido *habeas data* para assegurar conhecimento de informações relativas à pessoa do impetrante, constantes de registros ou banco de dados de entidades governamentais ou de caráter público.

Como se vê, o direito à informação, previsto no art. 5º, XXXIII, é fundamental a todos os cidadãos e garantido constitucionalmente. No caso em tela, a ofensa a tal direito do impetrante constitui ilegalidade e abuso de poder por parte da autoridade coatora.

b) Da Legislação Ordinária

O direito fundamental à informação também é garantido por meio da Lei n. 9.507/97, que assegura ao impetrante o conhecimento de informações relativas à sua pessoa. Frise-se que o impetrante requereu administrativamente as informações desejadas, porém em todas as instâncias teve seu pedido indeferido.

Portanto, o direito do impetrante à obtenção das informações é líquido e certo, uma vez que está comprovado de plano.

3. Do Pedido

a) Notificação da autoridade para, no prazo de 10 dias, apresentar as informações, nos termos do art. 9º da Lei n. 9.507/97.

b) Intimação do Ministério Público (art. 12).

> c) Procedência da ação para determinar data e horário para que a autoridade apresente as informações OU proceda retificação/anotação nos assentamentos do impetrante (art. 13).
>
> d) Juntada dos documentos previstos no art. 8º, parágrafo único, da Lei n. 9.507/97.
>
> Dá a causa o valor de R$ ...
>
>
>
> Termos em que,
>
> Pede Deferimento.
>
> Data ...
>
> Advogado(a) ...
>
> OAB/ ...
>
>

ATENÇÃO: Não indique seu nome na assinatura da peça, pois provavelmente será "zerada".

Caso Prático

(FGV 2010.3) Tício, brasileiro, casado, engenheiro, na década de setenta, participou de movimentos políticos que faziam oposição ao Governo então instituído. Por força de tais atividades, foi vigiado pelos agentes estatais e, em diversas ocasiões, preso para averiguações. Seus movimentos foram monitorados pelos órgãos de inteligência vinculados aos órgãos de Segurança do Estado, organizados por agentes federais. Após longos anos, no ano de 2010, Tício requereu acesso à sua ficha de informações pessoais, tendo seu pedido indeferido, em todas as instâncias administrativas.

Esse foi o último ato praticado pelo Ministro de Estado de Defesa, que lastreou seu ato decisório, na necessidade de preservação do sigilo das atividades do Estado, uma vez que os arquivos públicos do período desejado estão indisponíveis para todos os cidadãos.

Tício inconformado procura aconselhamentos com seu sobrinho Caio, advogado que propõe apresentar ação judicial para acessar os dados do seu tio. Na qualidade de advogado contratado por Tício, redija a peça cabível ao tema, observando: a) competência do Juízo; b) legitimidade passiva e ativa; c) fundamentos de mérito constitucionais e legais vinculados; d) requisitos formais da peça inaugural.

Resposta: habeas data, a ser impetrado no Superior Tribunal de Justiça.

Excelentíssimo Sr. Dr. Ministro do Superior Tribunal de Justiça

Tício, brasileiro, casado, engenheiro, residente e domiciliado na rua ..., bairro ..., vem, por meio de seu advogado, impetrar *HABEAS DATA*, contra ato do Sr. ..., Ministro de Estado da Defesa, residente e domiciliado na rua ..., bairro ..., com base no art. 5º, LXXII, *a*, da CF, Lei n. 9.507/97, Lei n. 12.527/2011 e art. 319 do CPC, pelas razões de fato e de direito a seguir:

1. Dos Fatos

O impetrante, na década de setenta, participou de movimentos políticos que faziam oposição ao Governo então instituído. Por força de tais atividades, foi vigiado pelos agentes estatais e, em diversas ocasiões, preso para averiguações. Seus movimentos foram monitorados pelos órgãos de inteligência vinculados aos órgãos de Segurança do Estado, organizados por agentes federais.

Após longos anos, no ano de 2010, o impetrante requereu acesso à sua ficha de informações pessoais, tendo seu pedido indeferido, em todas as instâncias administrativas. Esse foi o último ato praticado pelo Ministro de Estado de Defesa, que lastreou seu ato decisório, na necessidade de preservação do sigilo das atividades do Estado, uma vez que os arquivos públicos do período desejado estão indisponíveis para todos os cidadãos.

2. Do Direito

a) Da Constituição Federal

A CF/88, no art. 5º, LXXII, *a*, determina que será concedido *habeas data* para assegurar conhecimento de informações relativas à pessoa do impetrante, constantes de registros ou banco de dados de entidades governamentais ou de caráter público.

Como se vê, o direito à informação, previsto no art. 5º, XXXIII, é fundamental a todos os cidadãos e garantido constitucionalmente. No caso em tela, a ofensa a tal direito do impetrante constitui ilegalidade e abuso de poder por parte da autoridade coatora.

b) Da Legislação Ordinária

O direito fundamental à informação também é garantido por meio da Lei n. 9.507/97, que assegura ao impetrante o conhecimento de informações relativas à sua pessoa.

Frise-se que o impetrante, nos termos da Lei n. 12.527/2011, requereu administrativamente as informações desejadas, porém em todas as instâncias teve seu pedido indeferido.

Portanto, o direito do impetrante à obtenção das informações é líquido e certo, uma vez que está comprovado de plano.

3. Do Pedido

Diante do exposto, requer:

a) Notificação da autoridade para, no prazo de 10 dias, apresentar as informações, nos termos do art. 9º da Lei n. 9.507/97.

b) Intimação do Ministério Público (art. 12).

c) Procedência da ação para determinar data e horário para que a autoridade apresente as informações OU proceda retificação/anotação nos assentamentos do impetrante (art. 13).

d) Juntada dos documentos previstos no art. 8º, parágrafo único, da Lei n. 9.507/97.

Dá a causa o valor de R$ ...

Termos em que,

Pede Deferimento.

Data ...

Advogado(a) ...

OAB/ ...

7
DESAPROPRIAÇÃO

7.1 Considerações Iniciais

Para a elaboração de uma ação de desapropriação o candidato deverá seguir o rito ordinário, observadas as disposições dos arts. 319 e seguintes do Código de Processo Civil, bem como o art. 5º, XXIV, da CF/88 e Decreto-Lei n. 3.365/41.

O art. 5º, XXIV, da CF/88 estabelece:

> XXIV – a Lei estabelecerá o procedimento para desapropriação por necessidade ou utilidade pública, ou por interesse social, mediante justa e prévia indenização em dinheiro, ressalvados os casos previstos nesta Constituição.

7.1.1 Base Legal

A elaboração de uma petição inicial de desapropriação deve levar em conta o Decreto-Lei n. 3.365/41, que disciplina, nos arts. 11 a 30, todo procedimento da ação de desapropriação.

> Art. 2º Mediante declaração de utilidade pública, todos os bens poderão ser desapropriados pela União, pelos Estados, Municípios, Distrito Federal e Territórios.
>
> Art. 11. A ação, quando a União for autora, será proposta no Distrito Federal ou no foro da Capital do Estado onde for domiciliado o réu, perante o juízo privativo, se houver; sendo outro o autor, no foro da situação dos bens.
>
> Art. 13. A petição inicial, além dos requisitos previstos no Código de Processo Civil [art. 319], conterá a oferta do preço e será instruída com um exemplar do contrato, ou do jornal oficial que

houver publicado o decreto de desapropriação, ou cópia autenticada dos mesmos, e a planta ou descrição dos bens e suas confrontações.

Art. 14. Ao despachar a inicial, o juiz designará um perito de sua livre escolha, sempre que possível, técnico, para proceder à avaliação dos bens.

Parágrafo único. O autor e o réu poderão indicar assistente técnico do perito.

Art. 15. Se o expropriante alegar urgência e depositar quantia arbitrada de conformidade com o Código de Processo Civil, o juiz mandará imiti-lo provisoriamente na posse dos bens.

Parágrafo único. (Revogado)

§ 1º A imissão provisória poderá ser feita, independente da citação do réu, mediante o depósito:

a) do preço oferecido, se este for superior a 20 (vinte) vezes o valor locativo, caso o imóvel esteja sujeito ao imposto predial;

b) da quantia correspondente a 20 (vinte) vezes o valor locativo, estando o imóvel sujeito ao imposto predial e sendo menor o preço oferecido;

c) do valor cadastral do imóvel, para fins de lançamento do imposto territorial, urbano ou rural, caso o referido valor tenha sido atualizado no ano fiscal imediatamente anterior;

d) não tendo havido a atualização a que se refere o inciso *c*, o juiz fixará independente de avaliação, a importância do depósito, tendo em vista a época em que houver sido fixado originariamente o valor cadastral e a valorização ou desvalorização posterior do imóvel.

7.1.2 Competência

De acordo com o art. 11 do Decreto-Lei n. 3.365/42 a ação, quando a União for autora, será proposta no Distrito Federal ou no foro da Capital do Estado onde for domiciliado o réu, perante o juízo privativo, se houver; sendo outro o autor, no foro da situação dos bens.

Logo, a ação de desapropriação será proposta na 1ª instância da Justiça Estadual ou na 1ª instância da Justiça Federal.

No caso da Justiça Estadual, a ação tramitará na Vara Cível e, se houver, na Vara da Fazenda Pública. Se o examinador não fizer menção à Vara da Fazenda Pública, a ação será proposta na Vara Cível.

7.1.3 Partes

a) Autor: União/Estados/Municípios/Distrito Federal.

b) Réu: qualquer pessoa, física ou jurídica, pública ou privada, proprietário do imóvel.

7.1.4 Pedido e Liminar

Para a elaboração da liminar e do pedido da ação de desapropriação serão utilizados o art. 319 do Código de Processo Civil e os arts. 13 e 14 do Decreto-Lei n. 3.365/2014. Esquematizando:

7 • DESAPROPRIAÇÃO | 269

LIMINAR
Nos termos do art. 15 do Decreto-Lei n. 3.365/41, o Juiz mandará imitir o autor na posse, em caso de urgência. No caso em tela, justificada a urgência e comprovado o depósito do valor devidamente ofertado, requer a "IMISSÃO NA POSSE".

PEDIDO
a) Procedência da ação para decretar a desapropriação do imóvel com a consequente incorporação ao patrimônio da autora.
b) Citação do réu.
c) Concessão da liminar de imissão provisória na posse.
d) Protesta provar o alegado por todos os meios de prova admitidos em direito.
e) Nomeação do perito, indicando como assistente técnico o sr. ...
f) Condenação do réu ao pagamento das custas, despesas judiciais e honorários advocatícios.
g) Dá a causa o valor de R$ ...

7.1.5 Modelo

Para elaboração da ação de desapropriação, tenha como base o quadro abaixo, extraído dos espelhos de prova da FGV:

QUESITOS	
1. Endereçamento	Excelentíssimo Senhor Doutor Juiz de Direito da ... Vara ... Cível/Fazenda Pública da Comarca de ... do Estado de ... OU Exmo. Sr. Dr. Juiz Federal da ... Vara Federal da ... Seção Judiciária do Estado de
2. Partes	a) Autor: União/Estados/Municípios/Distrito Federal. b) Réu: qualquer pessoa, física ou jurídica, pública ou privada, proprietário do imóvel.
3. Cabimento	A ação de desapropriação ordinária será possível nas hipóteses de necessidade ou utilidade pública, ou por interesse social.
4. Fundamento Legal	a) Art. 5º, XXIV, da CF/88 b) Art. 2º do Decreto-Lei n. 3.365/41
5. Liminar	Art. 15 do Decreto-Lei n. 3.365/41
6. Pedido	a) Procedência da ação para decretar a desapropriação do imóvel com a consequente incorporação ao patrimônio da autora. b) Citação do réu. c) Concessão da liminar de imissão provisória na posse. d) Protesta provar o alegado por todos os meios de prova admitidos em direito. e) Nomeação do perito, indicando como assistente técnico o sr. ... f) Condenação do réu ao pagamento das custas, despesas judiciais e honorários advocatícios.
7. Valor da Causa	Dá a causa o valor de R$ ...

Excelentíssimo Senhor Doutor Juiz de Direito da ... Vara ... Cível/Fazenda Pública da Comarca de ... do Estado de ...

OU

Exmo. Sr. Dr. Juiz Federal da ... Vara Federal da ... Seção Judiciária do Estado de

A União, Estado, Distrito Federal ou Município ..., pessoa jurídica de direito público vem, por meio de seu advogado, propor Ação de Desapropriação com pedido de liminar de imissão na posse, contra Fulano de Tal, estado civil ..., profissão, residente e domiciliado na rua ..., bairro ..., com base no art. 5º, XXIV, da CF, DL n. 3.365/41 e art. 319 do CPC, pelas razões de fato e de direito, a seguir:

1. Dos Fatos

O candidato deverá fazer um resumo do caso, mencionando a Indicação do exemplar do *Diário Oficial*, planta, descrição dos bens e confrontações (art. 13 do Decreto-Lei n. 3.365/41).

ATENÇÃO: Não é para copiar o problema proposto pelo examinador e sim resumir o caso com as suas próprias palavras.

2. Do Direito

a) Da Constituição Federal

A Constituição Federal determina, no art. 5º, XXIV, que a Lei estabelecerá o procedimento para desapropriação por necessidade ou utilidade pública, ou por interesse social, mediante justa e prévia indenização em dinheiro, ressalvados os casos previstos nesta Constituição.

No caso em tela, a pretensão da autora é a ... (descrever qual o objetivo da desapropriação: construção de escola, hospital etc.).

b) Da Legislação Ordinária

No mesmo sentido, o Decreto-Lei n. 3.365/41 possibilita a desapropriação do imóvel do réu (descrever o imóvel).

3. Da Liminar de Imissão na Posse

Nos termos do art. 15 do Decreto-Lei n. 3.365/41, o Juiz mandará imitir o autor na posse, em caso de urgência. Na presente situação, justificada a urgência e comprovado o depósito do valor devidamente ofertado, requer a "IMISSÃO NA POSSE".

4. Do Pedido

Diante do exposto requer:

a) Procedência da ação para decretar a desapropriação do imóvel com a consequente incorporação ao patrimônio da autora.

b) Citação do réu.

c) Concessão da liminar de imissão provisória na posse.

d) Protesta provar o alegado por todos os meios de prova admitidos em direito.

e) Nomeação do perito, indicando como assistente técnico o sr. ...

f) Condenação do réu ao pagamento das custas, despesas judiciais e honorários advocatícios.

Dá a causa o valor de R$ ...

Termos em que,

Pede Deferimento.

Data ...

Advogado(a) ...

OAB/ ...

> **ATENÇÃO: Não indique seu nome na assinatura da peça, pois provavelmente será "zerada".**

Caso prático

(OAB Nordeste 2004) A União pretende desapropriar um imóvel situado na rua X, n. 2004, bairro XY, no Município de Petrolina, Estado de Pernambuco, cujo único proprietário é João da Silva, solteiro, maior de idade, com o objetivo de construir uma nova delegacia da Receita Federal. Para essa finalidade, motivou o decreto expropriatório com a utilidade pública. Elaborou um memorial descritivo e pretende requerer a imissão provisória na posse do imóvel, depois de efetivar o depósito de R$ 20.000,00, que representa o dobro do valor venal do imóvel.

Redija a petição inicial da ação de desapropriação a ser intentada pela União, perante a Justiça Federal do Estado de Pernambuco, na qual a expropriante indica o assistente técnico, engenheiro Mário Costa, CREA n. 1.600, que formulará os quesitos oportunamente.

Resposta: ação de desapropriação.

Excelentíssimo Senhor Doutor Juiz Federal da ... Vara Federal da ... Secção Judiciária do Estado de Pernambuco

A União, pessoa jurídica de direito público interno, inscrita no CGC/MF sob n. ..., por meio de seu(sua) advogado(a), vem, perante Vossa Excelência, com base nos arts. 5º, XXV, da Constituição Federal, 319 do Código de Processo Civil, 11 e demais disposições do Decreto-Lei n. 3.365/41, propor AÇÃO DE DESAPROPRIAÇÃO COM PEDIDO DE LIMINAR DE IMISSÃO NA POSSE contra João da Silva, solteiro, maior de idade, residente e domiciliado na rua ..., pelas razões de fato e fundamentos jurídicos a seguir:

1. Dos Fatos

Objetivando a construção de uma nova delegacia da Receita Federal, a requerente, por meio do Decreto n. ..., (publicado no *DOE* n. ...), declarou de utilidade pública, para fins de desapropriação, o imóvel do réu assim descrito: "imóvel situado na rua X, n. 2004, bairro XY, no Município de Petrolina, Estado de Pernambuco".

De acordo com as informações obtidas junto ao Cartório de Registros de Imóveis da Comarca, o imóvel objeto desta Desapropriação encontra-se registrado sob n. ... – às fls. ... do livro ..., em comum com área maior de ..., em nome de João da Silva.

2. Da Constituição Federal e Legislação Ordinária

A Constituição Federal, em seu art. 5º, XXV, bem como o Decreto-Lei n. 3.365/41, nos arts. 1º e seguintes, estabelecem o procedimento para desapropriação por utilidade pública, mediante o pagamento de indenização prévia, justa e em dinheiro.

Para tanto, como indenização pela presente desapropriação, o expropriante oferece o preço de R$ 20.000,00 (vinte mil reais), para cujo depósito requer a expedição da competente guia, esclarecendo que tal oferta se afigura bem superior ao dobro do valor venal.

3. Da Liminar de Imissão na Posse

Tendo em vista a necessidade de urgência do início das obras e o depósito do valor devidamente ofertado, requer a "IMISSÃO NA POSSE", nos termos do art. 15 do Decreto-Lei n. 3.365/41.

4. Do Pedido

Diante do exposto, e com base no art. 5º do Decreto-Lei n. 3.365/41, requer:

a) Citação do réu para que conteste a oferta do preço.

b) Imissão provisória na posse da expropriante.

c) Ciência da propositura da presente ação a eventuais ocupantes da área atingida para imediata desocupação.

d) Seja nomeado perito para arbitramento da indenização, indicando como assistente técnico o Eng. Mário Costa, CREA n. 1.600, que formulará os quesitos oportunamente.

e) Seja a ação julgada procedente para o efeito de decretar por sentença a desapropriação da área acima descrita e caracterizada, com a sua consequente incorporação ao patrimônio do expropriante.

f) Pretende provar o alegado por todos os meios de provas em direito admitidos, especialmente pela prova documental, a qual fica, desde já, requerida, testemunhal e pericial, se necessárias.

Valor da causa: R$ ...

Termos em que,

Pede deferimento.

Data ...

Assinatura do(a) advogado(a)

OAB/ ...

ANEXOS: exemplar *DOE*. n. ...; mapa e memorial descritivo, Portaria n. ..., laudo de avaliação, certidão CRI-REg. n. ...

8
DESAPROPRIAÇÃO INDIRETA

8.1 Considerações Iniciais

Para a elaboração de uma ação de desapropriação indireta o candidato deverá seguir o procedimento comum, observadas as disposições dos arts. 319 e seguintes do Código de Processo Civil, bem como o art. 5º, XXIV, da CF/88 e o art. 35 do Decreto-Lei n. 3.365/41.

O art. 35 do Decreto-Lei n. 3.365/41 estabelece:

> Os bens expropriados, uma vez incorporados à Fazenda Pública, não podem ser objeto de reivindicação, ainda que fundada em nulidade do processo de desapropriação. Qualquer ação, julgada procedente, resolver-se-á em perdas e danos.

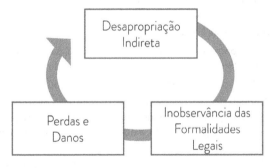

Desapropriação indireta: é aquela feita sem observância das formalidades legais. Trata-se de uma ação indenizatória.

Essa ação na verdade é uma ação de reparação de danos materiais e morais sofridos pelo expropriado, por conta da realização de uma desapropriação de seu imóvel sem o pagamento da devida indenização. Por isso alguns a denominam apossamento administrativo.

8.1.1 Base Legal

Para a elaboração de uma ação de desapropriação indireta o candidato deverá seguir o procedimento comum, observando as disposições dos arts. 319 e seguintes do Código de Processo Civil, bem como o art. 5º, XXIV, da CF/88, art. 35 do Decreto-Lei n. 3.365/41, e pode ter tutela nos termos dos arts. 294 e seguintes do CPC.

Além do art. 35 do Decreto-Lei n. 3.365/41, visto acima, temos os seguintes artigos:

> Art. 27. O juiz indicará na sentença os fatos que motivaram o seu convencimento e deverá atender, especialmente, à estimação dos bens para efeitos fiscais; ao preço de aquisição e interesse que deles aufere o proprietário; à sua situação, estado de conservação e segurança; ao valor venal dos da mesma espécie, nos últimos cinco anos, e à valorização ou depreciação de área remanescente, pertencente ao réu.
>
> § 1º A sentença que fixar o valor da indenização quando este for superior ao preço oferecido condenará o desapropriante a pagar honorários do advogado, que serão fixados entre meio e cinco por cento do valor da diferença, observado o disposto no § 4º do art. 20 do Código de Processo Civil, não podendo os honorários ultrapassar R$ 151.000,00 (cento e cinquenta e um mil reais).
>
> § 2º A transmissão da propriedade, decorrente de desapropriação amigável ou judicial, não ficará sujeita ao imposto de lucro imobiliário.
>
> § 3º O disposto no § 1º deste artigo se aplica:
>
> I – ao procedimento contraditório especial, de rito sumário, para o processo de desapropriação de imóvel rural, por interesse social, para fins de reforma agrária;
>
> II – às ações de indenização por apossamento administrativo ou desapropriação indireta.
>
> Art. 1.238 do CC: Aquele que, por quinze anos, sem interrupção, nem oposição, possuir como seu um imóvel, adquire-lhe a propriedade, independentemente de título e boa-fé; podendo requerer ao juiz que assim o declare por sentença, a qual servirá de título para o registro no Cartório de Registro de Imóveis.
>
> Súmula 119 do STJ: "A ação de desapropriação indireta prescreve em vinte anos".

8.1.2 Competência

A ação de desapropriação indireta será proposta na 1ª instância da Justiça Estadual ou na 1ª instância da Justiça Federal.

No caso da Justiça Estadual, a ação tramitará na Vara Cível e, se houver, na Vara da Fazenda Pública. Se o examinador não fizer menção à Vara da Fazenda Pública, a ação será proposta na Vara Cível.

8.1.3 Partes

Na ação de desapropriação as partes são:

8 • DESAPROPRIAÇÃO INDIRETA | 277

a) Autor: qualquer pessoa, física ou jurídica, pública ou privada, proprietário do imóvel.

b) Réu: União/Estado/Distrito Federal ou Município.

8.1.4 Pedido e Tutela Provisória de Urgência Antecipada

Para a elaboração da tutela antecipada e do pedido da ação de desapropriação indireta serão utilizados os arts. 319, 303 e 311 do Código de Processo Civil e 27 do Decreto-Lei n. 3.365/41. Esquematizando:

TUTELA PROVISÓRIA DE URGÊNCIA ANTECIPADA
O art. 300 do CPC estabelece que a tutela de urgência será concedida quando houver elementos que evidenciem a probabilidade do direito e o perigo de dano ou o risco ao resultado útil do processo. No presente caso, a probabilidade do direito reside no fato de que ... O perigo de dano se evidencia, na medida em que ... Portanto, requer a antecipação dos efeitos da tutela para ..., nos termos do art. 300 do CPC.

PEDIDO
a) Procedência do pedido para condenar o réu a indenizar o autor pela perda da propriedade (art. 27 do DL n. 3.365/41), além de danos morais sofridos.
b) Concessão da tutela antecipada para ...
c) Citação do réu.
d) Protesta provar o alegado por todos os meios de provas admitidos em direito.
e) Condenação do réu ao pagamento das custas, despesas judiciais e honorários advocatícios.
f) Dá a causa o valor de R$ ...

8.1.5 Modelo

Para elaboração da ação de desapropriação indireta, tenha como base o quadro abaixo, extraído dos espelhos de prova da FGV:

QUESITOS	
1. Endereçamento	Excelentíssimo Senhor Doutor Juiz de Direito da ... Vara ... Cível/Fazenda Pública da Comarca de ... do Estado de ... OU Exmo. Sr. Dr. Juiz Federal da ... Vara Federal da ... Seção Judiciária do Estado de
2. Partes	a) Autor: União/Estados/Municípios/Distrito Federal. b) Réu: qualquer pessoa, física ou jurídica, pública ou privada, proprietário do imóvel.
3. Cabimento	A ação de desapropriação indireta visa o ressarcimento das perdas e danos (indenização) por conta da desapropriação ter sido efetivada sem observância das formalidades legais.
4. Fundamento Legal	a) Art. 5º, XXIV, da CF/88 b) Art. 35 do Decreto-Lei n. 3.365/41

5. Tutela Antecipada	Art. 300 do CPC
6. Pedido	a) Procedência do pedido para condenar o réu a indenizar o autor pela perda da propriedade (art. 27 do DL n. 3.365/41), além de danos morais sofridos. b) Citação do réu. c) Protesta provar o alegado por todos os meios de provas admitidos em direito. d) Condenação do réu ao pagamento das custas, despesas judiciais e honorários advocatícios.
7. Valor da Causa	Dá a causa o valor de R$ ...

Excelentíssimo Senhor Doutor Juiz de Direito da ... Vara ... Cível/Fazenda Pública da Comarca de ... do Estado de ...

OU

Exmo. Sr. Dr. Juiz Federal da ... Vara Federal da ... Seção Judiciária do Estado de

Fulano de tal, estado civil ..., profissão ..., inscrito no CPF ... (ou CNPJ ...), endereço eletrônico ..., domiciliado e residente na rua ..., número ..., bairro ..., cidade ..., vem, por meio de seu advogado, propor ação de desapropriação indireta, contra a União/Estado ou Município, pessoa jurídica de direito público interno, com base no art. 5º, XXIV, da CF, 35 do DL n. 3.365/41 e art. 319 do CPC, pelas razões de fato e de direito, a seguir:

1. Dos Fatos

O candidato deverá fazer um resumo do caso.

ATENÇÃO: Não é para copiar o problema proposto pelo examinador e sim resumir o caso com as suas próprias palavras.

2. Do Direito

a) Da Constituição Federal

A Constituição Federal, em seu art. 5º, XXV, bem como o Decreto-Lei n. 3.365/41, nos arts. 1º e seguintes, estabelecem o procedimento para desapropriação

por utilidade pública, mediante o pagamento de indenização prévia, justa e em dinheiro. No caso em tela, o autor foi desapossado de sua propriedade sem receber a devida indenização, conforme determina a Carta Magna.

b) Da Legislação Ordinária

No caso em tela, houve a chamada desapropriação indireta, ou seja, aquela feita sem observância dos requisitos legais. Dessa forma, como autor perdeu sua propriedade deve ele ser indenizado na forma do art. 35 do DL n. 3.365/41. Com efeito, sobre a referida indenização devem incidir juros moratórios e compensatórios, nos termos do art. 15-A, § 3º, do Decreto-Lei n. 3.365/41. Portanto, houve apossamento sem o devido processo legal e sem o pagamento da indenização, conforme determina o art. 5º, XXIV, da Constituição Federal.

3. Do Pedido

Diante do exposto, requer:

a) Procedência do pedido para condenar o réu a indenizar o autor pela perda da propriedade (art. 27 do DL n. 3.365/41), além de danos morais sofridos.

b) Citação do réu.

c) Protesta provar o alegado por todos os meios de provas admitidos em direito.

d) Condenação do réu ao pagamento das custas, despesas judiciais e honorários advocatícios.

Dá a causa o valor de R$ ...

Termos em que,

Pede Deferimento.

Data ...

Advogado(a) ...

OAB/ ...

ATENÇÃO: Não indique seu nome na assinatura da peça, pois provavelmente será "zerada".

Caso Prático

(OAB VI EXAME) Francisco de Tal é proprietário de uma área de 2.000 m² situada bem ao lado da sede da Prefeitura do Município de Bugalhadas. Ao se aposentar, no ano de 2003, cansado da agitada vida da cidade de São Paulo, onde reside, Francisco resolveu viajar pelo mundo por ininterruptos três anos. Ao retornar, Francisco descobre que o Município de Bugalhadas iniciou em 2004, sem sua autorização, obra em seu terreno para a construção de um prédio que servirá de apoio às atividades da Prefeitura. A obra já se encontra em fase bem adiantada, com inauguração prevista para o início do próximo mês.

Francisco procura-o, na qualidade de advogado(a), para identificar e minutar a medida judicial que pode ser adotada para tutelar seus direitos. A medida judicial deve conter argumentação jurídica apropriada e desenvolvimento dos fundamentos legais do instituto jurídico contido no problema, abordando necessariamente: (i) competência do órgão julgador; (ii) a natureza da pretensão a ser deduzida por Francisco; (iii) a observância do prazo prescricional; e (iv) incidência de juros.

Resposta: ação de desapropriação indireta. Para esse caso, o gabarito da FGV não indicou a necessidade de tutela antecipada.

Excelentíssimo Senhor Doutor Juiz de Direito da ... Vara ... Cível/Fazenda Pública da Comarca de Bugalhadas do Estado de ...

Francisco de tal, estado civil ..., profissão ..., domiciliado e residente na rua ..., número ..., bairro ..., cidade ..., vem, por meio de seu advogado, propor ação de desapropriação indireta, contra o Município de Bugalhadas, pessoa jurídica de direito público interno, com base no art. 5º, XXIV, da CF, 35 do DL n. 3.365/41 e art. 319 do CPC, pelas razões de fato e de direito, a seguir:

1. Dos Fatos

O réu, no ano de 2004, iniciou obra no terreno do autor para construção de prédio que servirá de apoio às atividades da Prefeitura. Ocorre que não houve autorização do autor para tal obra, que será inaugurada já no próximo mês.

2. Do Direito

a) Da Constituição Federal

A Constituição Federal, em seu art. 5º, XXV, bem como o Decreto-Lei n. 3.365/41, nos arts. 1º e seguintes, estabelecem o procedimento para desapropriação por utilidade pública, mediante o pagamento de indenização prévia, justa e em dinheiro. No caso em tela, o autor foi desapossado de sua propriedade sem receber a devida indenização, conforme determina a Carta Magna.

b) Da Legislação Ordinária

No caso em tela, houve a chamada desapropriação indireta, ou seja, aquela feita sem observância dos requisitos legais. Dessa forma, como autor perdeu sua propriedade deve ele ser indenizado na forma do art. 35 do DL n. 3.365/41. Com efeito, sobre a referida indenização devem incidir juros moratórios e compensatórios, nos termos do art. 15-A, § 3º, do Decreto-Lei n. 3.365/41. Portanto, houve apossamento sem o devido processo legal e sem o pagamento da indenização, conforme determina o art. 5º, XXIV, da Constituição Federal.

c) Inocorrência de Prescrição

Vale anotar que não houve a ocorrência da prescrição, em decorrência do teor da Súmula 119 do STJ interpretada à luz do art. 1.238 do Código Civil.

Súmula 119 do STJ: "A ação de desapropriação indireta prescreve em vinte anos".

Art. 1.238 do CC: "Aquele que, por quinze anos, sem interrupção, nem oposição, possuir como seu um imóvel, adquire-lhe a propriedade, independentemente de título e boa-fé; podendo requerer ao juiz que assim o declare por sentença, a qual servirá de título para o registro no Cartório de Registro de Imóveis".

3. Do Pedido

Diante do exposto, requer:

a) Procedência do pedido para condenar o réu a indenizar o autor pela perda da propriedade (art. 27 do DL n. 3.365/41), além de danos morais sofridos.

b) Citação do Município, na pessoa do Procurador-Geral, para responder aos termos da demanda.

c) Protesta provar o alegado por todos os meios de provas admitidos em direito.

d) Condenação do réu ao pagamento das custas, despesas judiciais e honorários advocatícios.

Dá a causa o valor de R$ ...

Termos em que,

Pede Deferimento.

Data ...

Advogado(a) ...

OAB/ ...

9
AÇÃO ANULATÓRIA

9.1 Considerações Iniciais

Para a elaboração de qualquer tipo de ação anulatória (ato administrativo ou processo administrativo) deverá ser seguido o procedimento comum, observadas as disposições dos arts. 319 e seguintes do Código de Processo Civil. Destaca-se que esta ação tem como objetivo anular um ato ou processo administrativo que contenha vícios de ilegalidade. Importante lembrar que o pedido é semelhante ao do mandado de segurança, que somente é possível dentro dos 120 dias, contados da ciência pelo interessado do ato impugnado. Passado esse prazo, a ação cabível será a anulatória, com pedido de tutela antecipada. Esquematizando:

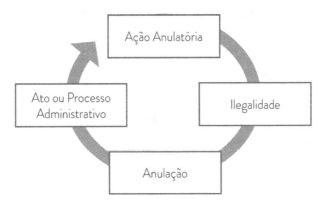

9.1.1 Base Legal

A base legal para a ação anulatória será a Constituição Federal, o art. 319 do Código de Processo Civil e a legislação ordinária aplicável ao caso concreto proposto pelo examinador (por exemplo, Lei n. 8.666/93, 8.987/95, Lei n. 8.112/90 etc.).

9.1.2 Competência

A ação anulatória será proposta na 1ª instância da Justiça Estadual ou na 1ª instância da Justiça Federal.

No caso da Justiça Estadual, a ação tramitará na Vara Cível e, se houver, na Vara da Fazenda Pública. Se o examinador não fizer menção à Vara da Fazenda Pública, a ação será proposta na Vara Cível.

9.1.3 Partes

Na ação anulatória as partes são:

a) Autor: qualquer pessoa, física ou jurídica.

b) Réu: União, Estado, Distrito Federal, Município, Autarquias, Agências Reguladoras, Empresas Públicas, Sociedade de Economia Mista e Fundações Públicas.

9.1.4 Pedido e Tutela Provisória de Urgência Antecipada

Para a elaboração da tutela antecipada e do pedido da ação anulatória será utilizado o art. 319, e no caso de tutela serão utilizados o art. 300 e seguintes do Código de Processo Civil. Esquematizando:

TUTELA PROVISÓRIA DE URGÊNCIA ANTECIPADA
O art. 300 do CPC estabelece que a tutela de urgência será concedida quando houver elementos que evidenciem a probabilidade do direito e o perigo de dano ou o risco ao resultado útil do processo. No presente caso, a probabilidade do direito reside no fato de que ... O perigo de dano se evidencia, na medida em que ... Portanto, requer a antecipação dos efeitos da tutela para ..., nos termos do art. 300 do CPC.

PEDIDO
a) Procedência da ação para anular o ato de ...
b) Citação do réu.
c) Concessão da tutela antecipada para ...
d) Protesta provar o alegado por todos os meios de prova admitidos em direito.
e) Condenação do réu ao pagamento das verbas de sucumbência (custas e demais despesas judiciais), além dos honorários advocatícios.
Dá a causa o valor de: R$ ...

9.1.5 Modelo

Para elaboração da ação de desapropriação indireta, tenha como base o quadro abaixo, extraído dos espelhos de prova da FGV:

9 • AÇÃO ANULATÓRIA

QUESITOS	
1. Endereçamento	Excelentíssimo Senhor Doutor Juiz de Direito da ... Vara ... Cível/Fazenda Pública da Comarca de ... do Estado de ... OU Exmo. Sr. Dr. Juiz Federal da ... Vara Federal da ... Seção Judiciária do Estado de
2. Partes	a) Autor: qualquer pessoa, física ou jurídica. b) Réu: União, Estado, Distrito Federal, Município, Autarquias, Agências Reguladoras, Empresas Públicas, Sociedade de Economia Mista e Fundações Públicas.
3. Cabimento	A ação anulatória tem como objetivo anular um ato ou processo administrativo que contenha vícios de ilegalidade.
4. Fundamento Legal	a) Art. 319 do Código de Processo Civil b) Legislação Ordinária aplicável ao caso concreto (Por exemplo, Lei n. 8.666/93, 8.112/90, 8.987/95 etc.)
5. Tutela Antecipada	Art. 300 do CPC
6. Pedido	a) Procedência da ação para anular o ato de ... b) Citação do réu. c) Concessão da tutela para ... d) Protesta provar o alegado por todos os meios de prova admitidos em direito. e) Condenação do réu ao pagamento das verbas de sucumbência (custas e demais despesas judiciais), além dos honorários advocatícios.
7. Valor da Causa	Dá a causa o valor de R$ ...

Excelentíssimo Senhor Doutor Juiz de Direito da ... Vara ... Cível/Fazenda Pública da Comarca de do Estado de ...

OU

Excelentíssimo Senhor Doutor Juiz Federal da ... Vara Federal da ... Seção Judiciária do Estado de ...

Fulano de tal, estado civil ..., profissão ..., inscrito no CPF ... (ou CNPJ ...), endereço eletrônico ..., domiciliado e residente na rua ..., número ..., bairro ..., cidade ..., vem, por meio de seu advogado, propor ação de indenização, sob o procedimento comum ..., contra Beltrano de tal, estado civil ..., profissão ..., domiciliado e residente na rua ..., número ..., bairro ..., com base no art. 319 do CPC, pelas razões de fato e de direito, a seguir:

1. Dos Fatos

O candidato deverá fazer um resumo do caso.

ATENÇÃO: Não é para copiar o problema proposto pelo examinador e sim resumir o caso com as suas próprias palavras.

2. Do Direito

a) Da Constituição Federal

A Constituição Federal de 1988 determina, no art. 5º, LV, que aos litigantes, em processo judicial ou administrativo, e aos acusados em geral são assegurados o contraditório e a ampla defesa, com os meios e recursos a ela inerentes. Como será visto adiante, no caso em tela não houve observância de tais preceitos.

b) Da Legislação Ordinária

A Lei ... (Por exemplo, 8.112/90 etc.) determina que o servidor público federal somente pode ser demitido por ato do Presidente da República. No caso em tela, a pena foi imposta pelo Diretor do Departamento Pessoal, o que contraria a lei, devendo o ato ser anulado.

3. Da Tutela Provisória de Urgência

O pedido de tutela pode ser feito logo após a narrativa dos fatos. É uma praxe jurídica. Todavia nada impede de ser realizado após a parte relativa ao Direito.

Em determinadas situações, nas ações ordinárias, seja a indenizatória, anulatória ou qualquer outra, deverá o candidato requerer tutela provisória de urgência.

Como fazer? (arts. 294 a 311 do CPC)

O art. 300 do CPC estabelece que a tutela de urgência será concedida quando houver elementos que evidenciem a probabilidade do direito e o perigo de dano ou o risco ao resultado útil do processo.

A probabilidade do direito está evidenciada em razão de ...

O perigo de dano se caracteriza por conta de ...

No caso em tela, presentes os requisitos para a concessão da tutela de urgência, requer liminar para ...

4. Do Pedido

Diante do exposto, requer:

a) Procedência da ação para anular o ato de ...

b) Citação do réu.

c) Concessão da tutela para ...

d) Protesta provar o alegado por todos os meios de prova admitidos em direito.

e) Condenação do réu ao pagamento das verbas de sucumbência (custas e demais despesas judiciais), além dos honorários advocatícios.

Dá a causa o valor de R$ ...

Termos em que,

Pede Deferimento.

Data ...

Advogado(a) ...

OAB/ ...

ATENÇÃO: Não indique seu nome na assinatura da peça, pois provavelmente será "zerada".

Caso Prático

(OAB EXAME IX) João, analista de sistemas dos quadros do Ministério da Educação, foi demitido de seu cargo público, por meio de Portaria do Ministro da Educação publicada em 19 de maio de 2010, após responder a processo administrativo em que restou apurada infração funcional relativa ao recebimento indevido de vantagem econômica. Exatamente pelo mesmo fato, João também foi processado criminalmente, vindo a ser absolvido por negativa de autoria, em decisão que transitou em julgado em 18 de janeiro de 2011.

Na data de hoje, João o procura e após narrar os fatos acima, informa que se encontra, desde a sua demissão, em profunda depressão, sem qualquer atividade laborativa, sobrevivendo por conta de ajuda financeira que tem recebido de parentes e amigos.

Na qualidade de advogado(a), identifique e minute a medida judicial que pode ser adotada para tutelar os direitos de João.

Resposta: ação anulatória, a ser proposta na Justiça Federal.

Excelentíssimo Senhor Doutor Juiz Federal da ... Vara Federal da Seção Judiciária do Estado de ...

João, estado civil ..., analista de sistemas dos quadros do Ministério da Educação, CPF ..., endereço eletrônico ..., residente e domiciliado na rua ..., vem, por seu(sua) advogado(a) propor ação anulatória, sob o rito ordinário, em face da União Federal, pessoa jurídica de direito público interno, com sede ..., com base no art. 319 do CPC, Lei n. 8.112/90 e Constituição Federal, pelas razões a seguir:

1. Dos Fatos

O autor foi demitido de seu cargo público, por meio de Portaria do Ministro da Educação publicada em 19 de maio de 2010, após responder a processo administrativo

em que restou apurada infração funcional relativa ao recebimento indevido de vantagem econômica. Exatamente pelo mesmo fato, também foi processado criminalmente, vindo a ser absolvido por negativa de autoria, em decisão que transitou em julgado em 18 de janeiro de 2011.

Por esse fato, o autor se encontra, desde a sua demissão, em profunda depressão, sem qualquer atividade laborativa, sobrevivendo por conta de ajuda financeira que tem recebido de parentes e amigos.

Assim, tendo em vista a situação acima, não restou outra alternativa ao autor senão buscar o socorro do Judiciário.

2. Do Direito

a) Da Constituição Federal

A Constituição Federal de 1988 determina, no art. 5º, LV, que aos litigantes, em processo judicial ou administrativo, e aos acusados em geral são assegurados o contraditório e a ampla defesa, com os meios e recursos a ela inerentes.

Como será visto adiante, no caso em tela, não houve observância de tais preceitos.

b) Da Lei n. 8.112/90

b1) Da Nulidade da Portaria Demissional

A Lei n. 8.112/90 preconiza no art. 141, I, que a competência para aplicar a demissão de servidor público federal é do Presidente da República e não do Ministro da Educação.

Dessa forma, a portaria demissional deve ser anulada, tendo em vista a sua patente ilegalidade.

Art. 141. As penalidades disciplinares serão aplicadas:

I – Pelo Presidente da República, pelos Presidentes das Casas do Poder Legislativo e dos Tribunais Federais e pelo Procurador-Geral da República, quando se tratar de demissão e cassação de aposentadoria ou disponibilidade de servidor vinculado ao respectivo Poder, órgão, ou entidade;

b2) Da Decisão Absolutória

No presente caso, a decisão absolutória por negativa de autoria afasta a responsabilidade administrativa, nos termos do art. 126 da Lei n. 8.112.

Logo, o autor jamais poderá ser responsabilizado administrativamente, em razão da sua absolvição por negativa de autoria.

Art. 126. A responsabilidade administrativa do servidor será afastada no caso de absolvição criminal que negue a existência do fato ou sua autoria.

b3) Do Ressarcimento das Vantagens

A Lei n. 8.112/90, em seu art. 28, bem como a Constituição Federal, no art. 41, § 2º, determinam que a reintegração, por conta de anulação de demissão, será com o ressarcimento de todas as vantagens.

Nesse sentido, o autor deverá ser ressarcido pelos danos materiais e morais suportados ao longo do período em que ficou afastado de seu cargo.

Art. 28. A reintegração é a reinvestidura do servidor estável no cargo anteriormente ocupado, ou no cargo resultante de sua transformação, quando invalidada a sua demissão por decisão administrativa ou judicial, com ressarcimento de todas as vantagens.

3. Da Tutela Provisória de Urgência

O art. 300 do CPC estabelece que a tutela de urgência será concedida quando houver elementos que evidenciem a probabilidade do direito e o perigo de dano ou o risco ao resultado útil do processo.

No presente caso, a probabilidade do direito reside no fato de que é patente a ilegalidade da portaria de demissão assinada por autoridade incompetente. Além disso, a decisão absolutória por negativa de autoria afasta a responsabilidade administrativa.

O perigo de dano se evidencia na medida em que, persistindo a demissão, ficará o autor sem receber seus vencimentos, os quais constituem caráter alimentar. Portanto, requer a antecipação dos efeitos da tutela para suspender a portaria de demissão, reintegrando o autor no cargo, nos termos do art. 300 do CPC.

Nesse sentido, comprovada a probabilidade do direito, bem como o perigo de dano há de se deferir a tutela para determinar liminarmente a reintegração do autor para seu cargo de analista de sistemas.

4. Do Pedido

Diante do exposto, requer:

a) Procedência da ação para anular o ato de demissão, reintegrando o servidor demitido ao cargo, condenando a ré ao ressarcimento de todas as vantagens, nos termos do art. 28 da Lei n. 8.112/90.

b) Citação da União Federal.

c) Concessão da Tutela Provisória de Urgência Antecipada para reintegrar o autor no cargo público.

d) Protesta provar o alegado por todos os meios de prova admitidos em direito.

e) Condenação da União ao pagamento das verbas de sucumbência (custas e demais despesas judiciais), além dos honorários advocatícios.

f) Designação de audiência prévia de conciliação (art. 319, VII).

Dá a causa o valor de: R$ ...

Termos em que,

Pede Deferimento.

Data ...

Advogado(a) ...

OAB/ ...

10
OBRIGAÇÃO DE FAZER

10.1 Considerações Iniciais

Para a elaboração de uma ação de obrigação de fazer o candidato deverá seguir o procedimento comum, observadas as disposições dos arts. 319 e seguintes do Código de Processo Civil.

10.1.1 Base Legal

Para a elaboração de uma ação de obrigação de fazer o candidato deverá observar as disposições dos arts. 85, 246, 319, V, 319, VI, e 319, VII, do Código de Processo Civil.

10.1.2 Competência

A ação de obrigação de fazer será julgada pela Justiça Federal quando proposta contra: União, Autarquia Federal e Empresa Pública Federal. E será julgada pela Justiça Estadual quando proposta contra: Estado, Município, Sociedade de Economia Mista Federal, Autarquia Estadual/Municipal, Empresa Pública Estadual/Municipal e Sociedade de Economia Mista Estadual/Municipal.

10.1.3 Partes

As partes na ação de obrigação de fazer são o Autor e o Réu.

10.1.4 Pedido e Tutela Provisória de Urgência Antecipada

Para a elaboração da tutela provisória de urgência antecipada e do pedido da ação de obrigação de fazer serão utilizados os arts. 300, 85, 246, 319, V, 319, VI, e 319, VII, do Código de Processo Civil. Esquematizando:

TUTELA PROVISÓRIA DE URGÊNCIA ANTECIPADA
O art. 300 do CPC estabelece que a tutela de urgência será concedida quando houver elementos que evidenciem a probabilidade do direito e o perigo de dano ou o risco ao resultado útil do processo. No presente caso, a probabilidade do direito reside no fato de que ... O perigo de dano se evidencia, na medida em que ... Portanto, requer a antecipação dos efeitos da tutela para ..., nos termos do art. 300 do CPC.

PEDIDO
a) Citação do réu (art. 246 do CPC). b) Procedência da ação com a condenação do réu para fazer ... c) Concessão de tutela (quando for o caso). d) Designação de audiência prévia de conciliação (art. 319, VII). e) Protesto por provas (art. 319, VI, do CPC). f) Condenação ao pagamento das custas, despesas judiciais e honorários advocatícios (art. 85 do CPC). g) Valor da Causa (art. 319, V, do CPC).

10.1.5 Modelo

Para elaboração da ação de obrigação de fazer, tenha como base o quadro abaixo, extraído dos espelhos de prova da FGV:

QUESITOS	
1. Endereçamento	1) Justiça Federal: art. 109 da CF. 2) Justiça Estadual: residual. Ações dirigidas contra a Fazenda são propostas na Vara da Fazenda Pública em caso de na localidade existir vara especializada; do contrário, são propostas na Vara Cível.
2. Partes	a) Autor b) Réu
3. Cabimento	A ação de obrigação de fazer será cabível quando o Estado se omitir em alguma obrigação legal, como por exemplo fornecer medicamentos.
4. Fundamento Legal	Arts. 85, 246, 319, V, 319, VI, e 319, VII, do Código de Processo Civil.
5. Tutela Antecipada	Art. 300 do CPC
6. Pedido	a) Citação do réu (art. 246 do CPC). b) Procedência da ação com a condenação do réu para fazer ... c) Concessão de tutela (quando for o caso). d) Designação de audiência prévia de conciliação (art. 319, VII). e) Protesto por provas (art. 319, VI, do CPC). f) Condenação ao pagamento das custas, despesas judiciais e honorários advocatícios (art. 85 do CPC). g) Valor da Causa (art. 319, V, do CPC).

Excelentíssimo Senhor Doutor Juiz de Direito da ... Vara ... Cível/Fazenda Pública da Comarca de do Estado de ...

OU

Excelentíssimo Senhor Doutor Juiz Federal da ... Vara Federal da ... Seção Judiciária do Estado de ...

Processo n. ...

Fulano de tal, estado civil ..., a existência de união estável, profissão ..., CPF ou CNPJ, endereço eletrônico ..., residente na rua ..., número ..., bairro ..., cidade ..., vem, por meio de seu advogado, propor ação de obrigação de fazer, sob o procedimento comum ..., contra União/Estado/Município ... (qualificação) com base no art. 319 do CPC, pelas razões de fato e de direito, a seguir:

1. Dos Fatos

O candidato deverá fazer um resumo do caso.

ATENÇÃO: Não é para copiar o problema proposto pelo examinador e sim resumir o caso com as suas próprias palavras.

2. Direito

Lembre-se: a peça é sua. Cada um tem seu estilo. Sugerimos a seguinte estrutura:

a) Da Constituição Federal

b) Da Lei Ordinária

ATENÇÃO: Não basta mencionar os artigos de lei, é preciso uma análise dos artigos e sua relação com o caso concreto.

É importante demonstrar também o conhecimento teórico acerca do tema.

3. Da Tutela Provisória de Urgência

O pedido de tutela pode ser feito logo após a narrativa dos fatos. É uma praxe jurídica. Todavia nada impede de ser realizado após a parte relativa ao Direito.

Em determinadas situações, nas ações ordinárias, seja a indenizatória, anulatória ou qualquer outra, deverá o candidato requerer tutela provisória de urgência.

Como fazer? (arts. 294 a 311 do CPC)

O art. 300 do CPC estabelece que a tutela de urgência será concedida quando houver elementos que evidenciem a probabilidade do direito e o perigo de dano ou o risco ao resultado útil do processo.

A probabilidade do direito está evidenciada em razão de ...

O perigo de dano se caracteriza por conta de ...

No caso em tela, presentes os requisitos para a concessão da tutela de urgência, requer liminar para ...

4. Do Pedido

Diante do exposto requer:

a) Procedência da ação para condenar o réu a ...

b) Concessão da tutela provisória de urgência para ... (quando for o caso).

c) Citação do réu.

d) Designação de audiência prévia de conciliação (art. 319, VII).

e) Protesta provar o alegado por todos os meios de provas admitidos em direito.

f) Condenação do réu ao pagamento das custas, despesas judiciais e honorários advocatícios.

Dá a causa o valor de R$ ...

Termos em que,

Pede Deferimento.

Data ...

Advogado(a) ...

OAB/ ...

ATENÇÃO: Não indique seu nome na assinatura da peça, pois provavelmente será "zerada".

Caso Prático

(OAB/FGV Exame XVI) Edir, pessoa idosa que vive com a ajuda de parentes e amigos, é portadora de grave doença degenerativa, cujo tratamento consta de protocolo clínico e da diretriz terapêutica estabelecida pelo Sistema Único de Saúde (SUS).

Seu tratamento é acompanhado por profissionais do SUS em hospital público federal especializado nessa doença, contando com o fornecimento regular dos medicamentos 1, 2 e 3.

10 • OBRIGAÇÃO DE FAZER **295**

Enquanto realizava consulta de acompanhamento, Edir foi informada pelo médico Domênico, profissional do SUS, de que existia um novo medicamento disponível no mercado (o "medicamento A"), que seria muito mais eficaz, conforme relatório de estudos clínicos oficiais, no tratamento de sua doença do que aqueles já prescritos.

Contudo, a paciente foi informada de que o "medicamento A" não seria fornecido gratuitamente pelo SUS, haja vista que o referido medicamento não consta ainda do protocolo clínico e da diretriz terapêutica interna do SUS para o tratamento da doença, além de não ter sido incorporado às listas de medicamentos.

Inconformada com a negativa de fornecimento do "medicamento A", Edir procura você para que, na qualidade de advogado(a), ajuíze a medida cabível para garantir a continuidade e qualidade de seu tratamento.

Elabore a peça adequada, considerando que:

a) Edir corre sério risco de vida com o agravamento da doença em razão do não fornecimento do "medicamento A";

b) a condição clínica de Edir foi atestada em laudo médico assinado pelo profissional do SUS Domênico, que também recomendou o uso do "medicamento A";

c) eventualmente poderá ser necessária a elaboração de prova pericial para dirimir as controvérsias de natureza técnica da causa.

Resposta: obrigação de fazer.

Excelentíssimo Senhor Doutor Juiz de Direito da ... Vara ... Cível/Fazenda Pública da Comarca de do Estado de ...

OU

Excelentíssimo Senhor Doutor Juiz Federal da ... Vara Federal da ... Seção Judiciária do Estado de ...

Processo n. ...

Edir, estado civil ..., profissão ..., CPF ..., endereço eletrônico ..., residente e domiciliada na rua ..., por meio de seu(sua), advogado(a), vem, perante Vossa Excelência, com base nos arts. 5º, 6º e 196 da Constituição Federal e 319 e seguintes do Código de Processo Civil, propor AÇÃO DE OBRIGAÇÃO DE FAZER, sob o procedimento comum, contra a União/Estado/Município ..., pessoa jurídica de direito público interno, com sede na rua ... pelas razões de fato e de direito a seguir:

1. Fatos

A autora é portadora de grave doença degenerativa, cujo tratamento consta de protocolo clínico e da diretriz terapêutica estabelecida pelo Sistema Único de Saúde (SUS). Ocorre que a autora recebeu a informação de seu médico de que existe um novo medicamento com eficácia no tratamento de sua doença.

Todavia, o SUS informou que não fornecerá o medicamento gratuitamente, pois ele não consta ainda do protocolo clínico e da diretriz terapêutica interna do SUS para o tratamento da doença, além de não ter sido incorporado às listas de medicamentos. Diante dessa situação, a autora não possui outra alternativa a não ser o ingresso no Poder Judiciário.

2. Direito

Os arts. 5º, 6º e 196 da Constituição Federal asseguram a todo cidadão o direito à vida e à saúde, gerando para os entes públicos o dever de fornecer os medicamentos necessários para preservar sua vida.

A saúde, como um direito social fundamental do cidadão, não comporta limitações, não sendo possível o ente público eximir-se de sua responsabilidade, alegando a inexistência do medicamento em listas ou protocolos clínicos.

Além disso, o próprio profissional do SUS emitiu laudo médico atestando a condição clínica da autora e prescreveu o uso do "medicamento A".

3. Tutela Provisória de Urgência

O art. 300 do CPC estabelece que a tutela de urgência será concedida quando houver elementos que evidenciem a probabilidade do direito e o perigo de dano ou o risco ao resultado útil do processo.

A probabilidade do direito está evidenciada, pois os arts. 5º, 6º e 196 garantem o direito à saúde. No caso em tela, há informação prestada pelas autoridades administrativas no sentido de que "o medicamento A" é mais eficaz, conforme relatórios oficiais. Além disso, segundo, a condição clínica da autora foi atestada em laudo médico assinado pelo profissional do SUS Domênico, que também recomendou o uso do "medicamento A".

O perigo de dano está caracterizado, pois sem o medicamento a doença progredirá, agravando o estado de saúde da autora.

No caso em tela, presentes os requisitos para a concessão da tutela de urgência, requer liminar para fornecimento imediato dos medicamentos.

4. Pedido

Diante do exposto, requer:

a) Procedência da ação para determinar que a ré (União) forneça o medicamento "A" para a autora, sob pena de multa diária.

b) Concessão da tutela para determinar o fornecimento imediato do medicamento.

c) Citação da União.

d) Designação de audiência prévia de conciliação (art. 319, VII).

e) Protesta provar o alegado por todos os meios de prova admitidos em direito.

f) Condenação da União ao pagamento das verbas de sucumbência (custas e demais despesas judiciais), além dos honorários advocatícios.

Dá a causa o valor de R$ ...

Termos em que,

Pede Deferimento.

Data ...

Advogado(a) ...

OAB/ ...

11
AÇÃO CIVIL PÚBLICA

11.1 Considerações Iniciais

Para a elaboração de uma ação civil pública o candidato deverá seguir o procedimento comum, observadas as disposições dos arts. 319 e seguintes do Código de Processo Civil, bem como a Lei n. 7.347/85.

Nessa ação é importante fazer menção ao dano interesse difuso ou coletivo causado, que pode ser: meio ambiente, consumidor, ordem urbanística, bens de valor histórico, infração à ordem econômica ou qualquer outro.

Difuso:

a) sujeito indeterminado;

b) objeto indivisível;

c) vínculo fático.

Ex.: meio ambiente, propaganda enganosa...

Coletivo:

a) sujeito determinado ou determinável;

b) objeto indivisível;

c) vínculo jurídico.

Ex.: direito de alunos de uma escola de ter a mesma qualidade de ensino em determinado curso; direito à saúde...

Esquematizando:

11.1.1 Base Legal

Para a elaboração de uma ação civil pública é de suma importância a leitura da Lei n. 7.347/85 e Lei n. 8.429/92. Passemos ao texto legal, com especial destaque para os artigos grifados, que tratam de legitimidade, petição inicial e recursos.

Art. 1º Regem-se pelas disposições desta Lei, sem prejuízo da ação popular, as ações de responsabilidade por danos morais e patrimoniais causados: (redação dada pela Lei n. 8.884, de 1994)

I – ao meio ambiente;

II – ao consumidor;

III – à ordem urbanística; (incluído pela Lei n. 10.257, de 2001) (*Vide* MP n. 2.180-35, de 2001)

IV – a bens e direitos de valor artístico, estético, histórico, turístico e paisagístico; (renumerado do inciso III, pela Lei n. 10.257, de 2001)

V – por infração da ordem econômica e da economia popular; (redação dada pela MP n. 2.180-35, de 2001)

VI – à ordem urbanística. (redação dada pela MP n. 2.180-35, de 2001)

Parágrafo único. Não será cabível ação civil pública para veicular pretensões que envolvam tributos, contribuições previdenciárias, o Fundo de Garantia do Tempo de Serviço – FGTS ou outros fundos de natureza institucional cujos beneficiários podem ser individualmente determinados. (incluído pela MP n. 2.180-35, de 2001)

Art. 2º As ações previstas nesta Lei serão propostas no foro do local onde ocorrer o dano, cujo juízo terá competência funcional para processar e julgar a causa.

Parágrafo único. A propositura da ação prevenirá a jurisdição do juízo para todas as ações posteriormente intentadas que possuam a mesma causa de pedir ou o mesmo objeto. (incluído pela MP n. 2.180-35, de 2001)

Art. 3º A ação civil poderá ter por objeto a condenação em dinheiro ou o cumprimento de obrigação de fazer ou não fazer.

Art. 5º Têm legitimidade para propor a ação principal e a ação cautelar: (redação dada pela Lei n. 11.448, de 2007)

I – o Ministério Público; (redação dada pela Lei n. 11.448, de 2007)

II – a Defensoria Pública; (redação dada pela Lei n. 11.448, de 2007)

III – a União, os Estados, o Distrito Federal e os Municípios; (incluído pela Lei n. 11.448, de 2007)

IV – a autarquia, empresa pública, fundação ou sociedade de economia mista; (incluído pela Lei n. 11.448, de 2007)

V – a associação que, concomitantemente: (incluído pela Lei n. 11.448, de 2007)

a) esteja constituída há pelo menos 1 (um) ano nos termos da Lei civil; (incluído pela Lei n. 11.448, de 2007)

b) inclua, entre suas finalidades institucionais, a proteção ao meio ambiente, ao consumidor, à ordem econômica, à livre concorrência ou ao patrimônio artístico, estético, histórico, turístico e paisagístico. (incluído pela Lei n. 11.448, de 2007)

§ 1º O Ministério Público, se não intervier no processo como parte, atuará obrigatoriamente como fiscal da Lei.

§ 2º Fica facultado ao Poder Público e a outras associações legitimadas nos termos deste artigo habilitar-se como litisconsortes de qualquer das partes.

11 • AÇÃO CIVIL PÚBLICA **301**

(...)

§ 6º Os órgãos públicos legitimados poderão tomar dos interessados compromisso de ajustamento de sua conduta às exigências legais, mediante cominações, que terá eficácia de título executivo extrajudicial. (incluído pela Lei n 8.078, de 1990)

Art. 11. Na ação que tenha por objeto o cumprimento de obrigação de fazer ou não fazer, o juiz determinará o cumprimento da prestação da atividade devida ou a cessação da atividade nociva, sob pena de execução específica, ou de cominação de multa diária, se esta for suficiente ou compatível, independentemente de requerimento do autor.

Art. 12. Poderá o juiz conceder mandado liminar, com ou sem justificação prévia, em decisão sujeita a agravo.

Art. 18. Nas ações de que trata esta Lei, não haverá adiantamento de custas, emolumentos, honorários periciais e quaisquer outras despesas, nem condenação da associação autora, salvo comprovada má-fé, em honorários de advogado, custas e despesas processuais. (redação dada pela Lei n. 8.078, de 1990).

11.1.2 *Competência*

A ação civil pública será proposta na 1ª instância da Justiça Estadual ou na 1ª instância da Justiça Federal.

No caso da Justiça Estadual, a ação tramitará na Vara Cível e, se houver, na Vara da Fazenda Pública. Se o examinador não fizer menção à Vara da Fazenda Pública, a ação será proposta na Vara Cível.

11.1.3 *Partes*

Na ação civil pública as partes são:

a) Autor: Ministério Público; Defensoria Pública; a União, os Estados, o Distrito Federal e os Municípios; autarquia, empresa pública, fundação ou sociedade de economia mista; a associação que, concomitantemente: a) esteja constituída há pelo menos 1 (um) ano nos termos da Lei civil; b) inclua, entre suas finalidades institucionais, a proteção ao meio ambiente, ao consumidor, à ordem econômica, à livre concorrência ou ao patrimônio artístico, estético, histórico, turístico e paisagístico.

b) Réu: qualquer pessoa, física ou jurídica que causar dano à União, aos Estados, aos Municípios, às autarquias, sociedades de economia mista, empresas públicas e fundações.

11.1.4 *Pedido e Liminar*

Para a elaboração da liminar e do pedido da ação civil pública serão utilizados os arts. 319 do Código de Processo Civil e 3º e 12 da Lei n. 7.347/85.

Esquematizando:

LIMINAR
Nos termos do art. 12 da Lei n. 7.347/85, o juiz poderá conceder mandado liminar para ... O fumus boni iuris (fumaça do bom direito) está evidenciado em razão de ... O periculum in mora (perigo da demora) caracteriza-se por conta de ... No presente caso, tendo em vista a lesão ... requer liminar para ...

PEDIDO
a) Procedência da ação para condenar os réus a (pagamento em dinheiro ou obrigação de fazer ou não fazer), nos termos do art. 3º da Lei n. 7.347/85.
b) Concessão da liminar para (prestar de imediato atendimento ou conceder vagas na creche etc.), nos termos do art. 12 da Lei n. 7.347/85.
c) Designação de audiência prévia de conciliação (art. 319, VII).
d) Citação dos réus.
e) Intimação do Ministério Público nos termos do art. 5º, § 1º, da Lei n. 7.347/85.
f) Condenação dos réus ao pagamento de custas e demais despesas judiciais, além dos honorários advocatícios.
g) Protesta provar o alegado por todos os meios de prova admitidos em direito.
h) Valor da causa.

Quanto à liminar, o art. 12 da Lei n. 7.347/85 determina que o juiz poderá conceder mandado liminar, com ou sem justificação prévia.

11.1.5 Modelo

QUESITOS	
1. Endereçamento	Excelentíssimo Senhor Doutor Juiz de Direito da ... Vara ... Cível/Fazenda Pública da Comarca de... do Estado de ... OU Exmo. Sr. Dr. Juiz Federal da ... Vara Federal da ... Seção Judiciária do Estado de
2. Partes	a) Autor: Ministério Público; Defensoria Pública; a União, os Estados, o Distrito Federal e os Municípios; autarquia, empresa pública, fundação ou sociedade de economia mista; a associação que, concomitantemente: a) esteja constituída há pelo menos 1 (um) ano nos termos da Lei civil; b) inclua, entre suas finalidades institucionais, a proteção ao meio ambiente, ao consumidor, à ordem econômica, à livre concorrência ou ao patrimônio artístico, estético, histórico, turístico e paisagístico. b) Réu: qualquer pessoa, física ou jurídica, que causar dano à União, aos Estados, aos Municípios, às autarquias, sociedades de economia mista, empresas públicas e fundações.
3. Cabimento	A ação civil pública tem como objetivo o ressarcimento do dano, obrigação de fazer ou não fazer.

4. Fundamento Legal	a) Art. 319 do Código de Processo Civil b) Lei n. 7.347/85
5. Liminar	Art. 12 da Lei n. 7.347/85
6. Pedido	a) Procedência da ação para condenar os réus a (pagamento em dinheiro ou obrigação de fazer ou não fazer), nos termos do art. 3º da Lei n. 7.347/85. b) Concessão da liminar para ... c) Citação dos réus. d) Intimação do Ministério Público nos termos do art. 5º, § 1º, da Lei n. 7.347/85. e) Condenação dos réus ao pagamento de custas e demais despesas judiciais, além dos honorários advocatícios. f) Protesta provar o alegado por todos os meios de prova admitidos em direito.
7. Valor da Causa	Dá a causa o valor de R$ ...

Excelentíssimo Senhor Doutor Juiz de Direito da ... Vara ... Cível/Fazenda Pública da Comarca de ... do Estado de ...

OU

Exmo. Sr. Dr. Juiz Federal da ... Vara Federal da ... Seção Judiciária do Estado de

A União, Estado, Distrito Federal ou Município, pessoa jurídica de direito público, com sede na Rua ..., bairro ..., vem propor Ação Civil Pública, com pedido de tutela antecipada contra Fulano de Tal, estado civil ..., profissão ..., residente e domiciliado na rua ..., bairro ..., com base na Lei n. 7.347/85 e art. 319 do CPC, pelas razões de fato e de direito a seguir:

1. Dos Fatos

O candidato deverá fazer um resumo do caso.

ATENÇÃO: Não é para copiar o problema proposto pelo examinador e sim resumir o caso com as suas próprias palavras.

2. Do Direito

a) Da Legitimidade Ativa

b) Cabimento da Ação Civil Pública

c) Da Constituição Federal

d) Da Legislação Ordinária

3. Da Liminar

Nos termos do art. 12 da Lei n. 7.347/85, o juiz poderá conceder mandado liminar para ...

O *fumus boni iuris* (fumaça do bom direito) está evidenciado em razão de ...

O *periculum in mora* (perigo da demora) caracteriza-se por conta de ...

No presente caso, tendo em vista a lesão ... requer liminar para ...

4. Do Pedido

Diante do exposto, requer:

a) Procedência da ação para condenar os réus a (pagamento em dinheiro ou obrigação de fazer ou não fazer), nos termos do art. 3º da Lei n. 7.347/85.

b) Concessão da liminar para ...

c) Citação dos réus.

d) Intimação do Ministério Público nos termos do art. 5º, § 1º, da Lei n. 7.347/85.

e) Condenação dos réus ao pagamento de custas e demais despesas judiciais, além dos honorários advocatícios.

f) Protesta provar o alegado por todos os meios de prova admitidos em direito.

Dá a causa o valor de R$ ...

Termos em que,

Pede Deferimento.

Data ...

Advogado(a) ...

OAB/ ...

ATENÇÃO: Não indique seu nome na assinatura da peça, pois provavelmente será "zerada".

Caso prático

(OAB EXAME XXI) A Associação Alfa, constituída há 3 (três) anos, cujo objetivo é a defesa do patrimônio social e, particularmente, do direito à saúde de todos, mostrou-se inconformada com a negativa do Posto de Saúde Gama, gerido pelo Município Beta, de oferecer atendimento laboratorial adequado aos idosos que procuram esse serviço.

O argumento das autoridades era o de que não havia profissionais capacitados e medicamentos disponíveis em quantitativo suficiente. Em razão desse estado de coi-

11 • AÇÃO CIVIL PÚBLICA 305

sas e do elevado número de idosos correndo risco de morte, a Associação resolveu peticionar ao Secretário municipal de Saúde, requerendo providências imediatas para a regularização do serviço público de Saúde.

O Secretário respondeu que a situação da Saúde é realmente precária e que a comunidade precisa ter paciência e esperar a disponibilização de repasse dos recursos públicos federais, já que a receita prevista no orçamento municipal não fora integralmente realizada. Reiterou, ao final e pelas razões já aventadas, a negativa de atendimento laboratorial aos idosos.

Apesar disso, as obras públicas da área de lazer do bairro em que estava situado o Posto de Saúde Gama, nos quais eram utilizados exclusivamente recursos públicos municipais, continuaram a ser realizadas.

Considerando os dados acima, na condição de advogado(a) contratado(a) pela Associação Alfa, elabore a medida judicial cabível para o enfrentamento do problema, inclusive com providências imediatas, de modo que seja oferecido atendimento adequado a todos os idosos que venham a utilizar os serviços do Posto de Saúde.

A demanda exigirá dilação probatória.

Resposta: ação civil pública.

Excelentíssimo Senhor Doutor Juiz de Direito da ... Vara Cível/Fazenda Pública da Comarca do Município Beta do Estado ...

A Associação Alfa, pessoa jurídica de direito privado, CNPJ ..., endereço eletrônico com sede na rua ..., por de seu(sua) advogado(a), vem, perante Vossa Excelência, propor Ação Civil Pública com pedido de liminar, contra o Município Beta, pessoa jurídica de direito público interno, com sede em ..., com base na Lei n. 7.347/85 e art. 319 do CPC, pelas razões de fato e fundamentos jurídicos a seguir:

1. Dos Fatos

A autora está inconformada com a negativa do Posto de Saúde gerido pelo réu em oferecer atendimento ambulatorial aos idosos do município que procuram esse serviço. O réu, por meio de seu Secretário de Saúde, alega que não há profissionais capacitados e medicamentos disponíveis em quantitativo suficiente, por falta de recurso financeiros não repassados ao Município.

Apesar disso, as obras públicas da área de lazer do bairro em que está situado o Posto de Saúde Gama, nos quais são utilizados exclusivamente recursos públicos municipais, continuaram a ser realizadas. Diante dessa situação, não restou outra alternativa a autora a não ser a propositura da presente ação civil pública.

2. Do Direito

a) Da Legitimidade Ativa

Preliminarmente, cumpre anotar que a legitimidade ativa da Associação Alfa decorre do fato de ter sido constituída há mais de 1 (um) ano e destinar-se à defesa do patrimônio social e do direito à saúde de todos, atendendo ao disposto no art. 5º, V, *a* e *b*, da Lei n. 7.347/85.

b) Do Cabimento da Ação Civil Pública

O cabimento da ação civil pública decorre do fato de o objetivo da demanda judicial ser a defesa de todos os idosos que procuram o atendimento do Posto de Saúde Gama. Como se discute a qualidade do serviço público oferecido à população e esses idosos não podem ser individualizados, trata-se de típico interesse difuso, enquadrando-se no art. 1º, IV e VIII, da Lei n. 7.347/85.

c) Da Constituição Federal

A Constituição Federal dispõe nas normas contidas nos arts. 1º, III, 5º, *caput*, 6º e 196, a defesa do direito à vida, à saúde e dignidade dos idosos que procuram os serviços do Posto de Saúde Gama. Esses direitos estão sendo preteridos para a realização de obras públicas na área de lazer, o que é constitucionalmente inadequado em razão da maior importância dos referidos direitos.

Afinal, sem vida e saúde, não há possibilidade de lazer. O Município tem o dever de assegurar o direito à saúde dos idosos e de cumprir a competência constitucional conferida para fins de prestação do serviço público de saúde (arts. 30, VII, 196 e 230 da CRFB/88).

3. Da liminar

Nos termos do art. 12 da Lei n. 7.347/85, o juiz poderá conceder mandado liminar. No caso em tela, é patente a presença do *fumus boni iuris*, uma vez que a proteção dos direitos à vida e à saúde, bem como da dignidade humana, é prevista nos arts. 1º, III, 5º, *caput*, 6º e 196 da CF/88.

O perigo da demora (*periculum in mora*) é a possibilidade de morte dos idosos, uma vez que estão sujeitos a complicações de saúde e risco de morte, caso não recebam o tratamento de saúde adequado.

Portanto, requer, urgentemente, a concessão de liminar para compelir o Município a regularizar o sistema de saúde e prestar o atendimento laboratorial adequado aos idosos na localidade abrangida pelo Posto de Saúde.

4. Do Pedido

Diante do exposto, requer:

a) Procedência da ação, tornando definitiva a liminar para obrigar o réu a regularizar o sistema de saúde local e prestar o atendimento ambulatorial adequado aos idosos, sob pena de pagamento de multa diária por atraso no descumprimento.

b) Concessão da liminar.

c) Citação dos réus.

d) Intimação do Ministério Público.

e) Condenação dos réus ao pagamento de custas e demais despesas judiciais, além dos honorários advocatícios.

f) Protesta provar o alegado por todos os meios de prova admitidos em direito.

Dá a causa o valor de R$ ...

Termos em que,

Pede Deferimento.

Data ...

Advogado(a) ...

OAB/...

12
CONTESTAÇÃO

12.1 Considerações Iniciais

As modalidades de resposta do réu são: contestação, exceção e reconvenção. A peça contestatória apresentará a defesa do réu, ou seja, a sua contrariedade ao pedido formulado na petição inicial.

Por essa razão, toda a matéria de defesa deve ser alegada na contestação, sob pena de preclusão. Todavia, antes de discutir o mérito, o réu, se evidenciada a situação, deve alegar as matérias previstas no art. 337 do Código de Processo Civil. São as chamadas preliminares.

Assim, no caso concreto o candidato deverá identificar se há a necessidade de alegação de algumas das preliminares previstas no art. 337 do Código de Processo Civil.

12.1.1 Base Legal

Para a elaboração de uma contestação, o candidato deverá observar as disposições dos arts. 336 e seguintes do Código de Processo Civil.

Art. 336. Incumbe ao réu alegar, na contestação, toda a matéria de defesa, expondo as razões de fato e de direito com que impugna o pedido do autor e especificando as provas que pretende produzir.

Art. 337. Incumbe ao réu, antes de discutir o mérito, alegar:

I – inexistência ou nulidade da citação;

II – incompetência absoluta e relativa;

III – incorreção do valor da causa;

IV – inépcia da petição inicial;

V – perempção;

VI – litispendência;

VII – coisa julgada;

VIII – conexão;

IX – incapacidade da parte, defeito de representação ou falta de autorização;

X – convenção de arbitragem;

XI – ausência de legitimidade ou de interesse processual;

XII – falta de caução ou de outra prestação que a lei exige como preliminar;

XIII – indevida concessão do benefício de gratuidade de justiça.

§ 1º Verifica-se a litispendência ou a coisa julgada quando se reproduz ação anteriormente ajuizada.

§ 2º Uma ação é idêntica a outra quando possui as mesmas partes, a mesma causa de pedir e o mesmo pedido.

§ 3º Há litispendência quando se repete ação que está em curso.

§ 4º Há coisa julgada quando se repete ação que já foi decidida por decisão transitada em julgado.

§ 5º Excetuadas a convenção de arbitragem e a incompetência relativa, o juiz conhecerá de ofício das matérias enumeradas neste artigo.

§ 6º A ausência de alegação da existência de convenção de arbitragem, na forma prevista neste Capítulo, implica aceitação da jurisdição estatal e renúncia ao juízo arbitral.

Art. 341. Incumbe também ao réu manifestar-se precisamente sobre as alegações de fato constantes da petição inicial, presumindo-se verdadeiras as não impugnadas, salvo se:

I – não for admissível, a seu respeito, a confissão;

II – a petição inicial não estiver acompanhada de instrumento que a lei considerar da substância do ato;

III – estiverem em contradição com a defesa, considerada em seu conjunto.

Parágrafo único. O ônus da impugnação especificada dos fatos não se aplica ao defensor público, ao advogado dativo e ao curador especial.

Art. 342. Depois da contestação, só é lícito ao réu deduzir novas alegações quando:

I – relativas a direito ou a fato superveniente;

II – competir ao juiz conhecer delas de ofício;

III – por expressa autorização legal, puderem ser formuladas em qualquer tempo e grau de jurisdição.

Também destacamos a necessidade de leitura dos arts. 485 e 487 do Código de Processo Civil.

Art. 485. O juiz não resolverá o mérito quando:

I – indeferir a petição inicial;

II – o processo ficar parado durante mais de 1 (um) ano por negligência das partes;

III – por não promover os atos e as diligências que lhe incumbir, o autor abandonar a causa por mais de 30 (trinta) dias;

IV – verificar a ausência de pressupostos de constituição e de desenvolvimento válido e regular do processo;

V – reconhecer a existência de perempção, de litispendência ou de coisa julgada;

VI – verificar ausência de legitimidade ou de interesse processual;

VII – acolher a alegação de existência de convenção de arbitragem ou quando o juízo arbitral reconhecer sua competência;

VIII – homologar a desistência da ação;

IX – em caso de morte da parte, a ação for considerada intransmissível por disposição legal; e

X – nos demais casos prescritos neste Código.

§ 1º Nas hipóteses descritas nos incisos II e III, a parte será intimada pessoalmente para suprir a falta no prazo de 5 (cinco) dias.

§ 2º No caso do § 1º, quanto ao inciso II, as partes pagarão proporcionalmente as custas, e, quanto ao inciso III, o autor será condenado ao pagamento das despesas e dos honorários de advogado.

12 • CONTESTAÇÃO

§ 3º O juiz conhecerá de ofício da matéria constante dos incisos IV, V, VI e IX, em qualquer tempo e grau de jurisdição, enquanto não ocorrer o trânsito em julgado.

§ 4º Oferecida a contestação, o autor não poderá, sem o consentimento do réu, desistir da ação.

§ 5º A desistência da ação pode ser apresentada até a sentença.

§ 6º Oferecida a contestação, a extinção do processo por abandono da causa pelo autor depende de requerimento do réu.

§ 7º Interposta a apelação em qualquer dos casos de que tratam os incisos deste artigo, o juiz terá 5 (cinco) dias para retratar-se.

Art. 487. Haverá resolução de mérito quando o juiz:

I – acolher ou rejeitar o pedido formulado na ação ou na reconvenção;

II – decidir, de ofício ou a requerimento, sobre a ocorrência de decadência ou prescrição;

III – homologar:

a) o reconhecimento da procedência do pedido formulado na ação ou na reconvenção;

b) a transação;

c) a renúncia à pretensão formulada na ação ou na reconvenção.

Parágrafo único. Ressalvada a hipótese do § 1º do art. 332, a prescrição e a decadência não serão reconhecidas sem que antes seja dada às partes oportunidade de manifestar-se.

12.1.2 Competência

Na contestação o examinador já indicará o Juízo em que a inicial foi proposta. Sendo assim, a contestação será oferecida na 1ª instância da Justiça Estadual ou na 1ª instância da Justiça Federal.

12.1.3 Partes

Na contestação o examinador já indicará as partes da ação.

12.1.4 Pedido

Para a elaboração do pedido da contestação serão utilizados os arts. 337, 485 ou 487 do Código de Processo Civil. Esquematizando:

PEDIDOS
a) Acolhimento da preliminar de ... com a consequente extinção do processo sem resolução do mérito, nos termos do art. 485 do CPC Ou a) Acolhimento da preliminar de ... com a consequente extinção do processo com resolução do mérito, nos termos do art. 487 do CPC.
b) Improcedência da ação.
c) Condenação do autor ao pagamento de custas e demais despesas judiciais, além dos honorários advocatícios.
d) Protesta provar o alegado por todos os meios de prova admitidos em direito.

Art. 293. O réu poderá impugnar, em preliminar da contestação, o valor atribuído à causa pelo autor, sob pena de preclusão, e o juiz decidirá a respeito, impondo, se for o caso, a complementação das custas.

> **A eventual impugnação ao valor da causa será autuada em apenso.**

12.1.5 Modelo

Para elaboração da contestação, tenha como base o quadro abaixo, extraído dos espelhos de prova da FGV:

QUESITOS	
1. Endereçamento	Excelentíssimo Senhor Doutor Juiz de Direito da ... Vara ... Cível/Fazenda Pública da Comarca de ... do Estado de ... OU Exmo. Sr. Dr. Juiz Federal da ... Vara Federal da ... Seção Judiciária do Estado de ...
2. Partes	a) Autor: qualquer pessoa, física ou jurídica. b) Réu: qualquer pessoa, física ou jurídica.
3. Cabimento	A contestação é a resposta do réu ao pedido formulado pelo autor na petição inicial.
4. Fundamento Legal	a) Arts. 336 e seguintes do Código de Processo Civil – Mérito e Preliminares. b) Arts. 485 ou 487 do Código de Processo Civil.
5. Pedido	a) Acolhimento da preliminar de ... com a consequente extinção do processo sem resolução do mérito, nos termos do art. 485 do CPC. Ou a) Acolhimento da preliminar de ... com a consequente extinção do processo com resolução do mérito, nos termos do art. 487 do CPC. b) Improcedência da ação. c) Condenação do autor ao pagamento de custas e demais despesas judiciais, além dos honorários advocatícios. d) Protesta provar o alegado por todos os meios de prova admitidos em direito.

Excelentíssimo Senhor Doutor Juiz de Direito da ... Vara ... Cível/Fazenda Pública da Comarca de do Estado de ...

OU

Exmo. Sr. Dr. Juiz Federal da ... Vara Federal da ... Seção Judiciária do Estado de ...

Fulano de tal, estado civil ..., profissão ..., domiciliado e residente na rua ..., número ..., bairro ..., cidade ... vem, por meio de seu advogado, apresentar CONTESTAÇÃO à ação de ... proposta por Beltrano de Tal ..., estado civil ..., profissão ..., domiciliado e residente na rua ..., número ..., bairro ..., com base no art. 336 e seguintes do CPC, pelas razões de fato e de direito, a seguir:

1. Dos Fatos

O candidato deverá fazer um resumo do caso.

ATENÇÃO: Não é para copiar o problema proposto pelo examinador e sim resumir o caso com as suas próprias palavras.

2. Do Direito

a) Das Preliminares

Preliminarmente, no caso em tela verifica-se a incidência da ... (verificar a hipótese cabível, com base no art. 337 do CPC. Por exemplo, carência de ação, prescrição, nulidade de citação ...).

Sendo assim, a preliminar deve ser acolhida com a consequente extinção do processo, nos termos do art. 485 OU 487do Código de Processo Civil.

b) Mérito

b1) Da Constituição Federal

O art. ... da Constituição Federal determina que ... no caso em tela, os argumentos do autor contrariam o disposto no Constituição Federal, razão pela qual não deve prosperar o seu pedido.

b2) Da Legislação Ordinária

Além disso, a Lei ... (indicar a legislação aplicável ao caso) estabelece que ... Dessa forma, tendo em vista a não configuração legal do pleito do autor, há de se reconhecer a improcedência da demanda.

> 3. Do Pedido
>
> Diante do exposto, requer:
>
> a) Acolhimento da preliminar de ... com a consequente extinção do processo sem resolução do mérito, nos termos do art. 485 do CPC.
>
> Ou
>
> a) Acolhimento da preliminar de ... com a consequente extinção do processo com resolução do mérito, nos termos do art. 487 do CPC.
>
> b) Improcedência da ação.
>
> c) Condenação do autor ao pagamento de custas e demais despesas judiciais, além dos honorários advocatícios.
>
> d) Protesta provar o alegado por todos os meios de prova admitidos em direito.
>
> Termos em que,
>
> Pede Deferimento.
>
> Data ...
>
> Advogado(a) ...
>
> OAB/ ...

Caso prático

(OAB/FGV Exame 35º) Brian, cidadão americano não naturalizado, que não é eleitor no Brasil, mas reside regularmente no país há mais de dez anos, ajuizou ação popular em face da concessionária Vadeboa S/A. e do Município Alfa, poder concedente, perante a Vara da Fazenda Pública no próprio Município, com vistas a anular o ato de aumento do valor da tarifa de transporte de ônibus intramunicipal.

O demandante assevera que as tarifas foram majoradas de forma desproporcional, no montante de vinte por cento, de modo que se tornaram mais onerosas do que as cobradas nos municípios vizinhos, situação violadora da razoabilidade, considerando que o Município Alfa é o mais pobre da respectiva região. Alega, ainda, afronta ao princípio da isonomia, na medida em que Vadeboa S/A. também é a concessionária responsável pelo serviço de transporte junto ao Município Beta e lá pratica preços muito menores.

Devidamente citada, os representantes da concessionária, na última sexta-feira, procuram você, para, na qualidade de advogado(a), apresentar a medida judicial de defesa dos interesses da sociedade empresária Vadeboa S/A, tendo fornecido documentação demonstrativa de que o novo valor decorre do fato de que as tarifas estavam sem aumento havia mais de três anos e foi feito com o fim de amortizar os efeitos da inflação, apesar da previsão contratual de reajuste anual, e que a majo-

12 • CONTESTAÇÃO **315**

ração foi efetuada nos exatos parâmetros estabelecidos no contrato de concessão, consoante estudo técnico fundamentado. Os representantes afirmam, ainda, estarem convictos de que a lide é temerária e de que o demandante agiu de má-fé, na medida em que já tentou causar prejuízos à demandada anteriormente.

Redija a peça adequada, mediante exposição de todos os argumentos jurídicos pertinentes.

Resposta: contestação.

ATENÇÃO: Não indique seu nome na assinatura da peça, pois provavelmente será "zerada".

Juízo da Vara da Fazenda Pública da Comarca do Município Alfa

Vadeboa/SA, CNPJ ...., endereço eletrônico ..., com sede em, vem, por meio de seu advogado, oferecer CONTESTAÇÃO em face da ação popular movida por Brian, estado civil ..., advogado, CPF ..., endereço eletrônico ..., residente em ..., com base no art. 335 e seguintes do CPC, pelas razões de fato e de direito, a seguir:

1. Dos Fatos

O autor, que é cidadão americano, não naturalizado e residente no Brasil ingressou com ação popular contra a ré com vistas a anular o ato de aumento do valor da tarifa de transporte de ônibus intramunicipal. e.

Na referida ação, o autor alega que as tarifas foram majoradas de forma desproporcional, no montante de vinte por cento, de modo que se tornaram mais onerosas do que as cobradas nos municípios vizinhos, situação violadora da razoabilidade, considerando que o Município Alfa é o mais pobre da respectiva região. Alega, ainda, afronta ao princípio da isonomia, na medida em que Vadeboa S/A. também é a concessionária responsável pelo serviço de transporte junto ao Município Beta e lá pratica preços muito menores.

(i)

2. Do Direito

a) Da Preliminar de Ilegtimidade Ativa

No caso em tela, é importante destacar a ilegitimidade ativa de Brian, que não é eleitor, de modo que não é cidadão brasileiro e não poderia se utilizar da ação popular, nos termos do Art. 5º, inciso LXXIII, da CRFB/88 ou do Art. 1º da Lei n. 4.717/65.

Portanto, requer o acolhimento da preliminar com a extinção do processo, na forma do Art. 485, inciso VI, do CPC.

3. Do Mérito

a) Do Direito de Reajustes

A ré como concessionária de serviço público tem direito ao reajuste do valor das tarifas, que constitui cláusula necessária do contrato de concessão, consoante o Art. 23, inciso IV, da Lei n. 8.987/95.

b) Do Equilibrio Econômico Financeiro do Contrato

No caso em tela, a ré forneceu documentação demonstrativa de que o novo valor decorre do fato de que as tarifas estavam sem aumento havia mais de três anos e foi feito com o fim de amortizar os efeitos da inflação, apesar da previsão contratual de reajuste anual, e que a majoração foi efetuada nos exatos parâmetros estabelecidos no contrato de concessão, consoante estudo técnico fundamentado.

Logo, aplica-se no presente caso o princípio da manutenção do equilíbrio econômico e financeiro do contrato, consoante o art. 37, inciso XXI, da CRFB/88 e arts 9º e 10 da Lei n. 8.987/95.

c) Da suposta afronta a isonomia

Também não prospera a violação ao princípio da isonomia alegado pelo autor dada a impossibilidade de sua aplicação para situações diferentes (Município Alfa e Beta), considerando que cada município corresponde a um poder concedente distinto, que estipula os termos de seus próprios contratos de concessão no âmbito de suas outorgas.

4. Do Pedido

Diante do exposto, requer:

a) Requer o acolhimento da preliminar e que seja extinto o processo sem resolução de mérito, em relação a ré, tendo em vista a manifesta ilegitimidade ativa do autor, nos termos do art. art. 485, VI, do CPC.

b) Requer sejam julgados improcedentes os pedidos formulados na inicial.

c) Protesta provar o alegado por todos os meios de prova admitidos em direito.

d) Condenação do autor no pagamento de custas, despesas judiciais e honorários advocatícios, diante da sua ma-fé, na forma do Art. 5º, inciso LXXIII, da CRFB/88.

e) Fixação no décuplo das custas, em razão de a lide ser temerária, na forma do art. 13 da Lei n. 4.717/65.

f) Juntada dos documentos.

Termos em que,

Pede Deferimento.

Data ...

Advogado(a) ...

OAB/ ...

13
APELAÇÃO

13.1 Considerações Iniciais

O art. 203 dispõe: "Os pronunciamentos do juiz consistirão em sentenças, decisões interlocutórias e despachos".

A apelação é o recurso que se interpõe da sentença de juiz de primeiro grau com objetivo de ser obtida a sua reforma total ou parcial, nos termos do art. 1.009 do Código de Processo Civil. Esquematizando:

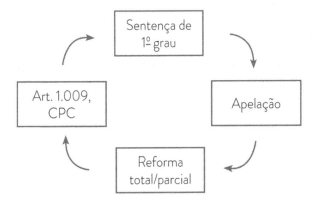

13.1.1 Base Legal

Para a elaboração de uma apelação o candidato deverá observar as disposições dos arts. 203 e 1.009 e seguintes do Código de Processo Civil.

> Art. 203. Os pronunciamentos do juiz consistirão em sentenças, decisões interlocutórias e despachos.
>
> Art. 1.009. Da sentença cabe apelação.
>
> § 1º As questões resolvidas na fase de conhecimento, se a decisão a seu respeito não comportar agravo de instrumento, não são cobertas pela preclusão e devem ser suscitadas em preliminar de apelação, eventualmente interposta contra a decisão final, ou nas contrarrazões.
>
> § 2º Se as questões referidas no § 1º forem suscitadas em contrarrazões, o recorrente será intimado para, em 15 (quinze) dias, manifestar-se a respeito delas.
>
> § 3º O disposto no *caput* deste artigo aplica-se mesmo quando as questões mencionadas no art. 1.015 integrarem capítulo da sentença.

> 1. A apelação é composta por uma petição de interposição dirigida ao juiz de primeiro grau e
> 2. Pelas razões de apelação dirigidas ao Tribunal.

13.1.2 Competência

A apelação é composta por uma petição de interposição dirigida ao juiz de primeiro grau e pelas razões de apelação que será dirigida ao Tribunal de Justiça ou ao Tribunal Regional Federal.

13.1.3 Partes

As partes na apelação são o Apelante (aquele que apresenta o recurso) e o Apelado. No caso da prova da OAB/FGV o examinador no problema proposto indicará quem é o autor e o réu da respectiva ação, bem como o resultado do processo para se identificar quem apelará da sentença.

13.1.4 Pedido

Para a elaboração do pedido da apelação serão utilizados os arts. 1.009 e 1.010 do Código de Processo Civil. Esquematizando:

PEDIDOS
a) Conhecimento e provimento do recurso para o fim de reformar a sentença recorrida e determinar ...
b) Condenação ao pagamento das verbas sucumbenciais (custas e despesas judiciais), além de honorários advocatícios.

13.1.5 Modelo

Para elaboração da contestação, tenha como base o quadro abaixo, extraído dos espelhos de prova da FGV:

QUESITOS	
1. Endereçamento	Excelentíssimo Senhor Doutor Juiz de Direito da... Vara... Cível/Fazenda Pública da Comarca de ... do Estado de ... OU Exmo. Sr. Dr. Juiz Federal da ... Vara Federal da ... Seção Judiciária do Estado de *As razões de apelação serão dirigidas ao Tribunal.
2. Partes	a) Apelante: qualquer pessoa, física ou jurídica. b) Apelado: qualquer pessoa, física ou jurídica.
3. Cabimento	A apelação é o recurso que se interpõe da sentença de juiz de primeiro grau com objetivo de ser obtida a sua reforma total ou parcial, nos termos do art. 1.009 do Código de Processo Civil.

4. Fundamento Legal	a) Art. 203 do Código de Processo Civil b) Arts. 994 e 1.009 e seguintes do Código de Processo Civil
5. Pedido	a) Conhecimento e provimento do recurso para o fim de reformar a sentença recorrida e determinar ... b) Condenação ao pagamento das verbas sucumbenciais (custas e despesas judiciais), além de honorários advocatícios.

Exmo. Sr. Dr. Juiz de Direito da ... Vara Cível (ou Fazenda Pública se a questão mencionar) da Comarca de ... do Estado de ...

Ou

Exmo. Sr. Dr. Juiz da ... Vara Federal de ... da Seção Judiciária do Estado de ...

(O endereçamento segue a regra do art. 109 da CF/88: Justiça Estadual ou Federal)

Processo n. ...

Fulano de tal, estado civil ..., profissão ..., residente e domiciliado na rua ..., bairro ..., cidade ..., Estado ..., vem, por meio de seu advogado, nos autos da Ação ... que promove contra ... (qualificar o réu) ou promovida por (qualificar o autor), não se conformando com a sentença que julgou improcedente ou procedente (explicar brevemente as razões), vem dela apelar, com fundamento nos arts. 513 e seguintes do Código de Processo Civil.

Termos em que,

Pede deferimento.

Data ...

Assinatura/Advogado ...

Razões do Recurso

Apelante: Fulano de Tal

Apelado: ...

Egrégio Tribunal

1. Dos Fatos (relatar os fatos de acordo com o problema)

2. Dos Fundamentos Jurídicos do Pedido

a) Da Sentença Recorrida (explicar os motivos para a reforma da sentença).

b) Da Constituição Federal (abordar o caso sob os aspectos constitucionais da questão).

c) Da Legislação Ordinária (abordar os aspectos da legislação conforme o caso concreto).

3. Do Pedido

Diante do exposto requer:

a) Conhecimento e provimento do recurso para o fim de reformar a sentença recorrida.

b) Condenação ao pagamento das verbas sucumbenciais (custas e despesas judiciais), além de honorários advocatícios.

Termos em que,

Pede deferimento.

Data ...

Assinatura/Advogado ...

ATENÇÃO: Não indique seu nome na assinatura da peça, pois provavelmente será "zerada".

Caso Prático

(OAB/FGV Exame XIII) A Lei n. 1.234, do Município X, vedava a ampliação da área construída nos apartamentos do tipo cobertura, localizados na orla da cidade. Com a revogação da lei, diversos moradores formularam pleitos, perante a Secretaria Municipal de Urbanismo, e obtiveram autorização para aumentar a área construída de suas coberturas. Diversos outros moradores sequer formularam qualquer espécie de pleito e, mesmo assim, ampliaram seus apartamentos, dando, após, ciência à Secretaria, que não adotou contra os moradores qualquer medida punitiva.

Fulano de Tal, antes de adquirir uma cobertura nessa situação, ou seja, sem autorização da Secretaria Municipal de Urbanismo para aumento da área construída, formula consulta à Administração Municipal sobre a possibilidade de ampliação da área construída, e recebe, como resposta, a informação de que, na ausência de lei, o Município não pode se opor à ampliação da área.

Fulano de Tal, então, compra uma cobertura, na orla, e inicia as obras de ampliação do apartamento. Entretanto, três meses depois, é surpreendido com uma notificação para desfazer toda a área acrescida, sob pena de multa, em razão de novo entendimento manifestado pela área técnica da Administração Municipal, a ser aplicado apenas aos que adquiriram unidades residenciais naquele ano e acolhido em decisão administrativa do Secretário Municipal de Urbanismo no processo de consulta aberto meses antes.

Mesmo tomando ciência de que outros proprietários não receberam a mesma notificação, Fulano de Tal inicia a demolição da área construída, mas, antes de concluir a demolição, é orientado por um amigo a ingressar com demanda na justiça e formular pedido de liminar para afastar a incidência da multa e suspender a determinação de demolir o acrescido até decisão final, de mérito, de anulação do ato administrativo, perdas e danos materiais e morais.

Você é contratado como advogado e obtém decisão antecipatória da tutela no sentido almejado. Contudo, a sentença do Juízo da 1ª Vara de Fazenda Pública da Comarca X revoga a liminar anteriormente concedida e julga improcedente o pedido de anulação do ato administrativo, acolhendo argumento contido na contestação, de que o autor não esgotara as instâncias administrativas antes de socorrer-se do Poder Judiciário.

Interponha a medida cabível a socorrer os interesses do seu cliente, considerando que, com a revogação da liminar, volta a viger a multa, caso não seja concluída a demolição da área construída por Fulano de Tal. Obs.: Já não há mais prazo para embargos declaratórios, sendo certo que a sentença não é omissa nem contraditória.

Resposta: apelação.

Exmo. Sr. Dr. Juiz de Direito da 1ª Vara da Fazenda Pública da Comarca X do Estado de ... Processo n. ...

Fulano de Tal (qualificação ...) vem, por meio de seu advogado, nos autos da ação ordinária que promove contra o Município X, pessoa jurídica de direito interno, com sede em ..., não se conformando com a sentença que julgou improcedente, interpor recurso de APELAÇÃO, com fundamento nos arts. 994, I, e 1.009 e seguintes do Código de Processo Civil, o que faz nos termos das anexas razões, motivo pelo qual requer o seu recebimento e processamento e, por fim, encaminhamento ao egrégio Tribunal de Justiça do Estado ...

Termos em que,

Pede deferimento.

Data ...

Advogado(a) ...

Razões do Recurso de Apelação

Apelante: Fulano de Tal

Apelado: Município X

Egrégio Tribunal do Estado

1. Dos Fatos

Narrar os fatos, informando os principais dados do caso e o teor da sentença desfavorável.

2. Do Direito

Lembre-se: a peça é sua. Cada um tem seu estilo. Sugerimos a seguinte estrutura:

A. Da Sentença Recorrida

B. Da Constituição Federal

a) Da Sentença Recorrida

No caso em tela, a sentença merece ser reformada, pois nem a Lei nem a Constituição exigem o esgotamento da via administrativa como condição de acesso ao Poder Judiciário. Ao contrário, a Constituição consagra, no art. 5º, XXXV, a inafastabilidade do controle jurisdicional. Além disso, houve a ofensa de vários princípios constitucionais, como será visto adiante.

b) Da Constituição Federal

b1) Do Devido Processo Legal

(art. 5º, LIV) No caso houve violação ao princípio do devido processo legal, que deve nortear a conduta da Administração, uma vez que a Administração Pública não pode, com novo entendimento (sequer amparado em lei), empreender à redução no patrimônio do particular sem que lhe seja dada a participação em processo administrativo formal.

b2) Princípio da Legalidade

Houve também a violação ao princípio da legalidade, nos termos do art. 37 da CF/88, tanto pela ausência de norma que imponha ao particular restrição à sua propriedade quanto pela ausência de norma que autorize o Poder Público Municipal a recusar a reforma procedida pelo particular em sua propriedade.

b3) Princípio da Impessoalidade

Na hipótese houve violação ao princípio da impessoalidade, nos termos do art. 37 da CF/88, tendo em vista que outros proprietários em idêntica situação não foram alvo de notificação por parte da Administração municipal, o que revela tratamento desigual entre os particulares, sem critério legítimo de diferenciação. Pior: o novo entendimento da Administração, desfavorável, só será aplicado aos que adquiriram a propriedade naquele ano.

b4) Princípio da Segurança Jurídica ou Proteção a Confiança

A emissão da resposta da Administração gerou, no particular, a legítima confiança na preservação daquele entendimento inicial, razão pela qual praticou determinados atos (realizou investimentos). Essa confiança restou violada pela súbita alteração do entendimento e prática de atos incompatíveis com a conduta anterior da Administração (comportamento contraditório).

3. Do Pedido

Diante do exposto requer:

a) Recebimento do recurso no efeito suspensivo.

b) Conhecimento e provimento do recurso para o fim de reformar a sentença recorrida e determinar a anulação do ato administrativo de demolição e pagamento dos danos materiais que restarem comprovados (em virtude das obras de demolição empreendidas pelo recorrente), além de danos morais.

c) Condenação ao pagamento das verbas sucumbenciais (custas e despesas judiciais), além de honorários advocatícios.

d) Juntada da Guia de Preparo do Recurso.

Termos em que,

Pede Deferimento.

Data ...

Advogado(a) ...

OAB/ ...

14
AGRAVO DE INSTRUMENTO

14.1 Considerações Iniciais

O art. 203 do Código de Processo Civil estabelece que os pronunciamentos do juiz consistirão em sentenças, decisões interlocutórias e despachos.

O Código de Processo Civil prevê, no art. 1.015, o recurso de agravo de instrumento, que deverá ser interposto contra as decisões interlocutórias, ou seja, daqueles atos do juiz no curso do processo que resolve questão incidente, sem encerrá-lo.

É importante que o candidato, quando da elaboração do agravo de instrumento, saiba que ele será dirigido diretamente ao Tribunal competente, por meio de petição.

Esquematizando:

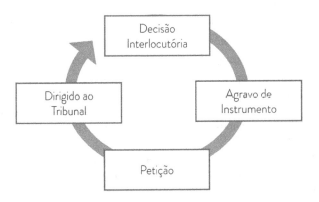

14.1.1 Base Legal

Para a elaboração de um agravo de instrumento o candidato deverá observar as disposições do arts. 203, 994 e 1.015 a 1.020 do Código de Processo Civil.

> Art. 203. Os pronunciamentos do juiz consistirão em sentenças, decisões interlocutórias e despachos.
> Art. 994. São cabíveis os seguintes recursos:
> (...)

II – agravo de instrumento;

Art. 1.015. Cabe agravo de instrumento contra as decisões interlocutórias que versarem sobre:

I – tutelas provisórias;

II – mérito do processo;

III – rejeição da alegação de convenção de arbitragem;

IV – incidente de desconsideração da personalidade jurídica;

V – rejeição do pedido de gratuidade da justiça ou acolhimento do pedido de sua revogação;

VI – exibição ou posse de documento ou coisa;

VII – exclusão de litisconsorte;

VIII – rejeição do pedido de limitação do litisconsórcio;

IX – admissão ou inadmissão de intervenção de terceiros;

X – concessão, modificação ou revogação do efeito suspensivo aos embargos à execução;

XI – redistribuição do ônus da prova nos termos do art. 373, § 1º;

XII – (Vetado);

XIII – outros casos expressamente referidos em lei.

Parágrafo único. Também caberá agravo de instrumento contra decisões interlocutórias proferidas na fase de liquidação de sentença ou de cumprimento de sentença, no processo de execução e no processo de inventário.

Art. 1.016. O agravo de instrumento será dirigido diretamente ao tribunal competente, por meio de petição com os seguintes requisitos:

I – os nomes das partes;

II – a exposição do fato e do direito;

III – as razões do pedido de reforma ou de invalidação da decisão e o próprio pedido;

IV – o nome e o endereço completo dos advogados constantes do processo.

Art. 1.017. A petição de agravo de instrumento será instruída:

I – obrigatoriamente, com cópias da petição inicial, da contestação, da petição que ensejou a decisão agravada, da própria decisão agravada, da certidão da respectiva intimação ou outro documento oficial que comprove a tempestividade e das procurações outorgadas aos advogados do agravante e do agravado;

II – com declaração de inexistência de qualquer dos documentos referidos no inciso I, feita pelo advogado do agravante, sob pena de sua responsabilidade pessoal;

III – facultativamente, com outras peças que o agravante reputar úteis.

§ 1º Acompanhará a petição o comprovante do pagamento das respectivas custas e do porte de retorno, quando devidos, conforme tabela publicada pelos tribunais.

§ 2º No prazo do recurso, o agravo será interposto por:

I – protocolo realizado diretamente no tribunal competente para julgá-lo;

II – protocolo realizado na própria comarca, seção ou subseção judiciárias;

III – postagem, sob registro, com aviso de recebimento;

IV – transmissão de dados tipo fac-símile, nos termos da lei;

V – outra forma prevista em lei.

14 • AGRAVO DE INSTRUMENTO

§ 3º Na falta da cópia de qualquer peça ou no caso de algum outro vício que comprometa a admissibilidade do agravo de instrumento, deve o relator aplicar o disposto no art. 932, parágrafo único.

§ 4º Se o recurso for interposto por sistema de transmissão de dados tipo fac-símile ou similar, as peças devem ser juntadas no momento de protocolo da petição original.

§ 5º Sendo eletrônicos os autos do processo, dispensam-se as peças referidas nos incisos I e II do *caput*, facultando-se ao agravante anexar outros documentos que entender úteis para a compreensão da controvérsia.

Art. 1.018. O agravante poderá requerer a juntada, aos autos do processo, de cópia da petição do agravo de instrumento, do comprovante de sua interposição e da relação dos documentos que instruíram o recurso.

§ 1º Se o juiz comunicar que reformou inteiramente a decisão, o relator considerará prejudicado o agravo de instrumento.

§ 2º Não sendo eletrônicos os autos, o agravante tomará a providência prevista no *caput*, no prazo de 3 (três) dias a contar da interposição do agravo de instrumento.

§ 3º O descumprimento da exigência de que trata o § 2º, desde que arguido e provado pelo agravado, importa inadmissibilidade do agravo de instrumento.

Art. 1.019. Recebido o agravo de instrumento no tribunal e distribuído imediatamente, se não for o caso de aplicação do art. 932, incisos III e IV, o relator, no prazo de 5 (cinco) dias:

I – poderá atribuir efeito suspensivo ao recurso ou deferir, em antecipação de tutela, total ou parcialmente, a pretensão recursal, comunicando ao juiz sua decisão;

II – ordenará a intimação do agravado pessoalmente, por carta com aviso de recebimento, quando não tiver procurador constituído, ou pelo *Diário da Justiça* ou por carta com aviso de recebimento dirigida ao seu advogado, para que responda no prazo de 15 (quinze) dias, facultando-lhe juntar a documentação que entender necessária ao julgamento do recurso;

III – determinará a intimação do Ministério Público, preferencialmente por meio eletrônico, quando for o caso de sua intervenção, para que se manifeste no prazo de 15 (quinze) dias.

Art. 1.020. O relator solicitará dia para julgamento em prazo não superior a 1 (um) mês da intimação do agravado.

14.1.2 Competência

O agravo de instrumento será dirigido diretamente ao tribunal competente (art. 1.016), ou seja, o Tribunal de Justiça ou Tribunal Regional Federal, e deve ser dirigido ao Presidente do Tribunal ou a um dos Vice-Presidentes ou a uma das Câmaras que compõem o Tribunal.

14.1.3 Partes

As partes no agravo de instrumento são:

a) Agravante: parte que, não se conformando com decisão do juiz, pleiteia a reforma.

b) Agravado: parte contrária ao agravante.

14.1.4 Pedido e Tutela Antecipada Recursal

Para a elaboração da tutela antecipada recursal e o pedido do agravo de instrumento serão utilizados os arts. 1.015 a 1.020 do Código de Processo Civil. Esquematizando:

TUTELA ANTECIPADA RECURSAL
O art. 1.019, I, do Código de Processo Civil autoriza o relator a conceder o efeito suspensivo ou a tutela antecipada no agravo de instrumento. No presente caso, a demora na prestação jurisdicional *(periculum in mora)* acarretará lesão grave ao agravante, visto que ... O *fumus boni iuris* é evidente, pois a demora de ... viola a (Indicar a legislação e eventuais princípios aplicáveis ao caso). Assim, presentes os requisitos legais que autorizam a concessão da tutela antecipada.

PEDIDOS
a) Conhecimento e provimento do recurso para reformar a decisão, para que o Agravante ...
b) A concessão da tutela antecipada recursal, nos termos do art. 1.019, I.
c) Nos termos do art. 1.017, informa que o recurso está instruído com as seguintes cópias: a) obrigatórias: petição inicial, da contestação, da petição que ensejou a decisão agravada, da própria decisão agravada, da certidão da respectiva intimação ou outro documento oficial que comprove a tempestividade e das procurações outorgadas aos advogados do agravante e do agravado; b) cópias facultativas: (outras cópias).
d) Informa, também, o nome e o endereço completo dos advogados constantes do processo (art. 1.016, IV).

Quanto à tutela, o art. 1.019, I, do Código de Processo Civil autoriza que seja atribuído o efeito suspensivo ao recurso ou deferido, em antecipação de tutela, total ou parcialmente, a pretensão recursal, comunicando ao juiz sua decisão.

14.1.5 Modelo

Para elaboração do agravo de instrumento, tenha como base o quadro abaixo, extraído dos espelhos de prova da FGV:

QUESITOS	
1. Endereçamento	Exmo. Presidente do Tribunal de Justiça do Estado ... ou Exmo. Presidente do Tribunal Regional Federal da ... Região
2. Partes	a) Agravante: parte que, não se conformando com decisão do juiz, pleiteia a reforma. b) Agravado: parte contrária ao agravante.
3. Cabimento	O agravo de instrumento tem cabimento contra decisão interlocutória de 1º grau.
4. Fundamento Legal	a) Art. 203 do Código de Processo Civil b) Arts. 1.015 e seguintes do Código de Processo Civil

5. Tutela Recursal	Art. 1.019, I, do CPC
6. Pedido	a) Conhecimento e provimento do recurso para reformar a decisão, para que o Agravante ... b) A concessão da tutela antecipada, nos termos do art. 1.019, I. c) Nos termos do art. 1.017, informa que o recurso está instruído com as seguintes cópias: a) obrigatórias: petição inicial, da contestação, da petição que ensejou a decisão agravada, da própria decisão agravada, da certidão da respectiva intimação ou outro documento oficial que comprove a tempestividade e das procurações outorgadas aos advogados do agravante e do agravado; b) cópias facultativas: (outras cópias). d) Informa, também, o nome e o endereço completo dos advogados constantes do processo (art. 1.016, IV).

Exmo. Presidente do Tribunal de Justiça do Estado ...

ou

Exmo. Presidente do Tribunal Regional Federal da ... Região

NOME DO AGRAVANTE, qualificação completa, inconformado com a decisão que negou a liminar em MANDADO DE SEGURANÇA, em trâmite perante a ... Vara Cível de ..., impetrado em face de ato do Sr. (Prefeito), vem, por seu advogado, nos termos do art. 1.015 do Código de Processo Civil e § 1º do art. 7º da Lei n. 12.016/2009, interpor RECURSO DE AGRAVO DE INSTRUMENTO com pedido de TUTELA ANTECIPADA, pelo que expõe e requer o seguinte.

1. Dos Fatos

O candidato deverá fazer um resumo do caso, indicando que a decisão agravada é suscetível de causar à parte lesão grave e de difícil reparação.

ATENÇÃO: Não é para copiar o problema proposto pelo examinador e sim resumir o caso com as suas próprias palavras.

2. Do Direito

a) Do Cabimento do Agravo de Instrumento

De acordo com o art. 1.015 do CPC: cabe agravo de instrumento contra as decisões interlocutórias, como a que foi proferida no caso em tela, portanto, cabível.

b) Das Razões para a Reforma da Decisão

No caso em tela, a decisão agravada violou os princípios ... (indicar a legislação e eventuais princípios violados).

3. Da Tutela Antecipada

O art. 1.019, I, do Código de Processo Civil autoriza o relator a conceder o efeito suspensivo ou a tutela antecipada no agravo de instrumento.

No presente caso, a demora na prestação jurisdicional (periculum in mora) acarretará lesão grave ao agravante, visto que ... O fumus boni iuris é evidente, pois a demora de ... viola a (Indicar a legislação e eventuais princípios aplicáveis ao caso).

Assim, presentes os requisitos legais que autorizam a concessão da tutela antecipada.

4. Do Pedido

Diante do exposto, requer:

a) Conhecimento e provimento do recurso para reformar a decisão, para que o Agravante...

b) A concessão da tutela antecipada, nos termos do art. 1.019, I.

c) Nos termos do art. 1.017, informa que o recurso está instruído com as seguintes cópias:

c1) obrigatórias: petição inicial, da contestação, da petição que ensejou a decisão agravada, da própria decisão agravada, da certidão da respectiva intimação ou outro documento oficial que comprove a tempestividade e das procurações outorgadas aos advogados do agravante e do agravado;

c2) cópias facultativas: (outras cópias).

d) Informa, também, o nome e o endereço completo dos advogados constantes do processo (art. 1.016, IV).

Termos em que,

Pede Deferimento.

Data ...

Advogado(a) ...

OAB/ ...

ATENÇÃO: Não indique seu nome na assinatura da peça, pois provavelmente será "zerada".

Caso Prático

(OAB Exame VIII) Norberto, brasileiro, desempregado e passando por sérias dificuldades econômicas, domiciliado no Estado "X", resolve participar de concurso público para o cargo de médico de hospital estadual. Aprovado na fase inicial do concurso, Norberto foi submetido a exames médicos, através dos quais se constatou a existência de tatuagem em suas costas. Norberto, então, foi eliminado do concurso, com a justificativa de que o cargo de médico não era compatível com indivíduos portadores de tatuagem. Inconformado, Norberto ajuizou ação ordinária em face

14 • AGRAVO DE INSTRUMENTO

do Estado, de competência de vara comum, com pedido liminar, na qual requereu (i) a anulação do ato administrativo que o eliminou do concurso; e (ii) que lhe fosse deferida a possibilidade de realizar as demais etapas do certame, com vaga reservada. O juízo de 1ª instância indeferiu o pedido liminar, em decisão publicada ontem, pelos seguintes motivos:

1. Os pedidos de anulação do ato de eliminação e de reserva de vaga não seriam possíveis, pois significariam atraso na conclusão do concurso;

2. A Administração Pública possui poder discricionário para decidir quais são as restrições aplicáveis àqueles que pretendem se tornar médicos no âmbito do Estado, de forma que o autor deverá provar que a decisão foi equivocada.

Diante do exposto, e supondo que você seja o advogado de Norberto, elabore a medida judicial cabível contra a decisão publicada ontem, para a defesa dos interesses de seu cliente, abordando as teses, os fundamentos legais e os princípios que poderiam ser usados em favor do autor.

Resposta: agravo de instrumento

Exmo. Presidente do Tribunal de Justiça do Estado "X"

Norberto, brasileiro, médico, desempregado, residente e domiciliado na Rua ..., Bairro ..., do Estado X, inconformado com a decisão que negou a liminar em Ação Ordinária, em trâmite perante a ... Vara Cível da Comarca de ... do Estado "X", em face do Estado "X", pessoa jurídica de direito público, vem, por seu(sua) advogado(a), nos termos do art. 1.015 do CPC, interpor recurso de AGRAVO DE INSTRUMENTO com pedido de tutela antecipada, nos termos a seguir:

1. Dos Fatos

No presente caso, o agravante ajuizou ação ordinária, visando anulação de ato administrativo que o eliminou em concurso, tendo requerido por meio de liminar para continuar participando do certame.

O juízo de 1ª instância indeferiu pedido de liminar, sob o fundamento de que a anulação pretendida atrasaria o concurso e de que a Administração Pública agiu dentro da sua discricionariedade. No entanto, como será demonstrado a seguir, a decisão merece ser reformada.

2. Do Direito

a) Do Cabimento do Agravo de Instrumento

De acordo com o art. 1.015 do CPC: cabe agravo de instrumento contra as decisões interlocutórias, como a que foi proferida no caso em tela, portanto, cabível.

b) Das Razões para a Reforma da Decisão

Em primeiro lugar, houve violação ao princípio da legalidade, tendo em vista que as restrições de acesso aos cargos públicos devem estar previstas em lei.

Em segundo lugar, houve violação ao princípio do livre acesso aos cargos públicos, que determina que só podem ser exigidos requisitos diferenciados de acesso quando a natureza e complexidade do cargo exigirem, como determina o art. 37, I e II, da CF/88.

Em terceiro lugar, houve violação aos princípios da proporcionalidade e razoabilidade que delimitam o poder discricionário da Administração, tendo em vista que a referida restrição imposta pelo Poder Público não tem nenhuma relação com o desempenho do cargo pretendido.

Em quarto lugar, não há falar em prejuízo com o atraso na conclusão do concurso, pois não foi formulado qualquer pedido de suspensão ou interrupção dele, mas tão somente que fosse garantido ao agravante o direito de prestar as fases seguintes do concurso.

3. Da Tutela Antecipada

O art. 1.019, I, do Código de Processo Civil autoriza o relator a conceder o efeito suspensivo ou a tutela antecipada no agravo de instrumento.

No presente caso, a demora na prestação jurisdicional (*periculum in mora*) acarretará lesão grave ao agravante, visto que não participará das demais fases do concurso.

O *fumus boni iuris* é evidente, pois a demora de acesso ao cargo de médico devido à existência de tatuagem nas costas viola a legalidade, o livre acesso aos cargos públicos e a proporcionalidade, tendo vista que a exigência da Administração não tem nenhuma relação com o cargo pretendido.

4. Do Pedido

Diante do exposto, requer:

a) Conhecimento e provimento do recurso para reformar a decisão, para que o Agravante ...

b) A concessão da tutela antecipada, nos termos do art. 1.019, I.

c) Nos termos do art. 1.017, informa que o recurso está instruído com as seguintes cópias:

c1) obrigatórias: petição inicial, da contestação, da petição que ensejou a decisão agravada, da própria decisão agravada, da certidão da respectiva intimação ou outro documento oficial que comprove a tempestividade e das procurações outorgadas aos advogados do agravante e do agravado;

c2) cópias facultativas: (outras cópias).

d) Informa, também, o nome e o endereço completo dos advogados constantes do processo (art. 1.016, IV).

Termos em que,

Pede Deferimento.

Data ...

Advogado(a) ...

OAB/ ...

15
RECURSO ORDINÁRIO

15.1 Considerações Iniciais

O recurso ordinário consiste no meio processual cabível contra a decisão denegatória de mandado de segurança decidido em única instância pelos Tribunais Superiores, Tribunais Regionais Federais ou pelos tribunais dos Estados, do Distrito Federal e Território.

A previsão legal do recurso ordinário está nos arts. 1.027 e 1.028 do Código de Processo Civil, arts. 102, II, e 105, II, ambos da Constituição Federal, bem como nos regimentos internos do Supremo Tribunal Federal e Superior Tribunal de Justiça.

Esse recurso será julgado pelo STJ ou STF, por isso o endereçamento pode variar, conforme o caso concreto (arts. 102, II, e 105 da CF/88 e arts. 1.027 e 1.028 do CPC). Para o Direito Administrativo é mais comum nas decisões denegatórias de mandado de segurança.

Assim, quando o Tribunal de Justiça de um Estado ou o Tribunal Regional Federal denegam um mandado de segurança, cabe recurso ordinário para o STJ. Por outro lado, se o STJ ou qualquer outro Tribunal Superior (STM, STE etc.) denega um mandado de segurança, cabe recurso ordinário para o STF.

15.1.1 Base Legal

Para a elaboração de um recurso ordinário o candidato deverá observar as disposições dos arts. 1.027 e 1.028 do Código de Processo Civil, arts. 102, II, e 105, II, ambos da Constituição Federal, bem como dos regimentos internos do Supremo Tribunal Federal e Superior Tribunal de Justiça.

A Constituição prevê o recurso ordinário nos arts. 102, II, e 105, II. As hipóteses ali previstas são similares às dos arts. 1.027 e 1.028 do Código de Processo Civil.

Art. 102. Compete ao Supremo Tribunal Federal, precipuamente, a guarda da Constituição, cabendo-lhe:

(...)

II – julgar, em recurso ordinário:

a) o *habeas corpus*, o mandado de segurança, o *habeas data* e o mandado de injunção decididos em única instância pelos Tribunais Superiores, se denegatória a decisão;

b) o crime político;

Art. 105. Compete ao Superior Tribunal de Justiça:

(...)

II – julgar, em recurso ordinário:

a) os *habeas corpus* decididos em única ou última instância pelos Tribunais Regionais Federais ou pelos tribunais dos Estados, do Distrito Federal e Territórios, quando a decisão for denegatória;

b) os mandados de segurança decididos em única instância pelos Tribunais Regionais Federais ou pelos tribunais dos Estados, do Distrito Federal e Territórios, quando denegatória a decisão;

c) as causas em que forem partes Estado estrangeiro ou organismo internacional, de um lado, e, do outro, Município ou pessoa residente ou domiciliada no País;

15.1.2 Competência

O recurso ordinário será julgado pelo Supremo Tribunal Federal ou pelo Superior Tribunal de Justiça. Ele é composto por uma petição de interposição dirigida ao Tribunal que proferiu o acórdão e pelas razões de recurso ordinário dirigidas ao Tribunal competente (STF ou STJ).

15.1.3 Partes

As partes no recurso ordinário são o Recorrente (aquele que apresenta o recurso), ou seja, o autor do mandado de segurança, e o Recorrido.

15.1.4 Pedido

Para a elaboração do pedido do recurso ordinário serão utilizados os arts. 102, II, e 105, II, da Constituição Federal e 1.027 e 1.028 do Código de Processo Civil. Esquematizando:

PEDIDOS
a) Conhecimento e provimento do recurso para o fim de reformar o acórdão recorrido para ...
b) Condenação ao pagamento das verbas sucumbenciais (custas e despesas judiciais), além de honorários advocatícios.

15.1.5 Modelo

Para elaboração do recurso ordinário, tenha como base o quadro abaixo, extraído dos espelhos de prova da FGV:

15 • RECURSO ORDINÁRIO

QUESITOS	
1. Endereçamento	O recurso ordinário será julgado pelo Supremo Tribunal Federal ou pelo Superior Tribunal de Justiça. Ele é composto por uma petição de interposição dirigida ao Tribunal que proferiu o acórdão e pelas razões de Recurso Ordinário dirigidas ao Tribunal competente (STF ou STJ).
2. Partes	a) Recorrente: aquele que apresenta o recurso. No caso, o autor do mandado de segurança. b) Recorrido.
3. Cabimento	O recurso ordinário consiste no meio processual cabível contra a de cisão denegatória de mandado de segurança decidido em única instância pelos Tribunais Superiores, Tribunais Regionais Federais ou pelos tribunais dos Estados, do Distrito Federal e Território.
4. Fundamento Legal	a) Arts. 102, II, e 105, II, da Constituição Federal b) Arts. 1.027 e 1.028 do Código de Processo Civil
5. Pedido	a) Conhecimento e provimento do recurso para o fim de reformar o acórdão recorrido para ... b) Condenação ao pagamento das verbas sucumbenciais (custas e despesas judiciais), além de honorários advocatícios.

> **O recurso ordinário será julgado pelo Supremo Tribunal Federal ou pelo Superior Tribunal de Justiça. Ele é composto por uma petição de interposição dirigida ao Tribunal que proferiu o acórdão e pelas razões de recurso ordinário dirigidas ao Tribunal competente (STF ou STJ).**

Exmo. Sr. Dr. Desembargador Presidente do Tribunal de Justiça do Estado ...

Ou

Exmo. Sr. Dr. Desembargador Presidente do Tribunal Regional Federal da ... Região do Estado de ...

Ou

Exmo. Sr. Ministro Presidente do Superior Tribunal de Justiça (ou qualquer outro Tribunal Superior)

Processo n. ...

Fulano de tal, estado civil ..., profissão ..., CPF ..., endereço eletrônico ... residente e domiciliado na rua ..., bairro ..., cidade ..., Estado ..., vem, por meio de seu advogado, nos autos do Mandado de Segurança impetrado contra ato do Sr. ... (qualificar o impetrado)

e União, Estado ou Município não se conformando com o acórdão que denegou a Segurança, vem interpor RECURSO ORDINÁRIO, com fundamento nos arts. 1.027 e seguintes do Código de Processo Civil, o que faz nos termos das anexas razões, motivo pelo qual requer o seu recebimento e processamento e, por fim, encaminhamento ao egrégio STF ou STJ ... Requer, ainda, a juntada de comprovação do preparo.

Termos em que
Pede deferimento.
Data ...
Assinatura/Advogado

Razões de Recurso Ordinário Constitucional

Recorrente: Fulano de Tal

Recorrido: ...

Mandado de Segurança n. ...

Superior Tribunal de Justiça ou Supremo Tribunal Federal

Colenda Turma

O venerando acórdão que denegou o MANDADO DE SEGURANÇA não deve prosperar pelas razões de fato e de direito a seguir aduzidas:

1. Dos Fatos (relatar os fatos de acordo com o problema)

2. Dos Fundamentos Jurídicos do Pedido

a) Do Acórdão Recorrido (explicar os motivos para reforma do acórdão)

b) Da Constituição Federal (abordar o caso sob os aspectos constitucionais da questão)

c) Da Legislação Ordinária (abordar os aspectos da legislação conforme o caso concreto).

3. Do Pedido

Diante do exposto requer:

a) Conhecimento e provimento do recurso para o fim de concessão da segurança denegada pela Corte (Estadual, Federal ou Superior, conforme o caso).

b) Condenação ao pagamento das verbas sucumbenciais (custas e despesas judiciais), além de honorários advocatícios.

Termos em que,
Pede deferimento.
Data ...
Assinatura/Advogado ...

> **ATENÇÃO: Não indique seu nome na assinatura da peça, pois provavelmente será "zerada".**

Caso Prático

(OAB/FGV Exame XXXIV) O Estado Beta realizou licitação e formalizou contrato administrativo, com base na Lei n. 14.133/21, para a realização de uma obra de grande relevância para a coletividade, da qual se sagrou vencedora a sociedade Alfa S/A, a qual iniciou a execução do contrato após a mobilização do equipamento necessário para tanto.

Posteriormente, durante o período de validade da avença, verificou-se a existência de irregularidade na respectiva licitação, à qual a sociedade Alfa não concorreu ou deu causa. Em razão disso, a Administração iniciou procedimento administrativo para promover a invalidação do contrato.

No trâmite de tal procedimento, em que respeitado o princípio da ampla defesa e contraditório, questões relevantes foram ponderadas, tais como a impossibilidade de sanar o vício em questão e as consequências de se promover a anulação do contrato, aspecto em que foi especialmente debatido o fato de que eventual invalidação seria contrária ao interesse público, notadamente em razão dos impactos financeiros, econômicos e sociais decorrentes do atraso na fruição do objeto em questão, assim como os custos para a desmobilização e o posterior retorno às atividades.

Não obstante, o Poder Público, por meio de decisão assinada pela autoridade competente, decidiu anular o contrato, com efeitos pretéritos, mediante indenização do contratado pelo que já tinha executado até então e pelos prejuízos comprovados.

A única justificativa invocada para o aludido ato de invalidação foi a violação ao princípio da legalidade, na medida em que, dos atos nulos, não se originam direitos. Não houve menção a qualquer alternativa possível no caso concreto, ou à caracterização de interesse público que justificasse a medida, ou mesmo às consequências práticas, jurídicas e administrativas que decorreriam de tal decisão.

O advogado constituído pelos representantes da sociedade Alfa, tempestivamente, impetrou mandado de segurança, mediante apresentação da prova pré-constituída e dos argumentos jurídicos pertinentes, sendo certo que as normas de organização judiciária estadual apontavam para a competência do Tribunal de Justiça Local, o que ocasionou a regular tramitação do feito perante a câmara competente.

Inicialmente, foi deferida a liminar para suspender os efeitos da decisão de invalidação do contrato, mas sobreveio acórdão, unânime, que revogou a liminar e denegou a segurança, sob o fundamento de que não cabe ao Judiciário verificar a existência de interesse púbico na situação, na medida em que a matéria se submete à discricionariedade administrativa. Foram opostos embargos de declaração, rejeitados por não haver omissão, contradição ou obscuridade a ser sanada, cuja decisão foi publicada na última sexta-feira.

Observando o Art. 105, inciso II, da CRFB/88, redija a petição da medida pertinente à defesa dos interesses da sociedade Alfa contra a decisão prolatada em única instância pelo Tribunal de Justiça estadual, desenvolvendo todos os argumentos jurídicos adequados à admissibilidade do recurso e ao mérito da demanda, considerando a urgência da manifestação jurisdicional.

Resposta: recurso ordinário.

Excelentíssimo Senhor Desembargador Presidente/Vice-Presidente do Tribunal de Justiça do Estado Beta

Sociedade Alfa, pessoa jurídica de direito privado com sede ... nos autos do Mandado de Segurança impetrado contra o Estado Beta não se conformando com o acórdão que denegou a Segurança, vem interpor Recurso Ordinário, com fundamento nos arts. 1.027 e seguintes do Código de Processo Civil.

Requer que seja recebido e processado o presente recurso, desde já encaminhando as razões de fato e de direito, para ser remetido ao STJ. Requer, ainda, a juntada de comprovação do preparo.

Termos em que,

Pede deferimento.

Data ...

Advogado(a) ...

Egrégio Superior Tribunal de Justiça

Recurso Ordinário Constitucional

Recorrente: Sociedade Alfa

Recorrido: G Estado Beta

Razões do Recurso

1. Dos Fatos

O Estado Beta realizou licitação com a respectiva assinatura de contrato administrativo no qual sagrou-se vencedora a sociedade Alfa.

Por conta de irregularidade na licitação para a qual a recorrente não concorreu a recorrida, por meio de procedimento administrativo anulou o contrato sem observar o intersse público envolvido e as consequencias de sua decisão.

A recorrida então impetrou Mandado de Segurança perante o Tribunal de Justiça do Estado Beta, porém sobreveio acórdão no sentido de que não cabe ao Judiciário verificar a existência de interesse púbico na situação, na medida em que a matéria se submete à discricionariedade administrativa, razão pela qual a Recorrente interpõe o presente Recurso Ordinário.

2. Do Cabimento do Recurso

No caso em tela, a impetração do mandado de segurança dirigiu-se ao Tribunal de Justiça sendo competente para julgá-lo. Como a segurança foi denegada, , o Recurso cabível é o Ordinário, com base no art. 105,II, *b*, da CF/88.

O recurso é tempestivo, haja vista interposto no prazo de 15 dias, consoante art. 33 da Lei n. 8.038/90 e art. 1003, § 5º, do CPC.

3. Direito

1) Em primeiro lugar, a violação do direito líquido e certo da recorrente não se submete à discricionariedade administrativa, uma vez que o ato impugnado está sujeito ao controle de legalidade/juridicidade.

2) Além disso, não se sustenta a invalidação do contrato administrativo sem que fique caracterizado tratar-se de medida de interesse público, para a qual, devem ser ponderados, dentre outros fatores, os impactos financeiros, econômicos e sociais e as despesas inerentes à desmobilização e ao posterior retorno às atividades, na forma dos arts. 147 e 148, ambos da Lei n. 14.133/21.

3) Anota-se ainda, a violação aos princípios do interesse público; da proporcionalidade/razoabilidade; da segurança jurídica e da eficiência (0,50), nos termos do art. 5º da Lei n. 14.133/21.

4) Isto porque, o ato da Recorrida é nulo, na medida em que não foram consideradas as consequências jurídicas e administrativas e nem as alternativas possíveis para decretar a invalidação do contrato, por violação ao art. 20, parágrafo único e art. 21, ambos da LINDB.

4. Da Tutela Antecipada Recursal

No caso em tela, há fundamento juridico relevante, com base na violação das normas da Lei n. 14.133/21 e da LINDB. Ademais, configurado o perigo de ineficácia da medida, diante da paralisação das obras e da iminência da desmobilização para a sua execução. Portanto, requer efeito suspensivo ativo para suspender a decisão de anulação do contrato.

4. Do Pedido

Diante do exposto requer:

a) Conhecimento e provimento do recurso para reformar a decisão do Tribunal Estadual (acórdão), a fim de que seja concedida a segurança para a anulação/invalidação do ato administrativo impugnado.

b) Concessão da tutela antecipada recursal com a suspensão dos efeitos da decisão administrativa impugnada, na forma do art. 294, parágrafo único, art. 297 e do art. 300, todos do CPC.

c) Condenação ao pagamento das verbas sucumbenciais (custas e despesas judiciais), além de honorários advocatícios.

d) A juntada de comprovação do preparo.

Termos em que,

Pede Deferimento.

Data ...

Advogado(a) ...

OAB/ ...

16
RECURSO EXTRAORDINÁRIO

16.1 Considerações Iniciais

Como fazer um recurso extraordinário?

Para a elaboração de um recurso extraordinário o candidato deverá observar as disposições dos arts. 102, III, da CF/88 e 994, VII, 1.029, 1.030 e 1.035 do Código de Processo Civil.

16.1.1 Base Legal

Art. 102. Compete ao Supremo Tribunal Federal, precipuamente, a guarda da Constituição, cabendo-lhe:

(...)

III – julgar, mediante recurso extraordinário, as causas decididas em única ou última instância, quando a decisão recorrida:

a) contrariar dispositivo desta Constituição;

b) declarar a inconstitucionalidade de tratado ou lei federal;

c) julgar válida lei ou ato de governo local contestado em face desta Constituição;

d) julgar válida lei local contestada em face de lei federal.

§ 3º No recurso extraordinário o recorrente deverá demonstrar a repercussão geral das questões constitucionais discutidas no caso, nos termos da lei, a fim de que o Tribunal examine a admissão do recurso, somente podendo recusá-lo pela manifestação de dois terços de seus membros.

Art. 994. São cabíveis os seguintes recursos:

(...)

VII – recurso extraordinário;

Art. 1.029. O recurso extraordinário e o recurso especial, nos casos previstos na Constituição Federal, serão interpostos perante o presidente ou o vice-presidente do tribunal recorrido, em petições distintas que conterão:

I – a exposição do fato e do direito;

II – a demonstração do cabimento do recurso interposto;

III – as razões do pedido de reforma ou de invalidação da decisão recorrida.

Art. 1.030. Recebida a petição do recurso pela secretaria do tribunal, o recorrido será intimado para apresentar contrarrazões no prazo de 15 (quinze) dias, findo o qual os autos serão conclusos ao presidente ou ao vice-presidente do tribunal recorrido, que deverá:

I – negar seguimento:

a) a recurso extraordinário que discuta questão constitucional à qual o Supremo Tribunal Federal não tenha reconhecido a existência de repercussão geral ou a recurso extraordinário interposto contra acórdão que esteja em conformidade com entendimento do Supremo Tribunal Federal exarado no regime de repercussão geral;

b) a recurso extraordinário ou a recurso especial interposto contra acórdão que esteja em conformidade com entendimento do Supremo Tribunal Federal ou do Superior Tribunal de Justiça, respectivamente, exarado no regime de julgamento de recursos repetitivos;

Art. 1.035. O Supremo Tribunal Federal, em decisão irrecorrível, não conhecerá do recurso extraordinário quando a questão constitucional nele versada não tiver repercussão geral, nos termos deste artigo.

§ 1º Para efeito de repercussão geral, será considerada a existência ou não de questões relevantes do ponto de vista econômico, político, social ou jurídico que ultrapassem os interesses subjetivos do processo.

§ 2º O recorrente deverá demonstrar a existência de repercussão geral para apreciação exclusiva pelo Supremo Tribunal Federal.

§ 3º Haverá repercussão geral sempre que o recurso impugnar acórdão que:

I – contrarie súmula ou jurisprudência dominante do Supremo Tribunal Federal;

II – (Revogado);

III – tenha reconhecido a inconstitucionalidade de tratado ou de lei federal, nos termos do art. 97 da Constituição Federal.

§ 4º O relator poderá admitir, na análise da repercussão geral, a manifestação de terceiros, subscrita por procurador habilitado, nos termos do Regimento Interno do Supremo Tribunal Federal.

§ 5º Reconhecida a repercussão geral, o relator no Supremo Tribunal Federal determinará a suspensão do processamento de todos os processos pendentes, individuais ou coletivos, que versem sobre a questão e tramitem no território nacional.

16.1.2 Repercussão Geral, Prequestionamento e Pedido

A repercussão geral ocorre quando a questão discutida apresenta relevância do ponto de vista econômico, político, social ou jurídico, que ultrapasse os interesses subjetivos da causa.

O prequestionamento é uma construção jurisprudencial. O candidato deverá informar que a matéria do presente caso foi devidamente discutida em todas as instâncias ordinárias (com manifestação do Tribunal de origem e embargos de declaração).

Para a elaboração do pedido do recurso extraordinário será utilizado o art. 1.029 do Código de Processo Civil. Esquematizando:

PEDIDOS
Diante do exposto, requer: a) Recebimento do recurso no efeito suspensivo (art. 1.029, § 5º, do CPC). b) Conhecimento e provimento do recurso para o fim de reformar o acórdão recorrido e determinar a invalidade da Lei ... c) Condenação ao pagamento das verbas sucumbenciais (custas e despesas judiciais), além de honorários advocatícios. d) Juntada da Guia de Preparo do Recurso.

16.1.3 Modelo

O recurso extraordinário é composto por uma petição de interposição dirigida ao Presidente ou Vice-Presidente do Tribunal Recorrido.

Pelas razões do Recurso dirigidas ao Supremo Tribunal Federal

Petição de Interposição

Exmo. Sr. Dr. Presidente/Vice do Tribunal de Justiça do Estado ...

Ou

Exmo. Sr. Dr. Presidente/Vice do Tribunal Regional Federal da ... Região

Ou

Exmo. Sr. Dr. Presidente/Vice do STJ, STM TSE ...

Processo n. ...

Fulano de tal, estado civil ..., profissão ..., CPF ..., endereço eletrônico residente e domiciliado em ..., vem, por meio de seu advogado, nos autos da ação ... que move contra Beltrano ... (Qualificar os recorridos), na forma do art. 1.029 e seguintes do Código de Processo Civil, bem como com fulcro no art. 102, III, ..., da CF/88, interpor RECURSO EXTRAORDINÁRIO, o que faz nos termos das anexas razões, motivo pelo qual requer o seu recebimento e processamento e, por fim, encaminhamento ao egrégio STF. Requer, ainda, a juntada de comprovação do preparo ...

Termos em que,

Pede deferimento.

Data ...

Advogado(a) ...

1. A petição de interposição será na primeira página.

2. As razões serão feitas na outra página.

3. Lembre-se: você tem 05 páginas.

Razões do Recurso

Recorrente: ...

Recorrido: ...

Egrégio Supremo Tribunal Federal

1. Dos Fatos (relatar os fatos de acordo com o problema)

2. Do Direito

a) Do Cabimento do Recurso

b) Da Repercussão Geral

c) Do Prequestionamento

d) Da Constituição Federal

e) Da Lei Ordinária

1. Dos Fatos

Narrar os fatos, informando os principais dados do caso e o teor do acórdão desfavorável.

Lembre-se: a peça é sua. Cada um tem seu estilo. Sugerimos a seguinte estrutura:

a) Do Cabimento do Recurso

b) Da Repercussão Geral

c) Do Prequestionamento

d) Da Constituição Federal

e) Da Lei Ordinária

2. Do Direito

a) Do Cabimento do Recurso

Deve ser demonstrado o cabimento do recurso, conforme art. 1.029, II, do CPC e art. 102, III (alíneas *a*, *b*, *c* ou *d*), da CF/88.

b) Da Repercussão Geral

16 • RECURSO EXTRAORDINÁRIO

No presente caso, a questão discutida apresenta relevância do ponto de vista econômico, político, social ou jurídico, que ultrapasse os interesses subjetivos da causa, conforme determina o art. 102, § 3º, da CF/88 e 1.035, § 1º, do CPC.

c) Do Prequestionamento

O prequestionamento é uma construção jurisprudencial.

O candidato deverá informar que a matéria do presente caso foi devidamente discutida em todas as instâncias ordinárias (com manifestação do Tribunal de origem e embargos de declaração).

d) Da Constituição Federal

e) Da Lei Ordinária

Nesses dois tópicos o candidato deverá apresentar os fundamentos legais e de direito material do caso concreto (é o direito em si).

3. Do Pedido

Diante do exposto requer:

a) Recebimento do recurso no efeito suspensivo (art. 1.029, § 5º, do CPC).

b) Conhecimento e provimento do recurso para o fim de reformar o acórdão recorrido e determinar a invalidade da Lei ...

c) Condenação ao pagamento das verbas sucumbenciais (custas e despesas judiciais), além de honorários advocatícios.

d) Juntada da Guia de Preparo do Recurso.

Termos em que,

Pede Deferimento.

Local ... Data ...

Advogado(a) ...

OAB/ ...

ATENÇÃO: Não indique seu nome na assinatura da peça, pois provavelmente será "zerada".

Caso prático

(OAB/FGV Exame VIII – Constitucional) Com fundamento na recente Lei n. 1.234, do Estado Y, que exclui as entidades de direito privado da Administração Pública do dever de

348
PRÁTICA EM DIREITO ADMINISTRATIVO • ELISSON PEREIRA DA COSTA

licitar, o banco X (empresa pública daquele Estado) realiza a contratação direta de uma empresa de informática – a Empresa W – para atualizar os sistemas do banco.

O caso vem a público após a revelação de que a empresa contratada pertence ao filho do presidente do banco e nunca prestou tal serviço antes. Além disso, o valor pago (milhões de reais) estava muito acima do preço de mercado do serviço em outras empresas.

José, cidadão local, ajuíza ação popular em face do Presidente do banco X e da empresa W perante o Juízo de 1ª instância da capital do Estado Y, em que pleiteia a declaração de invalidade do ato de contratação e o pagamento das perdas e danos, ao fundamento de violação ao art. 1º, parágrafo único, da Lei n. 8.666/93 (norma geral sobre licitação e contratos) e a diversos princípios constitucionais.

A sentença, entretanto, julgou improcedente o pedido formulado na petição inicial, afirmando ser válida a lei estadual que autoriza a contratação direta, sem licitação, pelas entidades de direito privado da Administração Pública, analisada em face da lei federal, não considerando violados os princípios constitucionais invocados. José interpõe recurso de apelação, ao qual se negou provimento, por unanimidade, pelo mesmo fundamento levantado na sentença.

Dez dias após a publicação da decisão que rejeitou os seus embargos declaratórios, José procura um advogado para assumir a causa e ajuizar a medida adequada.

Na qualidade de advogado, elabore a peça cabível, observando todos os requisitos formais e a fundamentação pertinente ao tema.

Resposta: recurso extraordinário.

Petição de Interposição

Exmo. Sr. Dr. Presidente/Vice do Tribunal de Justiça do Estado Y

Processo n. ...

José, estado civil ..., profissão ..., CPF ..., endereço eletrônico residente e domiciliado em ..., vem, por meio de seu advogado, nos autos da Ação Popular que move contra o Sr. ..., estado civil ..., Presidente do Banco X, CPF ..., endereço eletrônico residente e domiciliado em ... e Empresa W, pessoa jurídica de direito privado, CNPJ ... com sede em ..., na forma do art. 1.029 e seguintes do Código de Processo Civil, bem como com fulcro no art. 102, III, *a* e *d*, da CF/88, interpor RECURSO EXTRAORDINÁRIO, o que faz nos termos das anexas razões, motivo pelo qual requer o seu recebimento e processamento e, por fim, encaminhamento ao egrégio STF. Requer, ainda, a juntada de comprovação do preparo.

16 • RECURSO EXTRAORDINÁRIO

Termos em que,
pede deferimento.
Data ...
Advogado(a) ...

Razões do Recurso

Recorrente: José

Recorridos: Presidente do Banco X e Empresa W

Egrégio Supremo Tribunal Federal

1. Dos Fatos

O recorrente ajuizou ação popular em face dos recorridos, em razão de violação à Lei n. 8.666/93 e aos princípios constitucionais, haja vista que foram beneficiados ilegalmente, por meio de lei local, em contratação sem a necessidade de licitação.

O juízo de 1ª instância julgou improcedente o pedido do recorrente, afirmando ser válida a lei local que autorizou a contratação direta dos recorrentes sem licitação pelas entidades de direito privado da Administração Pública, analisada em face da lei federal, não considerando violados os princípios constitucionais invocados. Em sede de apelação, o Tribunal de Justiça negou provimento ao recurso por esses mesmos fundamentos, razão pela qual o recorrente interpõe o presente Recurso Extraordinário pelas razões de direito a seguir.

2. Do Direito

a) Cabimento do Recurso

No presente caso, é cabível o Recurso Extraordinário com fundamento no art. 102, III, alíneas *a* e *d,* da Constituição, porque o objeto da decisão recorrida é a validade da lei local em face da lei federal e da Constituição Federal.

b) Da Repercussão Geral

No presente caso, a questão discutida apresenta relevância do ponto de vista econômico, político, social ou jurídico, que ultrapasse os interesses subjetivos da causa, conforme determina o art. 102, § 3º, da CF/88 e 1.035, § 1º, do CPC, tendo em vista o prejuízo ao Erário e à moralidade administrativa.

c) Do Prequestionamento

No presente caso, o requisito do prequestionamento foi cumprido não apenas pela efetiva manifestação do Tribunal de origem e 1ª instância, como, ainda, pela oposição de embargos de declaração pelo Recorrente.

d) Da Violação da Constituição Federal

Em primeiro lugar, compete privativamente à União legislar sobre normas gerais de licitação e contratação (art. 22, XXVII, da CRFB) e tal competência foi exercida por meio da edição da Lei n. 8.666/93). No caso em tela, a Lei n. 1.234, do Estado X, desbordou dos limites da competência do Estado, e, portanto, é inválida.

Em segundo lugar, nada obstante, o Tribunal de origem entendeu válida a lei local contestada em face da lei federal (que impõe a licitação às empresas públicas), e, assim, dá ensejo a um conflito quanto às competências de cada ente federativo (União e Estado X).

Em terceiro lugar, a conduta impugnada viola os princípios da moralidade e da impessoalidade, pois foi contratada, sem licitação, uma empresa sem experiência na área, por um preço muito acima do valor de mercado, apenas pelo fato de a empresa pertencer ao filho do dirigente do banco estatal (empresa pública).

3. Do Pedido

Diante do exposto requer:

a) Recebimento do recurso no efeito suspensivo (art. 1.029, § 5º, do CPC).

b) Conhecimento e provimento do recurso para o fim de reformar a decisão recorrida, para invalidar a Lei 1.234 do Estado Y, bem como declarar a invalidade do ato de contratação e o pagamento das perdas e danos ao Erário pelos recorridos.

c) Condenação ao pagamento das verbas sucumbenciais, além de honorários advocatícios.

d) Intimação do Procurador Geral da República.

e) Juntada da guia de preparo do Recurso.

Termos em que,

Pede Deferimento.

Local ... Data ...

Advogado(a) ...

OAB/ ...

ATENÇÃO: Não indique seu nome na assinatura da peça, pois provavelmente será "zerada".

17
RECURSO ESPECIAL

17.1 Considerações Iniciais

Para a elaboração de um recurso especial o candidato deverá observar as disposições dos arts. 105, III, da CF/88 e 994, VI, e 1.029 do Código de Processo Civil.

17.1.1 Base Legal

Art. 105. Compete ao Superior Tribunal de Justiça:

(...)

III – julgar, em recurso especial, as causas decididas, em única ou última instância, pelos Tribunais Regionais Federais ou pelos tribunais dos Estados, do Distrito Federal e Territórios, quando a decisão recorrida:

a) contrariar tratado ou lei federal, ou negar-lhes vigência;

b) julgar válido ato de governo local contestado em face de lei federal;

c) der a lei federal interpretação divergente da que lhe haja atribuído outro tribunal.

Art. 994. São cabíveis os seguintes recursos:

(...)

VI – recurso especial;

Art. 1.029. O recurso extraordinário e o recurso especial, nos casos previstos na Constituição Federal, serão interpostos perante o presidente ou o vice-presidente do tribunal recorrido, em petições distintas que conterão:

I – a exposição do fato e do direito;

II – a demonstração do cabimento do recurso interposto;

III – as razões do pedido de reforma ou de invalidação da decisão recorrida.

17.1.2 Competência

O recurso especial é composto por uma petição de interposição dirigida ao Presidente ou Vice-Presidente do Tribunal Recorrido e pelas razões do recurso dirigidas ao Superior Tribunal de Justiça (STJ).

17.1.3 Pedido

O prequestionamento é uma construção jurisprudencial. O candidato deverá informar que a matéria do presente caso foi devidamente discutida em todas as instâncias ordinárias (com manifestação do Tribunal de origem e embargos de declaração).

Para a elaboração do pedido do recurso especial será utilizado o art. 1.029 do Código de Processo Civil. Esquematizando:

PEDIDOS
Diante do exposto requer: a) Recebimento do recurso no efeito suspensivo (art. 1.029, § 5º, do CPC). b) Conhecimento e provimento do recurso para o fim de reformar o acórdão recorrido para afastar a violação à lei federal ... c) Condenação ao pagamento das verbas sucumbenciais (custas e despesas judiciais), além de honorários advocatícios. d) Juntada da Guia de Preparo do Recurso.

17.1.4 Modelo

> Exmo. Sr. Dr. Presidente/Vice do Tribunal de Justiça do Estado ...
>
> Ou
>
> Exmo. Sr. Dr. Presidente/Vice do Tribunal Regional Federal da ... Região
>
> Processo n. ...
>
>
> Fulano de tal, estado civil ..., profissão ..., CPF ..., endereço eletrônico residente e domiciliado em ..., vem, por meio de seu advogado, nos autos da ação ... que move contra Beltrano ... (Qualificar os recorridos), na forma do art. 1.029 e seguintes do Código de Processo Civil, bem como com fulcro no art. 105, III, ..., da CF/88, interpor RECURSO ESPECIAL, o que faz nos termos das anexas razões, motivo pelo qual requer o seu recebimento e processamento e, por fim, encaminhamento ao egrégio STJ. Requer, ainda, a juntada de comprovação do preparo ...
>
> Termos em que,
> Pede deferimento.
> Data ...
> Advogado(a) ...

Razões do Recurso

Razões do Recurso Especial

Recorrente: ...

Recorrido: ...

Egrégio Superior Tribunal de Justiça (STJ)

1. Dos Fatos (relatar os fatos de acordo com o problema)

Narrar os fatos, informando os principais dados do caso e o teor do acórdão desfavorável.

2. Do Direito

Lembre-se: a peça é sua. Cada um tem seu estilo. Sugerimos a seguinte estrutura:

a) Do Cabimento do Recurso

b) Do Prequestionamento

c) Da Constituição Federal

d) Da Lei Ordinária

a) Do Cabimento do Recurso

Deve ser demonstrado o cabimento do recurso, conforme art. 1.029, II, do CPC e art. 105, III (alíneas *a*, *b* ou *c*), da CF/88.

b) Do Prequestionamento

O prequestionamento é uma construção jurisprudencial.

O candidato deverá informar que a matéria do presente caso foi devidamente discutida em todas as instâncias ordinárias (com manifestação do Tribunal de origem e embargos de declaração).

c) Da Constituição Federal

d) Da Lei Ordinária

Nesses dois tópicos o candidato deverá apresentar os fundamento legais e de direito material do caso concreto (é o direito em si).

3. Pedido

Quais artigos utilizarei para fazer o pedido?

Art. 1.029. O recurso extraordinário e o recurso especial, nos casos previstos na Constituição Federal, serão interpostos perante o presidente ou o vice-presidente do tribunal recorrido, em petições distintas que conterão:

I – a exposição do fato e do direito;

II – a demonstração do cabimento do recurso interposto;

III – as razões do pedido de reforma ou de invalidação da decisão recorrida.

Diante do exposto requer:

a) Recebimento do recurso no efeito suspensivo (art. 1.029, § 5º, do CPC).

b) Conhecimento e provimento do recurso para o fim de reformar o acórdão recorrido para afastar a violação à lei federal ...

c) Condenação ao pagamento das verbas sucumbenciais (custas e despesas judiciais), além de honorários advocatícios.

d) Juntada da Guia de Preparo do Recurso.

Termos em que,

Pede Deferimento.

Local ... Data ...

Advogado(a) ...

OAB/ ...

ATENÇÃO: Não indique seu nome na assinatura da peça, pois provavelmente será "zerada".

Caso Prático

(Baseado no REsp 1.521.533/SE) Joana, servidora pública federal do Ministério da Justiça, recebia determinada gratificação por desempenho de serviço, denominada GDPST, que foi substituída por uma nova gratificação, denominada GDM. O valor da nova gratificação deveria ter sido começado a ser pago em janeiro do corrente ano.

Todavia, até o presente momento, ou seja, março de 2017 ainda foi pago o valor da gratificação anterior (GDPST).

17 • RECURSO ESPECIAL   355

A União então notificou Joana, informando que isso ocorreu devido ao exíguo prazo de que dispôs para implantar a nova gratificação na folha de pagamento a partir de fevereiro do corrente ano e que já na folha de março seria feito um acerto de contas, com o desconto do valor pago a maior (mil reais) o que veio a ser feito.

Joana, indignada, moveu ação ordinária, pleiteando o reconhecimento do direito de receber de volta esse montante que foi descontado na folha de março já que recebeu os valores de boa-fé. O juiz federal de 1ª instância julgou improcedente o pedido de Joana, sob o fundamento de que a Administração Pública agiu corretamente, pois cometeu apenas um erro material e não se equivocou na interpretação da lei ao fazer o desconto.

Joana interpôs recurso de apelação, ao qual se negou provimento, por unanimidade, pelo mesmo fundamento levantado na sentença.

Dez dias após a publicação da decisão que rejeitou os seus embargos declaratórios, Joana procura um advogado para assumir a causa e ajuizar a medida adequada.

Na qualidade de advogado, elabore a peça cabível, observando todos os requisitos formais e a fundamentação pertinente ao tema.

Resposta: recurso especial.

Exmo. Sr. Dr. Presidente/Vice do Tribunal Regional Federal da ... Região

Joana, estado civil ..., servidora pública federal ..., CPF ..., endereço eletrônico residente e domiciliada em ..., vem, por meio de seu advogado, nos autos da ação ordinária que move contra a União, pessoa jurídica de direito público, CNPJ ..., com sede em ..., na forma do art. 1.029 e seguintes do Código de Processo Civil, bem como com fulcro no art. 105, III, *a* e *c*, da CF/88, interpor RECURSO ESPECIAL, o que faz nos termos das anexas razões, motivo pelo qual requer o seu recebimento e processamento e, por fim, encaminhamento ao egrégio STJ. Requer, ainda, a juntada de comprovação do preparo ...

Termos em que,

Pede deferimento.

Data ...

Advogado(a) ...

1. A petição de interposição será na primeira página.

2. As razões serão feitas na outra página.

3. Lembre-se: você tem 05 páginas.

Razões do Recurso

Razões do Recurso Especial

Recorrente: Joana

Recorrida: União Federal

Egrégio Superior Tribunal de Justiça (STJ)

1. Dos Fatos

A recorrente moveu ação ordinária, visando ao reconhecimento do direito de receber montante que foi descontado em sua folha de pagamento já que recebeu os valores de boa-fé.

Julgada improcedente a ação, em sede de apelação o Egrégio TRF proferiu acórdão no sentido de que a Administração Pública agiu corretamente, pois cometeu apenas um erro material e não se equivocou na interpretação da lei ao fazer o desconto. Todavia, como será visto a seguir o acórdão merece ser reformado. Vejamos:

2. Do Direito

a) Do Cabimento do Recurso

No presente caso é cabível o Recurso Especial, com fundamento no art. 105, III, *a* e *c*, da CF/88, pois o objeto da decisão recorrida é a interpretação errônea e a contrariedade na aplicação da Lei n. 8.112/90.

b) Do Prequestionamento

No presente caso, o requisito do prequestionamento foi cumprido não apenas pela efetiva manifestação do Tribunal de origem e 1ª instância, como, ainda, pela oposição de embargos de declaração pela Recorrente.

c) Da Lei n. 8.112/90

O art. 46 da Lei n. 8.112/90 determina que as reposições ao erário serão previamente comunicadas ao servidor ativo. Ocorre que esse artigo deve ser interpretado levando em conta a boa-fé do servidor.Com base nisso, quando a Administração Pública interpreta erroneamente uma lei, resultando em pagamento indevido ao servidor, cria-se uma falsa expectativa de que os valores recebidos são legais e definitivos, impedindo, assim, que ocorra desconto deles, ante a boa-fé do servidor público.

Portanto, o pagamento efetuado à recorrente decorreu de errônea interpretação da lei pela Administração Pública, além de erro administrativo de cálculo, sobre o qual se imputa que ela (recorrente) tenha presumido, por ocasião do recebimento, a legalidade e a definitividade do pagamento, o que leva à conclusão de que os valores recebidos foram de boa-fé.

3. Do Pedido

Diante do exposto requer:

a) Recebimento do recurso no efeito suspensivo (art. 1.029, § 5º, do CPC).

b) Conhecimento e provimento do recurso para o fim de reformar a decisão recorrida e afastar a necessidade de devolução das verbas recebidas de boa-fé.

c) Condenação ao pagamento das verbas sucumbenciais (custas e despesas judiciais), além de honorários advocatícios.

d) Juntada da Guia de Preparo do Recurso.

Termos em que,

Pede Deferimento.

Local ... Data ...

Advogado(a) ...

OAB/ ...

REFERÊNCIAS

ALEXANDRINO, Marcelo; PAULO, Vicente. Direito Administrativo descomplicado. 18. ed. São Paulo: Método, 2010.

ARAÚJO CINTRA, Antônio Carlos de; PELLEGRINI GRINOVER, Ada; DINAMARCO, Cândido Rangel. Teoria geral do processo. São Paulo: Malheiros, 1994.

BANDEIRA DE MELLO, Celso Antônio. Curso de Direito Administrativo. 25. ed. São Paulo: Malheiros, 2008.

CAHALI, Yussef Said. Responsabilidade do Estado. 2. ed. São Paulo: Malheiros, 2007.

CARVALHO FILHO, José dos Santos. Manual de Direito Administrativo. Rio de Janeiro: Lumen Juris, 2008.

CARVALHO FILHO, José dos Santos. Manual de direito administrativo. São Paulo: Atlas, 2012.

CAVALIERI FILHO, Sérgio. Programa de responsabilidade civil. 6. ed. São Paulo: Malheiros, 2009.

CRETELLA JR., José. Dicionário de Direito Administrativo. Rio de Janeiro: Forense, 1978.

DI PIETRO, Maria Sylvia Zanella. Direito Administrativo. 23. ed. São Paulo: Atlas, 2010.

FAGUNDES, Miguel Seabra. O controle dos atos administrativos pelo Poder Judiciário. 7. ed. Rio de Janeiro: Forense, 2005.

FIGUEIREDO, Lúcia Valle. Curso de Direito Administrativo. 7. ed. São Paulo: Malheiros, 2004.

FIORILLO, Celso Antonio Pacheco. Curso de Direito Ambiental brasileiro. 7. ed. São Paulo: Saraiva, 2006.

GASPARINI, Diógenes. Direito Administrativo. 11. ed. São Paulo: Saraiva, 2006.

JUSTEN FILHO, Marçal. Comentários à Lei de Licitações e Contratos Administrativos. 13. ed. São Paulo: Dialética, 2009.

MEDAUAR, Odete. Direito Administrativo moderno. 14. ed. São Paulo: RT, 2010.

MEIRELLES, Hely Lopes. Direito Administrativo brasileiro. 26. ed. São Paulo: Malheiros, 2000.

SANTOS, Moacyr Amaral. Primeiras linhas de direito processual civil. 17. ed. São Paulo: Saraiva, 1994, v. 1 e 3.

RIVERO, Jean. Direito Administrativo. Trad. Rogério Ehrhardt Soares. Lisboa: Almedina, 1981.

Anotações